自助神话

慈善事业为何不能缓解贫困

［美］艾丽卡·科勒-阿莱纳斯（Erica Kohl-Arenas）◎著
孙永勇◎译

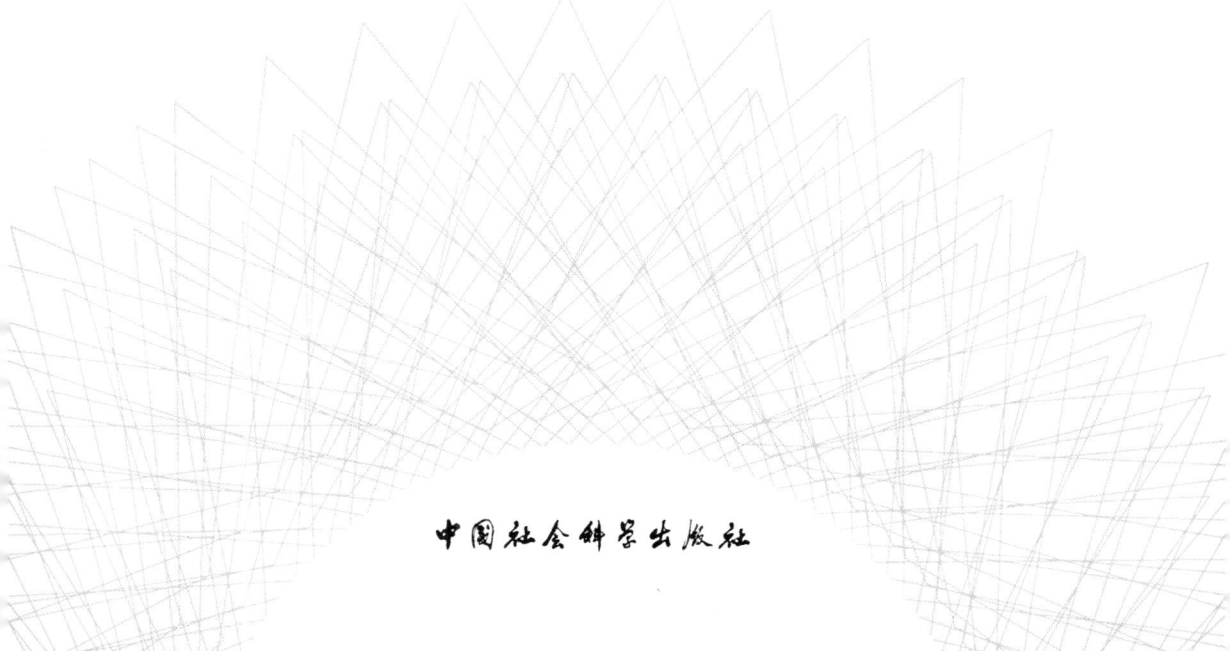

中国社会科学出版社

图字：01-2018-2472号

图书在版编目（CIP）数据

自助神话：慈善事业为何不能缓解贫困／（美）艾丽卡·科勒-阿莱纳斯著；孙永勇译.—北京：中国社会科学出版社，2022.9

（上海研究院智库译丛）

书名原文：The self-help myth: how philanthropy fails to alleviate poverty

ISBN 978-7-5227-0377-0

Ⅰ.①自… Ⅱ.①艾…②孙… Ⅲ.①慈善事业—作用—贫困问题—研究—美国 Ⅳ.①D771.27②F171.26

中国版本图书馆 CIP 数据核字（2022）第106099号

出 版 人	赵剑英
责任编辑	张　林
特约编辑	肖春华
责任校对	周　昊
责任印制	戴　宽

出　　版	中国社会科学出版社
社　　址	北京鼓楼西大街甲158号
邮　　编	100720
网　　址	http://www.csspw.cn
发 行 部	010-84083685
门 市 部	010-84029450
经　　销	新华书店及其他书店
印　　刷	北京明恒达印务有限公司
装　　订	廊坊市广阳区广增装订厂
版　　次	2022年9月第1版
印　　次	2022年9月第1次印刷
开　　本	710×1000　1/16
印　　张	16.5
插　　页	2
字　　数	201千字
定　　价	88.00元

凡购买中国社会科学出版社图书，如有质量问题请与本社营销中心联系调换

电话：010-84083683

版权所有　侵权必究

上海研究院智库译丛
编委会

主　任：李培林
副主任：李友梅　赵克斌
编　委：张恒龙　杨位俭　殷　凤　张义春

我的父亲赫伯（Herb）一直鼓励我说出自己的心声，用朴实的话语撰写复杂的问题，绘制我作为学者、教师和组织者的人生路径。作为一名毕生讲故事的人、知识分子和鉴赏家，他是我最有价值的读者。我将此书献给他。

目　录

译者序 ………………………………………………………………… 1
序　言 ………………………………………………………………… 1
致　谢 ………………………………………………………………… 1

第一章　私人慈善事业和自助神话 …………………………… 1
　慈善的力量 ……………………………………………………… 13
　美国慈善事业和自助神话 ……………………………………… 21
　加利福尼亚州的另一面：中央山谷的贫困 …………………… 36
　本书布局 ………………………………………………………… 43

第二章　工会的喧嚣之臂
　　　　——非营利组织制度化与塞萨尔·查韦斯
　　　　（Cesar Chavez）的妥协 ……………………………… 47
　移民自助和罗森伯格基金会：农业工人领导和移动
　　种子 …………………………………………………………… 51
　社区工会：组织农业工人互助 ………………………………… 57
　反贫困战争：实地协调、竞争与合作 ………………………… 64

工会忙碌的部门：资助国家农业工人服务中心 …………… 73
结论：长期下降 …………………………………………… 90

第三章　基金驱动的合作倡议
　　　　——公民参与为了什么 ……………………………… 94
从工人权利到公民参与：社会资本和新隐形工人 ………… 101
从替罪羊到关系建构者：为移民参与合作计划提供
　　资助 …………………………………………………… 113
不坚守的思想：商议公民参与框架 ………………………… 119
作为组织工具的资金 ………………………………………… 127
公众参与网络和文化节 ……………………………………… 128
结果：泡沫破灭与合作伙伴散伙 …………………………… 135

第四章　资本下的共同繁荣：工人与种植者之间的伙伴
　　　　关系和"双赢"模式 ………………………………… 144
从阴影中的劳动到丰富的食物：通过利益相关者特别
　　小组进行的稀释研究 ………………………………… 150
双赢范式：农业工人联合会的领域 ………………………… 159
像油和水：专业性的"女孩"，资产而不是问题，以及
　　成员竞争 ……………………………………………… 173
从容但也要赶快：拥有直接行动组织者的以资产为
　　基础的社区发展 ……………………………………… 180
在成员制机构之间培育竞争 ………………………………… 184
当资本撞在墙上：农药组织最后的努力 …………………… 186
结论 …………………………………………………………… 190

第五章　结论 ·············· 195
　区域放弃和新的自助 ·············· 195
　商议慈善政治和自助神话 ·············· 200
　农业工人组织和新食品正义运动 ·············· 208

参考文献 ·············· 215

译 者 序

作为极具个人主义、自由主义色彩的资本主义国家，美国自建国开始就十分强调限制政府的作用。所以，即使是在20世纪20年代经济陷入大萧条之后的罗斯福新政时期，美国虽然借鉴凯恩斯主义的思想，建立了社会保障制度，但终归没有在二战后成为西欧和北欧那样的福利国家。与欧洲福利国家相比，美国老年、遗属、残疾保险（即OASDI，强制性社会保险制度）所提供的待遇水平并不是很高，而美国政府所提供的各种救助或福利津贴往往条件比较苛刻，且待遇水平不高。这种政府保障体系虽然有利于以职业养老金为代表的员工福利计划在美国的迅速发展，但也使得美国政府在帮助底层民众摆脱贫困上常常投入不足。这就为民间慈善活动的发展留下了很大的空间，底层民众的各种自助活动也比较活跃。

从历史上来看，以教会为代表的传统民间力量最初在美国慈善事业中发挥着十分重要的作用。不过，随着现代资本主义经济的发展，教会等传统慈善力量在解决贫困等问题上越来越力不从心。在这种情况下，以基金会为代表的各类慈善组织在美国各地如雨后春笋般发展起来，并在慈善领域发挥了越来越重要的作用。但是，为基金会提供资助的社会资本有着其自身的原则和目标，这经常与接受资助的团体的目标和规则相冲突。其结果是，很多慈善计划或自助计划在接受资助后偏离了原来的目标，而另外一些计划则因为不愿意做出改变而筹资困难。

在美国，已经有许多慈善领域的著作，但它们大多是阐述私人基金会的资本议程是如何实施的，从而总结经验和教训。本书的作者既是学者、教师，也是相关活动的参与者和研究者，这使得她能够从新的视角以不同的方式去分析这样一个关键问题——美国公益慈善支持自助扶贫项目为何没能有效缓解贫困？本书并没有将基金会看作擅长实施明确的资本主义议程的封闭系统，而是侧重于论述基金会与非营利组织之间的关系。作者通过对3个经典案例的全景式分析，告诉读者，私人基金会从财富管理视角理解的公益慈善，与工会、受助者从自主、自尊、自助角度理解的公益慈善，不仅有着显著差异，而且存在矛盾和冲突。私人基金会本身就产生于资本主义经济活动，并从中获益从而得以维持和发展，这就使得私人基金会不会去批判或攻击资本主义经济运行的基本机制或逻辑。而出于募集更多资助等方面考虑，公益NGO、工会通常会背离中立协调角色，在谈判博弈中倾向于接受基金会的观点或立场，其结果往往使得自助扶贫计划偏离其宗旨，无法实现其帮助成员长期脱贫的目标。特别是，本书突出强调了他们之间如何通过交流、谈判去转变或淡化非营利组织原本议程的"激进性"，并最终将慈善计划转变为基金会领导可以接受的"合意"项目。

在研究中，作者选择了美国加利福尼亚中央山谷作为考察的区域，可能是考虑到了这个区域的典型性。在美国加利福尼亚，既有"硅谷"这样的高科技产业中心和"好莱坞"这样世界驰名的影视产业基地，也有斯坦福大学、加州理工大学、加州大学伯克利分校等世界著名的高校，有最为发达的现代金融业和制造业，还有美国最为发达的现代灌溉农业。而中央山谷地区虽然是最富裕的农业地带和食品加工业中心，但也是美国贫困人口最为集中的地区之一。而且，这里的贫困问题不仅与工业颓废、非法移民工人等问题交织在一起，更与现代化的资本主义农业经济密不可分，因而十分具有代表性。作者选择的3个案例的时间跨度非常长，从20世纪60年代到20世纪90年代再到21世纪初，基本勾勒出了贫困问题在中央山谷地区长期存在的脉络，以及围绕解决贫困问题而奔走的各方势力之间的关系，从而揭示了长期以来以基金会为代表的社会资本所资助的各种计划无法解决贫困和不平等问题的根本原因：产生于资本主义经济的基金会为了不触及资本主义经济运行机制而对其资助的计划设置了各种限制，涵盖了劳工组织、罢工、抵制、移居权，以及坚持让行业为农业工人和移民所遭受的持久虐待负责等众多方面，也就相当于避开了贫困问题所产生的根源。

以为期2年的档案和人种志研究为基础，本书的3个案例各具特色。

第一个案例以档案研究和个别访谈为基础，聚焦于私人投资者与加利福尼亚农场工人运动之间的关系，描述了社会运动领袖塞萨尔·查韦斯与运动的资助者之间是如何协商与妥协并最终导致自助运动发生转变的。从20世纪60年代的社会运动以及查韦斯和慈善投资者之间白热化的对话开始，查韦斯一直在接受资助者的条件与维持运动的本来面目之间进行着艰难抉择，一直在寻求妥协。基金会愿意资助不断发展的服务于农场工人的一般管理活动，但不愿意为工会活动、抵制、罢工等提供资助，因为后者挑战了个体种植者的利益或农业产业结构。当自助运动面临最严峻挑战的时候，查韦斯最终退出工会组织并转向合并之后的非营利"运动机构"，从而使他所倡导的社会运动与工会分道扬镳。为了使新组织获得必要的资助，查韦斯最终接受了基金会的要求，推动农场工人自助计划的转变。此后，自助方案只为那些需要技能、教育和慈善事业的穷人提供帮助，而不再为那些争取自决权、社区控制权和经济权利而斗争的工人提供帮助。

第二个案例采取无限制个别访谈法、参与性观察和专业项目资料分析法，印证基金会主导的大规模倡议掩盖自己的实际利益，并不能真正解决中央山谷的贫困问题。它回顾了20世纪90年代末至21世纪初的后福利改革时代移民参与合作的政治历史、经济历史和社会历史，揭示了移民参与合作计划最终走向失败的根本原因。它不仅剖析移民参与合作计划的内涵及其语境环境，而且重点分析了参与者如何被接受、如何被拒绝、如何协商决定公民参与框架，包括公民参与和社会资本是如何缓和该地区的成员合作伙伴的组织议程的"激进性"、如何向组织议程中加入新的专业的制度实践，以及如何分裂工会联盟建设。虽然这种协作结构已经被证明是臃肿的，而且还会分散成员组织的注意力，但是公民参与框架引入了多方战略性谈判，并创造了开展新的组织活动的机会。遗憾的是，由于移民参与合作计划存在着致命的缺陷，即它的合作伙伴们是通过资金链条组织在一起的，使得计划更多地受到资本的操纵，缺乏对移民问题和集体组织战略的共同分析，因此，它的合作伙伴们在吸引新的资助上存在分歧，并最终走向解散。

　　第三个案例采取与第二个案例类似的研究方法，分析了理论上看似"双赢"的计划在现实中是如何走向失败的。在从移民参与合作计划的失败中吸取教训之后，一位项目官员设计了一个倡议计划，其核心是"双赢"模式。这个"双赢模式"强调的是，当时在农业快速全球化的背景下，加利福尼亚州的农业经营成本（例如土地、水、设备、劳动力和管理成本）高于南半球国家，人力是可以提升竞争力的唯一的可塑性投入。在无法承担成本变动风险的情况下，农业经营者（即种植者）要保持竞争力可以考虑在人力资源开发上有所作为。另外，在改善自己生活条件的同时，工人可以通过学习新技能并在工作场所和农业社区中发挥领导力来提高生产力。因此，寻找促进种植者和工人合作的策略，既能够增加农场利润，提高工人收入，又能改善工人生活条件。但是，双赢模式压制了抱有旧观念的工会组织，还产生了缺乏进步社会想象力的新框架，它也不允许挑战种植者经济利益的问题，许多社区组织机构也没有解决农业工人最关心的问题。而且，这种运作模式既使种植者和工人在这个时期都遭受到财务不安全的痛苦，又没有解决来自墨西哥贫困地区移民不断涌入的劳动力系统本身存在的结构性问题。因此，这种观念并没有被人们所完全接受。

　　总之，在这3个案例中，为了不触及资本主义生产方式，自助计划的私人资助者和慈善专业人员总是通过伪装、隐藏或转移优先事项，从而让计划远离贫困和不平等的根源，实际上是避开了他们声称要解决的贫困问题。由基金会设定讨论的议题，常常意图使人们注意穷人的不足、行为和责任，从而将关注点从那些产生并维持贫穷的社会、政治和经济的权力关系中转移出去，实际上是为了维持这种不平等的体系。这正是这些计划最终都未能缓解贫困的根本原因。

中国慈善事业也正在快速发展之中，特别是中国正在巩固脱贫成果，慈善事业发展亟须得到民间资本的支持。本书虽然以美国的特色案例研究为基础，但仍然可以为中国慈善事业发展提供许多经验和教训。例如，本书对"合作倡议""公民参与""双赢模式"等方面实践活动细致剖析，可以为国内开展相关实践活动提供有益的借鉴。

本书将叙事分析、话语分析、档案文本分析等多种质性研究方法运用于3个典型案例的研究，扎根实景，逐步全景呈现了私人基金会、工会和公益NGO的体制结构、专业化服务和谈判博弈过程和结果，使导致3个自助扶贫项目失败的机制逻辑跃然纸上。采用同样的风格，作者以案例的形式提出了重构伙伴关系构建双赢模式的建议。这种质性方法全景分析对学界相关研究也具有很强思路和方法指导意义。

十分感谢上海研究院现代慈善研究中心为本书的翻译和出版提供资助，感谢中国社会科学出版社提供的支持。

在本书翻译的过程中，中国社会科学院美国研究所郑秉文教授提供了很好的指导和建议，上海研究院现代慈善研究中心徐静老师提供了许多帮助，我的学生田梦玮、施蒎、袁迎辉、李俊彦、林孟瑶和丁锦也提供了很多帮助，在此表示衷心的感谢！

孙永勇于武昌桂子山

2021年12月

序　　言

　　1989年秋天，我移居弗吉尼亚州艾芬豪（Ivanhoe，Virginia），与马克辛·沃勒（Maxine Waller）一起生活和工作。她是一名具有超凡魅力的女性，在努力争取拯救她的正去工业化的采煤小镇。由于收到建议出售艾芬豪工业用地的警示，马克辛，一名前矿工的妻子，发起了一项阻止出售的运动。她最初希望，如果得到拯救，这个小镇可能会吸引新的产业。由于在"企业生活区"（company town）文化氛围中长大，许多矿工相信，是由于他们工作不够努力所以土地才会被卖掉；他们相信，大型煤炭和联合碳化物公司（Big Coal and Union Carbide）之所以采取行动，是因为其他地方有"更好的"工人。不管他们最初如何怀疑，一个当地的女性骨干成员与马克辛一起奋斗，防止土地被出售，并开始着手于一项教育和组织运动，以谋划艾芬豪的复兴。

　　我被这个才华横溢的叛逆女性，以及一个聚在一起分析复杂形势的社团所打动，改编一个故事，这个故事告诉他们成为自我消亡中的有罪代理人。作为艾芬豪人经济学班的参与者，我看见，当地人开始了解全球经济以及他们在周围世界中的位置，成为谋划他们共同未来的积极参与者。煤矿工人和他们的妻子学习并获得了高中毕业证，一群女性组织了女权主义者圣经学习班，微型企业被建立起来，甚至当地历史书也得以出版。艾芬豪公民联盟（Ivanhoe Civic League）组建起来，确定未来的社区发展问题与计划，并为那些需要帮助的本地家庭提供支持。所有这一切都是按照小镇人自己的设想发生了。

在艾芬豪的生活和工作，使我对成人教育充满热情，对穷人而不是外来部门、机构和企业管理组织活动的潜力充满期待。通过艾芬豪人，也通过他们和我的导师、田纳西高地人研究与教育中心（the Highlander Research and Education Center in Tennessee）的海伦·刘易斯（Helen Lewis）和迈尔斯·霍顿（Myles Horton），我认识到，最具革命性、最可能持久的变革来自人民。

可能，基于我父母对20世纪六七十年代社会运动的参与，我已经知道了这一点。我记得，我还是小孩时就参加了加利福尼亚农业工人运动所组织的消费者联合抵制活动。我的母亲和父亲频繁地把我的兄弟姐妹和我带到加利福尼亚伯克利吉祥杂货店（a Berkeley, California, Lucky's store）外的警戒线旁。我那时候大约8岁，就是我女儿现在的年龄。而且，我记得我们随农业工人一起抗议时那种无可比拟的团结感，他们因低工资和用于生产葡萄的化学品而受到伤害，而生产出来的葡萄在吉祥店销售。我还记得，在中央山谷（the Central valley）洛斯·巴诺斯（Los Banos）的默塞德县集市（the Merced Fairgrounds），我坐在农业工人集会会场中的一捆干草上，被勇敢的大学生们迷住了，他们当时已经加入了那场运动。那歌曲、咏唱和聚集的能量使我相信，只要人民凭借力量和勇气走到一起，任何事情都有可能做成。

伴随着农业工人运动，我是在自由、平等、权力属于人民、女权主义、棕色力量、公民权和社会公正这样的语境中长大的。我还是在那个只有思想未必能改变世界的时代长大的,懂得了挫败和集体实现(the collective realization)——在我出生的那一年,小马丁·路德·金(Martin Luther King Jr.)和罗伯特·肯尼迪(Robert Kennedy)被枪杀。我记得我父母在20世纪70年代争取使公立学校系统更公平地对待所有孩子的斗争中所面临的挑战,记得他们20世纪80年代因进步学校改革而遭受的惨痛损失,以及这些打击时常带来的身体和情感创伤。

由于这些成长经历,除了"占领华尔街"(Occupy Wall Street)和"黑人的命也是命"(#Black Lives Matter)运动,我还没有对其他任何一个社区发展或组织计划产生如此深刻的印象——自主,愿意承担风险,最重要的是对持续追求私营基金的资助漠不关心。尽管我是在加利福尼亚大学伯克利分校开展自己的社区发展和大众教育工作以及后来的博士研究,但我变得对一些计划越来越持批评态度。这些计划是以"草根"(grass-roots)、"自下而上"(bottom-up)或"赋权"(empowerment)的方式进行社会变革,但由精英人士领导,而这些精英人士害怕考虑那些穷人为之斗争的问题,例如工业废弃、低于生活工资的工作、种族和阶级之间的大量的教育不公平、种族定性(racial profiling)和警察暴力、穷人的边缘化和移民工人。

为了与商业伙伴和主要利益攸关方构建伙伴关系,在整个20世纪90年代,我考察了如何将那些我从高地人中心(the Highlander Center)学到的有关大众教育和社区规划的具体推进方法、技巧和术语转化为良性的"最佳实践范例"。作为科罗基金会(the Coro Foundation)和可持续社区领导项目(the Sustainable Communities

Leadership Program）的成员，我学习了包括皮特·德鲁克（Peter Drucker）和汤姆·皮特斯（Tom Peters）在内的公司管理大师所撰写的课本，使自己在"参与式"（Participatory）或"促进性"（Facilitative）领导方面得到了训练。其他课本包括库泽斯（Kouzes）和波斯纳（Posner）的《领导力》（*The Leadership Challenge*）、本尼斯（Bennis）的《组织天才》（*Organizing Genius*）和亨顿（Henton）的《新经济的草根领导者》（*Grassroots Leaders for a New Economy*）。《领导力》阐明了如何通过"挑战旧习"（challenging the process）"激发共同愿景"（inspiring a shared vision）"使其他人行动"（enabling others to act）而成为高效的领导者。我对这些课本感到失望，因为它们一般被描述为看上去仍然对我"具有创新性"，就像我所熟悉的大众教育和组织方法的一种盗用（appropriation）和非政治化。

那时，我只是部分理解那个趋势，它将社区推向一大堆阐述不清的"公民参与"（civic engagement）或"参与式"（participatory）倡议，而后者代表了更广泛的政治和经济转变。在20世纪80年代末90年代初的新自由主义重建中，福利改革和缩减公共预算将新的责任强加于志愿者和非营利组织。无论是对于国内的新自由主义改革，还是对于世界银行和国际发展机构在南半球推进的结构性调整计划，"参与式"计划都已经成了常规性对策。我清晰地记得，我问过自己的同事："公民为何参与？"我还清晰地记得，我天真地挑战了项目的极限，而这些项目没有被设计成可以体现它们需要解决的问题的根源。我后来指导各个小组不要采用参与式方法，除非他们确实想要按照人民不得不说的话去行动。

当我在中央山谷与农业工人和移民权利组织者一起工作的时

候，我知道了这种趋势是如何因加利福尼亚农业工人运动而逐渐形成的。为了跟上全国范围内的民权斗争，许多组织者和领导者被并入了"中央山谷反贫困斗争——社区行动计划"（the Central Valley's War on Poverty-era Community Action Programs）。其他一些组织者和领导者后来组成了他们自己的501（c）（3）组织，为公民成人教育服务争取联邦资助（依据1986年移民改革与控制法案）。昔日的那些组织者，最初是受运动激励而去争取劳动权利的，而且遭到了大型农业生产者辱骂。但是今天，当他们推动温和的服务或"公民参与"项目以与当前的支出重点保持一致时，他们敏锐地认识到已经失去了什么。

我还逐渐认识到，以社区或草根组织为基础的斗争既不是完全属于那些"参与斗争"的人，也不是完全属于那些"当权的"人。而且，他们之间的界限有时候是模糊不清的。当他们因大萧条而设计美国最大的公共扶贫项目并为之筹资时，《反贫困战争》（the War on Poverty）的起草者并不是都怀有政府控制的目的。对于未堕落的社会变革，社会运动的领导者和社区组织者并不是总持有统一的观点或纯粹的战略。受多元主义公民参与思想的鼓舞，基金会工作人员并不是总有选举的议程。

本序言中所涉及的个人时刻告诉读者我的人生路径，作为教师、研究人员、学者和参与者。它们提供了一个背景，用以理解自助与自决、参与式民主、社会运动等中心主题，以及专业化与制度化的程序，而正是这些在推动计划运行。尽管本书描述了令人担忧的慈善关系，但我仍然致力于拯救性教育学（liberatory pedagogy），它在阿巴拉契亚（Appalachia）改变了我的生活，而我继续将其付诸实践。因此，我在新学校的米兰国际事务、管理和城市政策学院（The New School's Milano School of International Affairs, Management, and Urban Policy）的学术研究和教学，处于时有矛盾的十字路口，既沉迷于有关参与式、基于社区的自助的教育学，又批判它。我跨立于阿南娅·罗伊（Ananya Roy）一直生动述说的"在乐善好施自大症与愤世嫉俗麻痹症之间的空间"。

作为本书特色的案例研究是以为期2年的档案研究和人种志研究为基础的。作为第二章的特色，第一个案例研究聚焦于私人投资者与加利福尼亚农业工人运动之间的关系，并以档案研究和个别访谈为基础。在底特律（Detroit）韦恩州立大学（Wayne State University）的沃特·P. 鲁瑟图书馆和奥斯汀德克萨斯大学（Austin Texas University）多尔夫·布里斯克美国历史研究中心（Dolph Briscoe Center for American History），我调查了"美国农业工人联合会"（the United Farm Workers of America）的档案基础报告和其他档案。此外，我还从加利福尼亚大学伯克利分校班克罗夫特图书馆（the Bancroft Library at the University of California, Berkeley）的口述史和档案资料中获益。而且，我采访了历史运动的领导者，包括德洛丽丝·韦尔塔（Dolores Huerta）和非营利运动机构中处于领导地位的职员。

在第三章和第四章中起主要作用的案例研究使用了3种主要研究方法：无限制个别访谈法（open-ended individual interview）、参与性观察（participant observation）和专业项目资料分析（analysis of professional program material）。在2007年至2009年，我采访了超过80名基金会项目官员、顾问和组织成员，他们在中央山谷地区和加利福尼亚别的地方的农业工人和移民项目中工作。我还参与了许多基金会的网络聚会、协作会议和与所研究的特定项目有关的训练课。

　　第三章和第四章中所有个人、组织和发起人的名字都被隐藏了。尽管绝大部分受访人都热切地谈论他们的工作,许多人沮丧于无法公开谈论他们的组织和网络的筹资政治。许多人担心失去他们在地区筹资计划中的有利地位,其他人担心说出来可能会威胁到他们预期将获得的个人赠款。因此,有关个人和组织的名称被隐藏了,以确保这些组织已经获得保证的捐赠和这些慷慨的人的工作都不会受到威胁。

致　　谢

　　许多慷慨的人和组织为这个项目做出了贡献。首先，我要感谢我在加利福尼亚大学伯克利分校的社会和文化研究（Social and Cultural Studies）博士团队，以及吉莉安·哈特（Gillian Hart）教授和卡罗尔·斯达克（Carol Stack）教授，他们在我设计这个研究项目的初期指导了我。哈利·赛肯（Harley Shaiken）、约翰·赫斯特（John Hurst）和阿南娅·罗伊（Ananya Roy）的早期版本手稿使我受益匪浅。我在新学校的研究助手，约翰娜·泰勒（Johanna Taylor）和伊丽莎白·库卡罗（Elizabeth Cuccaro）提供了大量支持，因此我也十分感激。我还想感谢林恩·波希-马多克斯（Linn Posey-Maddox）、凯瑟琳·穆勒（Kathryn Moeller）、罗宾·海耶斯（Robin Hayes）和安蒂娜·冯·施尼茨勒（Antina von Schnitzler），他们阅读了本书的草稿，并提出了很好的反馈意见。我还十分感激我的那些新学校的同事，他们支持我通过学术休假完成这本书。阿比盖尔·克雷默（Abigail Kramer）、特蕾西·康纳（Tracy Connor）和贝丝·格雷厄姆·英格拉姆（Beth Graham Ingram）运用他们的编辑特长为项目做出了贡献。

　　如果还有谁是比我的父亲赫伯·科尔（Herb Kohl）——我也

要感谢他——更好的"专业术语检测器",那一定是加利福尼亚大学出版社的内奥米·施耐德(Naomi Schneider),这本书的出版是她的光荣和荣耀。我还要感谢编辑阿南娅·罗伊(Ananya Roy)和克莱尔·塔尔沃克(Clare Talwalker)以及最初的盲评人员阿廖沙·哥特斯坦(Alyosha Goldstein)、文森纳·亚当斯(Vincanne Adams)和凯瑟琳·米切尔(Kathryn Mitchel),他们属于加利福尼亚大学出版社的"贫困、中断"(Poverty, Interrupted)系列编辑。我相信他们的重要反馈意见使这本书变得更好。我还很感激加利福尼亚大学出版社的出版小组成员,包括艾莉·鲍尔(Ally Power)、弗朗西斯科·雷金(Francisco Reinking)和罗伊·萨布罗斯基(Roy Sablosky)。

重要的校外指导者包括克雷格·麦加维(Craig McGarvey)、莫娜·马丁内斯-纳塔拉斯(Myrna Martinez-Nateras)和海伦·刘易斯(Helen Lewis)。克雷格与慈善捐赠内在的权力失衡所做的正直的斗争是一扇窗户,通过它,我进入了这个项目。莫娜,一个长期在中央山谷的移民社区中进行大众教育的人,提供了十分重要的见解。当我的女儿和我在山谷中上上下下旅行时,她还对我们敞开了她的家门。我很感激莫娜和爱德华多(Eduardo)的慷慨、数小时的交谈和连续不断的鼓励。海伦·刘易斯是我生活的榜样,她是一个熟练的大众教育者和阿巴拉契亚(Appalachian)学者。海伦教我既拥抱喜悦,也拥抱工作中遇到的学术与实践之间的冲突。

我还想感谢那些我在开展这个项目时采访过、跟踪过或遇见过的人。希望我的著作会有助于连通小型社区活动组织与私营基金会之间不平等且常常很脆弱的关系。这正是许多人发现他们很难公开讲出来的，因为他们害怕失去他们的款项或工作。受访的基金会和专业人士是这个故事的真正讲述者，而我希望他们的集体智慧在这些页面会被发现。

这项研究得以面世，可能受助于斯宾塞基金会（the Spencer Foundation）、加利福尼亚大学伯克利分校教育学研究生院的社会和文化研究项目（the Social and Cultural Studies program of the UC Berkeley Graduate School of Education）、社会变革研究中心（the Institute for the Study of Social Change）、加利福尼亚大学校长办公室的劳动就业研究基金（the Labor and Employment Research Fund at the UC Office of the President）。我还要对加利福尼亚大学伯克利分校班克罗夫特图书馆的档案管理员，以及韦恩州立大学沃尔特·P. 卢瑟图书馆和奥斯汀德克萨斯大学多尔夫·布里斯克美国历史研究中心的"美国农业工人联合会"档案室所提供的帮助致以谢意。

第 一 章

私人慈善事业和自助神话

> 基金会是怪兽。它们被创建从而用大量的财富来解决社会问题,这本质上是矛盾的,因为这些财富本身就是来自它想要解决的不平等。
>
> 根据作者对项目办公人员的采访,旧金山,加利福尼亚州,2009 年。

在伊利诺伊州芝加哥市的希尔顿酒店,备有甜点和咖啡的午餐会拉开了 2013 年的基金会董事会的帷幕①。乔伊斯基金会(Joyce Foundation)的主席艾伦·阿尔伯丁(Ellen Alberding)站在挤满人的房间前一个显眼的平台上,为"关于健康和安全社区的国家对话"的论坛致辞。参加午餐会的人们在愉悦的氛围中聊天,只有当一位在芝加哥市附近长大的贫穷的年轻人詹姆斯·安德森(James Anderson)站起来说话的时候,大家的注意力才被吸引到

---

① 基金会董事会(wwwcof.org)是美国慈善事业的连接枢纽。他们的年度会议为基金会展示他们的工作提供了平台,也为在慈善事业中工作的专业人士提供了相互学习的机会。

舞台上。安德森（Anderson）的故事吸引了房间里的所有人，他与贫穷、被遗弃和来自父亲的虐待进行斗争并取得了胜利。他告诉我们："没有人关心我。"在经过多年的孤立和孤独后，他结识了一个团伙并染上了兴奋剂①依赖，最后他将自己送进了监狱。然后有一天，健康基金会（Wellness Foundation）的人来看他，并邀请他加入"反再犯联盟"。最终，他觉得他可以加入进去，因为这些人给了他相信自己的理由。他的这些话赢得了掌声以及与我同桌的女士们（包括我）的眼泪。安德森（Anderson）总结道："一个人可以改变生活。"

作为一名研究私人基金会如何应对美国逐渐深化的贫穷和不平等问题的民族志研究员，我参加了这次基金会董事会会议。当我正在听詹姆斯·安德森（James Anderson）激动人心的演讲时，一个四五十岁的女人，制服上绣有名字宝琳娜（Paulina），端着一个大托盘来到我们的桌子旁边。宝琳娜（Paulina）将 15 个装有烤鸡、土豆、西洋菜心的盘子放在她的供餐凳上。她明显很紧张，额头上甚至有汗水。我其实为这种矛盾的状况感到震惊——他们聚在这里，为他们在减轻贫困方面所付出的努力而庆祝，却由美国一些最贫穷的食品工人为这个聚会服务。在这 3 天的讨论会中，到处充斥着像安德森（Anderson）这类摆脱贫困的人转悲为喜的真实故事，我也为此感到震惊。

这些激动人心的时刻，提供了一扇鼓励穷人向自助慈善发展的

---

① 译者注：一种兴奋剂，也被称为 Crystal Meth。核心成分是甲基苯丙胺（Methamphetamine），是一种强效的中枢神经系统（CNS）的兴奋剂，其主要用作娱乐性药物和作为二线治疗用于注意力缺陷多动障碍和肥胖症。参考来源：维基百科，Methamphetamine［EB/OL］. 网站：https://en.wikipedia.org/wiki/Methamphetamine#Recreational。

窗户，同时避开了贫困和不平等的结构性根源。实现自助最重要的方法是持久的信念，这种信念相信根深蒂固的贫困是社会孤立和经济孤立的结果，尤其是那些将人们困在贫困文化中的社会孤立和经济孤立，而这种贫困文化是以毫无希望和自我伤害的做法为标志的。这种理念与这样一种论调一致，即只有当贫穷的个体主动改变他们的行为方式时[1]，贫穷才会被中止。但那些有关机会不平等、排斥和根据种族、性别、阶级、法定地位进行罪犯分析以及为少数人创造财富并让多数人陷入贫困的资本主义经济问题通常会被回避。同时，这种自我帮助的主流叙述也没有认识到，成功故事可能是现行救助方面的社会基础设施造就的，包括公共救助项目和机构、家庭网络和私有的慈善机构的功劳。例如，詹姆斯·安德森（James Anderson）不是独自一人实现自我救助的。作为健康基金会反再犯联盟（Wellness Foundation's Anti-Recidivism Coalition）的青年协调员，他被提供了系统性支持和资源。

在过去的30年里，在美国的城市中心和农村地区乃至南半球，在经济困难的情况下用自助的方法来实现减贫都取得了新的进展[2]。在美国，罗纳德·里根（Ronald Reagan）政府实施"下渗经

---

[1] 关于基础性的"贫穷文化"研究，请参阅 Michael Harrington, Michael Harrington, *The Other America: Poverty in the United States* (New York: McMillan, 1964); Oscar Lewis, *Five Families: Mexican Case Studies in the Culture of Poverty* (New York: Basic Books, 1959, 1975)。

[2] 关于美国自助贫困项目的研究，见 Barbara Cruickshank, *The Will to Empower: Democratic Citizens and Other Subjects* (Ithaca, NY: Cornell University Press, 1999). 关于国际视角，请参阅 Lamia Karim "Demystifying Micro-Credit: The Grameen Bank, NGOS, and Neoliberalism in Bangladesh", *Cultural Dyamics* 20, no I (2008); Tanya Murray Li, *The Will to Improve Governmentality, Development, and the Practice of Politics* (Durham, NC: Duke University Press, 2007)。

济学"（trickle-down economics）①和反国家主义②政策（1981—1989），其政策措施包含大幅度削减最高纳税等级的税和30年贸易自由化发展计划，还有公共部门萎缩、工资停滞、兼职和低薪工作的增加，以及不平等的扩大③。随着保守派对大社会（Great Society）反贫困战争计划（the War on Poverty）④的攻击，一种看法开始成为主流的意识形态⑤。这种意识形态认为，若不是国民普遍贫穷，而是个人贫穷的话，应该由他们自己负责帮助自己脱离贫穷。在这种意识形态占据主流地位的这段时间里，那些组织活

---

① 译者注：下渗经济学，也被译为滴流经济学、渗滴式经济学、滴漏经济学，来源于美国，与供给方经济学类似，核心措施是减税。可用于描述给富人及企业减税可惠及所有人包括贫苦大众的经济政策，可以形象地理解为将财富聚集到富人手中，然后一点一滴流到每个人手中。这种经济理论的目的在于减少贫困差距，类似我们提出的"先富带动后富"。参考来源：The balance. Why Trickle Down Economic Works in Theory But Not in Fact [EB/OL]．网站：https://www.thebalance.com/trickle-down-economics-theory-effect-does-it-work-3305572。

② 译者注：反国家主义是自由主义的一种思潮，意为减少中央集权以及国家对社会的管制，需要与无政府（non-state）主义相区分。

③ Robert Reich, *Supercapitalism: The Transformation of Business, Democracy, and Everyday Life* (New York: Vintage Books/Random House, 2007); Robert Reich, "Why the Rich are Getting Richer, and the Poor, Poorer", *in The Way Class Works Readings on School, Family, and the Economy*, ed. Lois Weis (New York: Routledge, 2007).

④ 译者注："大社会"（Great Society）是一组计划，其中包括"对贫困的战争"（The "War On Poverty"）。大社会计划是1964年至1965年由民主党总统林登·约翰逊发起的，主要目标是消除贫困和种族不公正。在此期间，启动了针对教育、医疗、城市问题，农村贫困和交通的新的主要支出计划。对贫困的战争的核心是1964年的"经济机会法"，该法案设立了经济机会办公室（Office of Economic Opportunity, OEO），以监督各种以社区为基础的反贫困计划。参考来源：维基百科．Great Society [EB/OL]．网站：https://en.wikipedia.org/wiki/Great_Society#The_%22War_On_Poverty%22。

⑤ 关于美国解决贫困政策的个人主义和行为方式转变的综合史学研究，请参阅Alice O Connor, *Poverty Knowledge Social Science, Social Policy, and the Poor in twentieth-century U.S. History* (Princeton, NJ: Princeton University Press, 2002).

动并为穷人发声的自治性工会、公共机构和项目以及基层组织所能获得的资源在减少，自身的合法性也在降低。在某些情况下，他们对那些不能满足新贫穷工人（new working poor）①的需求的方式进行官僚化和专业化改革②。在这30年里，这种趋势允许1%的人口和慈善部门的私人财富迅速增加③。在许多地区，那些为贫困人口和边缘化社区提供服务的由私人资助的非营利组织取代了公共计划④。

---

① 译者注：新贫穷工人（new working poor）在2008年大危机以后群体数量激增，主要指那些被雇佣但是工资无法满足正常生活水平的人。参考来源：Euronews. Working poor, the new class after the 2008 crisis | View. [EB/OL]. 网站：https://www.euronews.com/2018/08/10/working-poor-the-new-class-after-the-2008-crisis-view。

② 非营利部门专业化模式的研究，请参阅（1）*Antipode* 37, no. 3（2005）以及本期关于 Working the Spaces of Neoliberalism: Activism, Professionalization and Incorporation 这一主题的许多有用的文章；（2）Aziz Choudry And DipKapoor eds., *Ngo-ization: Complicity, Contradictions and Prospects*（Lon-don: Zed Books, 2013）；（3）INCITE! Women of Color Against Violence, ed., *The Revolution Will Not Be Funded: Beyond the nonprofit Industrial Complex*（Cambridge, MA: South End Press, 2007），尤其是 Gilmore and Rodriguez 的章节；还有（4）Nidhi Srinivas, "The Possibilities of the Past: Two Routes to a Past and What They Tell Us", *Management and Organiational History* 7, no. 3, 237 – 249（2012）。

③ 关于最近对放任资本主义经济如何造成巨大不平等的分析，请参阅 Thomas Piketty, *Capital in the Twenty-First Century*（New York: Harvard University Press, 2014）。

④ 21世纪头10年非营利部门增长的统计摘要，见 Peter Kim 和 Jeffrey Bradach, "Why More Nonprofits Are Getting Bigger", *Stanford Social Innovation Review*（Spring www. Ssireview. org/articles/entry/why-more-nonprofits（Spring 2012），www. Ssireview. org/articles/entry/why_more_nonprofits_are_getting_bigger: Lester M. *Salamon*, ed., *The State of Nonpr-ofit America*, 2nd ed.（Washington, DC: Brookings Institution Press, 2012）. 鉴于大部分慈善财富都投资于大型医疗保健和教育机构，许多关注贫困和不平等的基层组织越来越依赖基金会拨款。许多意在解决贫困问题的地方和区域方案已经开始依赖私人基金会提供的资源，尽管这些基金会没有特别关注资助贫穷的倡议。有关基金会捐助和贫困的数据，请参阅2007年基金会中心的报告"聚焦贫困"（*Focus on Poverty*）（http://foundationcenter. or-g/focus/gpf/poverty/）。

然而，这些私人投资是否改变了贫困状况？或者是否帮助到那些他们声称要服务的人？本书通过分析那些貌似解决贫困但是在实践中总是回避问题根源的自我主义项目，展示了私人基金会是如何来维持这种不平等的体系。对于本书中那些关心农业工人和移民贫困的社会运动领导者和非营利组织的工作人员来说，最终被基金会所接受的主要自助方法是很成问题的。加利福尼亚州中央山谷（California's Central Valley）①的贫困问题不是穷人文化或行为的结果。相反，就像在南半球资源丰富的地区一样，这里的贫困是由那些常常隐藏在视线之外却裹挟在巨大财富中的资本生产关系所产生的。由于地处加利福尼亚州中央山谷（Central Valley of California）中远离高速公路和大道的地方，许多家庭为粮食不安全和健康状况不佳而斗争，并且住在不符合标准的家里，经常没有热水或干净的自来水。而且，这种长期贫困因大规模农业生产而持续存在，而这种规模化农业的生存依赖于低工资、劳动密集型的季节性野外工作、农药的大量使用、根深蒂固的劳务承包商系统，以及越来越多的无证移民。这些无证移民为主要农业和食品零售业创造利润，自己却没有得到保障。

现如今，中央山谷（Central Valley）的贫困率高于后工业城市

---

① 译者注：中央山谷（Central Valley）是一个平坦的山谷占主导地位的地理中心，位于美国各州的加利福尼亚州。它宽40—60英里（60—100公里），从西北偏北到东南偏南约450英里（720公里），内陆并平行于太平洋沿岸。它是加利福尼亚州最具生产力的农业区，也是世界上产量最高的地区之一，提供了美国一半以上的水果、蔬菜和坚果。该山谷包括北加州18个县的全部或部分。并划分为12个大都市区（Metropolitan Statistical Areas）和1个微都市区（Micropolitan Statistical Area）。后文将会提到3个大都市区。参考来源：维基百科．Central Valley（California）[EB/OL]．网站：https://en.wikipedia.org/wiki/Central_Valley_（California）#Metropolitan_areas。

阿巴拉契亚（Appalachi）和底特律（Detroit）①。根据2012年的美国人口普查，该地区的三大都市区，弗雷斯诺（Fresno）、贝克斯菲尔德（Bakersfield）和莫德斯托（Modesto）都排在州和国家最贫穷的地区名单中②。弗雷斯诺县每年生产的农产品超过60亿美元，却是美国第二大贫困地区。最近的新闻报道和人种志研究证实了这种状况似乎要长久存在。资料记载了这里的高失业率、低工资、广泛存在的粮食不安全、由于大量的农药使用和劳动密集型工作而产生的健康不平等、低于标准的住房条件和泛滥的移民歧视③。最近，移民到山谷的奥克斯坎（Oaxacan）土著居民区遭受到了因工业化农业产生的持久贫困的困扰④。

本书中的案例研究抓取了私人基金会试图解决中央山谷（Central Valley）地区移民贫困的关键性历史时刻。在每个实例中，慈善投资都掩盖了自己的实际利益，这涉及要求农业工人"自助"，却压制对工业化农业一直存在的批判。从为具有历史意义的农业工人运动作铺垫的农业工人领导力发展慈善投资，到20世纪90年代和21世纪初的那些由基金会主导的大规模倡议，本书的档案和民族志案例研究表明，基金会无法解决贫困和不平等问题，是因

---

① Alan Berube, *The Enduring Challenge of Concentrated Poverty across America: Case Studies from across the U. S.* (Washington, DC: Brookings Institution, 2008).

② 关于基于2012年美国人口普查的新闻报道，请参阅 www.huffingtonpost.com/2012/09/20/california-poverty_n_I901642.html 和 www.mercurynews.com/ci-21596949/central-valley-areas-among-poorest。

③ 当前关于加利福尼亚中央山谷农业工人和移民条件的研究，请参阅加州农村研究所（www.org）的报告。有关移民农业工人的贫困和性侵犯的研究，请参阅2013年前线纪录片"Rape in the Fields"（www.Pbs.org/wgbh/pages/frontline/rape-in-the-fields/）。

④ 关于国内田野工作者的信息，请参阅 Seth Holmes, *Fresb Fruit, Broken Bodies Migrant Farmworkers in the United States* (Berkeley: University of California Press, 2013)。

为他们围绕自助的定义设置了严格的界限。绝大部分时候，受限领域包括劳工组织、罢工、抵制、移居权以及坚持让行业为农业工人和移民所遭受的持久虐待负责的倡议。

然而，不像大多数慈善领域的著作主要描述重要的私人基金会简单的资本议程的成功实施，本书接下来的案例展示了基金会投资是如何进行争论和谈判的。这些由社会运动的领导者、非营利组织专业人士甚至基金会的工作人员讲述的故事表明，在慈善系统中占主导地位的自助框架并不总是清晰或者被人们完全接受，而是有各种各样的解释和许多可商榷的地方①。有时，资助体系直接来自贫困人口的运动，并且被基金会有目的地采用、调整和共同选择。偶尔，基层团体企图用来自慈善界的理念完成共同选择。少数情况下，社会运动的资助者与社会运动所追求的利益一致。自助意味着意识提升（consciousness-raising）②、自主决策（self-de-

---

① 关于战略融合和文化霸权的讨论，见 Stuart Hall, "Race, Articulation and Societies Structured in Dominance, in *Sociological Theories Race and Colonialism* (Paris: UNESCO, 1980; reproduction, Oxford: Blackwell, 2001), 305 – 45. 关于霍尔融合理论的最近使用，见 Tania Li, "Articulating Indigenous Identity in Indonesia: Resource Politics and the Tribal Slot", *Comparative Studies in Society and History* 42 (2000): 149 – 79. 另见第 6 章雷蒙德·威廉姆斯（Raymond williams）关于文化霸权的开创性著作, *Marxism and Literature* (Oxford: Oxford University Press, 1977)。

② 意识提升（或者 awareness raising）是一种激进主义形式，在 20 世纪 60 年代后期由美国女权主义者推广。它通常采取一群人聚集的形式，试图将更多人的注意力集中在他们提倡的事物上。常见问题包括疾病（如乳腺癌、艾滋病），冲突（如达尔富尔种族灭绝、全球变暖），运动（如绿色和平组织、PETA、地球一小时）和政党还是政治家。由于向公众宣传公众关注的问题通常被视为改变机构处理方式的第一步，因此提高认识往往是任何倡导团体参与的第一项活动。参考来源：维基百科. Consciousness raising [EB/OL]. 网站: https://en.wikipedia.org/wiki/Consciousness_raising。

termination)①，以及组织活动反对主要的权力结构，就像历史上的黑人权力运动（Black Power movement）② 在人民教育、食物正义和社区服务中所展示出来的理念一样③。尤其是历史悠久的非洲裔美国人的自助，从布克·华盛顿（Booker T. Washington）的工业化教育到更激进的黑豹党（The Black Panthers）的政治理念，都显示了其具有变革潜力④。与黑豹党一样，加州农场工作运动的塞萨尔·查韦斯（Cesar Chavez）率先启动了自助模型，建立自尊、自豪和自我导向组织，以取代并挑战那些并非为农村的农业工人和被剥夺权利的移民提供服务的主流机构。

有关慈善事业的大多数重要研究并没有揭示基金会和非营利组

---

① 自主是人民自决的权利，这是现代国际法（通常被视为强制法规则）的一项基本原则，因此对联合国成员国具有约束力，作为对"宪章"规范的权威解释。这个原则的目的是保护任何一个独立的国家内政不受其他国家的干涉。它指出，一个人在尊重平等权利和公平的机会平等原则的基础上，有权自由选择主权和国际政治地位而不受干涉。参考来源：维基百科. Self-determination［EB/OL］. 网站：https://en.wikipedia.org/wiki/Self-determination。

② 黑人权力运动强调种族自豪感，经济赋权和对黑人在美国创立的政治和文化机构，在20世纪70年代达到顶峰。这项运动源于民权运动（Civil rights movement），因为黑人活动家试验了自我倡导的形式，从政治游说到武装斗争。黑人权力运动成为一个焦点，认为民权时刻的改革派和和平主义分子在改变种族关系方面没有效果。参考来源：维基百科. Black Power movement［EB/OL］. 网站：https://en.wikipedia.org/wiki/Black_Power_movement。

③ Matt Garcia, *From the Faws of Victory*: *The Triumph and Tragedy of Cesar Chavesz and the Farm Worker Movement* (Berkeley: University of California Press, 2012); Malcolm X and Alex Haley, *The Autobiography of Malcolm X* (New York: Ballantine Books, 1992).

④ 关于非洲裔美国人自助的"种族抬升"和"黑人权力"传统之间历史紧张关系的讨论，请参阅 Kevin K. Gaines, *Uplifting the Race Black Leadership*, *Politics*, *and Culture in the Twenties Century* (Chapel Hill: University of North Carolina Press, 1996). 有关南方黑人自由斗争激进演变的详细历史记录，请参阅 Akinyele Omowale Umoja, *We Will Shoot Back*: *Armed Resistance in the Mississippi Freedom Movement* (New York: New York University Press, 2013).

织的员工如何与这种选择性解读和内在矛盾做斗争。本书没有将基金会看作擅长实施明确的资本主义议程的封闭系统，而是侧重于善意的基金会和非营利组织员工，如何通过谈判、转变并最终淡化组织的激进议程，将其转变为被基金会领导人和网络所接受的良善的项目。在资助基层贫困人口的运动时，慈善的力量贯穿在极不平等的合作伙伴之间，比如富裕的资助者和社会运动领导者。最常见的情况是，对自助的转变落在可接受的自我发展的资本主义与激进的自主之间。从进步时代（Progressive Era）① 的定居点运动②到 20 世纪 60 年代美国的反贫困战争（War on Poverty）③，到当前将"底层 10 亿人"整合到全球市场的资本主义方式④，再到最近的训练女孩成为抗击全球贫困的经济代理人⑤⑥、当地领导

---

① 译者注：进步时代（Progressive Era），在美国历史上是指 1890 年至 1920 年，美国的社会行动主义和政治改良纷纷涌现的一个时代。参考来源：维基百科．进步时代［EB/OL］．网站：https://zh.wikipedia.org/wiki/%E8%BF%9B%E6%AD%A5%E6%97%B6%E4%BB%A3。

② Louise Knight, *Citizen: Fane Addams and the Struggle for Democracy* (Chicago, IL: Chicago University Press, 2005), O'Connor, Poverty Knowledge.

③ Barbara Cruikshank, *The Will to Empower: Democratic Citizens and Other Subjects* (Ithaca, NY: Cornell University Press, 1999); Alyosha Goldstein, *Poverty in Common* (Durham, NC: Duke University Press, 2012); Michael Katz, *The Undeserving Poor: From the War on Poverty to the War on Welfare* (New York: Pantheon, 1990).

④ C. K. Prahaland, *The Fortune at the Bottom of the Pyramid* (Upper Saddle River, NJ: Wharton School Publishing, 2005).

⑤ 译者注：经济代理人（economic agent）指的是能够认识到不同因素的影响并激励不同经济群体的经济决策者。这里的意思是培养女孩经济自主权和决定权意识。参考来源：Revise A Level. Economic Agents［EB/OL］．网站：http://www.revisealevel.co.uk/subjects/economcis/economics-2/unit-1-the-economic-problem/economic-agents/。

⑥ Kathryn Moeller, "Proving 'The Girl Effect': Corporate Knowledge Production and Educational Intervention", *International Fournal of International Development 33*, no. 6, 539 – 622 (2013).

人、活动家、企业家、非营利组织专业人士和资助者,这些活动都是在试图重新构建自助议程。社会运动的领导者和社区组织者,就慈善事业所进行的磋商取得了重要胜利。更常见的是,由基金会设定讨论的议题,意图使人们注意穷人的不足、行为和责任,从而将关注点从那些产生并维持贫穷的社会、政治和经济的权力关系中转移出去。

在本书的案例中,基金会和组织的工作人员努力解决加州中央山谷(Central Valley)的移民贫困问题。这里是世界上最富有的农业生产区,同时也是加州极端贫困人口的温床。基金会员工与社会运动领袖之间的妥协,比如农业工人运动的塞萨尔·查韦斯(Cesar Chavez)和现代农业工人与移民组织者之间的妥协,最终敲定了减轻贫困的行动框架,而这个框架实际上忽视了因工业化农业模式而产生的结构性不平等问题。基金会将那些起初带着激进立场的"互助"或被社区组织者精心制定的自治运动转变为毫无威胁的自助项目,从而避免了在此过程中产生的批评或对抗。

在这些资助协议和制度安排中,有关自助慈善的一个关键性矛盾显现出来。私人基金会在自助方面的投资有时会激发甚至主动将参与的人政治化,然而,一旦资助者发现这种政治威胁,他们最终会失望。当害怕集体行动或起义时,基金会将控制财务负债,并重新限定哪一种自助模式是可以被接受的。最终,基层组织的志向被具有明确限制并对新进的专业化员工的时间、干劲和意识形态提出要求的捐款安排所阻挠。下面几页的历史和民族志研究揭示了通过基金会资助的自助和参与式路径去减贫而产生的矛盾僵局。与皮文(Piven)和克洛沃德(Cloward)在他们的经典著作

《穷人运动》(Poor People's Movements)① 中提到的运动一样，私人资助的运动从来没有完全止赎，既由官僚制度体系构成，又对其形成抵制②。

　　在限制对产生地理贫困模式的行业的对抗之外，本书中记载的慈善方法改变了社会变革的本质。由于被专业管理人员和伙伴关系的要求所干扰，且陷入困境，短期的基金会资助计划取代那些需要组织人员日常参与的运动③。在那些旨在创造长久的系统性变革、社区领导人、流行教育工作者和组织者的社会运动中，基金会项目建立了一个空间。在这个空间中，人们的生活经验可以被共享、分析，并据此制定确定策略来激起联盟反对统治系统，并朝着创造更好的未来前行。④ 但是，对当前系统的关切之事和创造性愿景进行战略性表达的过程并没有造成根本性的变革。就像占主导地位的自助方式一样，这种策略性表达激励人们摆脱绝望，然而却用集体自尊、自主，以及新的工作生活合作方法代替竞争性的个人流动方法⑤。当引入基金会资助时，资源就被从运动建设

---

　　① 译者注：这本书的全名为《穷人的运动：为什么他们成功，他们如何失败》，英文名字是"Poor People's Movements: Why They Succeed, How They Fail" Piven 和 Cloward 是这本书的两个作者，他们的全名分别是 Frances Fox Piven 和 Richard Cloward。

　　② Frances Fox Piven and Richard Cloward, *Poor People's Movements*: *Why They Succeed, How They Fail* (New York: Vintage Books, 1978).

　　③ Carmel Borg, Joseph Buttigieg, and Peter Mayo, eds., *Gramsci and Education* (Oxford: Rowman & Littlefield, 2002), 147-78.

　　④ 孵化于大众教育和集体组织程序的社会运动的例子，见 Aldon Morris, *The Origins of the Civil Rights Movement* (New York: Free Press, 1986), 40-174; Myles Horton, Judith Kohl, and Herbert Kohl, *The Long Haul* (New York: Teachers College Press, 1997)。

　　⑤ 译者注：这里作者似乎在批判这种策略性表达的过程用一种集体主义方式压制了个人主义的发展。

的日常工作转移到短期拨款期限和资助要求的事务中。由于被那些为了维持慈善关系而进行的项目管理、文书工作和会议所淹没，领导者和组织者成为对基金会负责的机构专业人员，而不是对他们声称要代表或服务的人们负责。

本章的其余部分提供了一个框架以理解以下三个方面：慈善事业的力量；20 世纪时美国慈善家的自助方法的历史；有关旨在解决加利福尼亚州中央山谷（California's Central Valley）移民贫困问题的慈善倡议的档案和民族志案例研究的地理和政治背景。

慈善的力量

私人慈善事业在扶贫中的关键作用在美国一直受到肯定，而且在全球范围内也很流行。从安德鲁·卡内基（Andrew Carnegie）的《财富的福音》（Gospel of wealth）（1889）到毕晓普（Bishop）和格林（Green）的《慈善资本主义：富人如何拯救世界》（Philanthrocapitalism: How the Rich Can Save the World）（2008），再到公众人物的专著，例如比尔·克林顿（Bill Clinton）和比尔·盖茨（Bill Gates），捐赠者们坚持认为，私人财富对研究、项目的投资和最近风险资本对贫困地区的资助是解决"贫困问题"最好的方式。但旨在解决全球性贫困的慈善理念或"创造性资本主义"的倡导者正面临越来越多的批评。在 2007 年，一个叫"鼓励！有色人种妇女反暴力"（INCITE! Women of Colors Against Violence）① 的组织出版了《革命不会被资助：超越非营利工业联合体》（"The

---

① 译者注这是一个反对国家暴力和种族歧视的女性组织。参考来源：incite. Homepage［EB/OL］. 网站：https://incite-national.org/。

Revolution Will Not Be Funded: *Beyond the Non-Profit Industrial Complex*")。在这本书中,学者和活动家记录了一个发展完善的"非营利工业联合体"——指国家和私人资助者之间牢固的共生关系,这个联合体维系权力关系,并且没能成功解决结构性不平等问题。INCITE!出版物中的特色研究展示了非营利性工业联合体如何监督和控制社会正义组织,引导活动家将激进的能量转化为专业化的行为,并鼓励社会运动模仿而不是挑战商业和企业活动。从更广泛的意义上讲,这些研究表明了私人基金会如何利用公共资金和税收减免从事那些改良性的活动,以掩盖造成贫困和不平等的剥削性资本主义工作。

《革命不会被资助:超越非营利工业联合体》这本书建立在关键的"葛兰西学派"(Gramscian)慈善学术传统的基础上,该学术传统表明三大基金会(卡内基 Carnegie、洛克菲勒 Rockefeller 和福特 Ford)是维护教育体系和对外政策中资本帝国主义的中坚力量[①]。借鉴意大利文化理论家安东尼奥·葛兰西(Antonio Gramsci)的思想,这些研究表明资本主义控制是如何通过直接的力量和文化霸权(cultural hegemon)得以维持[②]。文化霸权(cultural hege-

---

① Robert Arnove, ed., *Philanthropy and Cultural Imperialism* (Boston: G. K. Hall, 1980), Edward H. Berman, *The Ideology of Philanthropy*: *The influence of the Carnegie, Ford, and Rockefeller Foundations on American Foreign Policy* (Albany: State University of New York: Free Press, 1983); Inderjeet Parmar, *Foundations and the American Century*: *The Ford, Carnegie, and Rockefeller Foundations in the Rise of America Power* (New York: Columbia University Press, 2012); Joan Roelofs, *Foundations and Public Policy*: *The Mask of Pluralism* (Albany: State University of New York Press, 2003).

② 见 Arnove, *Philanthropy and Cultural Imperialism*; Berman, *The Ideology of Philanthropy*; Parmar, *Foundations and the American Century*; Roelofs, *Foundations and Public Policy*; Behrooz Morvaridi, "Capitalist Philanthropy and Hegemonic Partnerships", *Third World Quarterly* 33 (2012): 1191 – 1210.

mon）可以被理解为通过一系列世界观来管理意识形态的力量系统，比如占主导地位的自助理念，这些意识形态被强加给穷人和受压迫的人。当由基金会推动的文化规范和价值观看起来像是自然的"常识"时，它们就会成为"霸权"，并且通过维持现状波及每个人，甚至让每个人都从中"受益"①。这些研究将分析的重点放在基金会三大巨头如何通过宣称消除系统边缘化的根源来创造流行的共识。尽管如此，事实上，通过改良性项目和薄纱掩盖的资本主义意识形态，他们维系了这个权力系统，而这个权力系统产生了那些他们宣称要消除的问题②。

最近一项对这一传统进行的研究表明，虽然宣称关注非洲撒哈拉以南地区紧迫的粮食安全问题，但比尔（Bill）与梅琳达·盖茨（Melinda Gates）基金会和洛克菲勒基金会实际上是在通过其合作伙伴嘉吉公司（Cargill）③和孟山都（Monsanto）促进人们对转基因作物的依赖，并实施新形式的土地私有化。④国际活动组织，例如农民之路（Via Campesina），谴责这种从贫困农民手里掠夺土地，并且将本应用于人道主义的投资用于商业目的的

---

① 译者注：虽然作者使用了"beneficial"，原意为"使……受益的"，但是按照上下文理解，这里可能是较为讽刺性的说法，主要是想说每个人都会受到这种文化霸权的影响。

② 关于使用安东尼奥·葛兰西（Antonio Gramsci）的"文化霸权"一词与私人慈善事业有关的全面讨论，请参阅 Roelofs, *Foundations and Public Policy*; Arnove, *Philanthropy and Cultural Imperialism*。

③ 译者注：嘉吉公司（Cargill）是美国最大的私人跨国企业，主要事业是食品加工，版图现已扩大至医药、金融、天然资源等。孟山都（Monsanto）是德国制药及化工跨国集团拜耳旗下农业生物技术部门，设立于美国密苏里州圣路易斯县的克雷沃克尔市。其生产的旗舰产品农达，即"年年春"是全球知名的嘉磷塞除草剂，亦是有关产品在全球的最高占有者。

④ 莫瓦瑞迪（Morvaridi），"资本家慈善事业"。

潮流①。与此类似，基金会用于美国公立学校改革的投资已经表明，它们几乎总是在推进私有化、选择和竞争性方法，而这些为私人的教育服务提供者营造了市场机会，却没有改善贫穷学生的状况②。其他研究还证明，诸如新奥尔良的情况下卡特里娜飓风灾后恢复援助是如何通过非营利组织、基金会与私人开发商之间的合作被转变为逐利的经营活动③。即使是慈善事业内部人士也与这种趋势保持一致。最近，亿万富翁慈善家沃伦·巴菲特（Warren Buffet）的儿子彼得·巴菲特（Peter Buffett）描述了基金会在消除不平等根源上的无能，因为"慈善殖民主义"的诅咒在"慈善工业联合体"内被富有的信托基金追捧。巴菲特（Buffett）说："他们总是用右手寻找那些因为左手产生的问题的

---

① La Via Campesina, "La Via Campesina Denounces Gates Foundation Purchase of Monsanto Company Shares", September 13, 2010, http：//viacampesina. org/en/index. php/actions-and-events-mainmenu-26/stop-transnational-corporations-mainmenu-76/917-la-via-campesina-denounces-gates-foundation-purchase-of-monsanto-company-shares.

② Joanna Barkan, "Got Dough?" Dissent 58, no. 1 (2011)：49 – 57；Joanne Barkan, "Hired Guns on Astroturf：How to Buy and Sell School Reform", Dissent 59, no. 2 (2012) 49 – 57；Stanley N. Katz, "Assessment and General Education", *Liberal Education 94*, no. 3 (2008)：30 – 37；Stanley N. Katz, "Reshaping US Public Education Policy", *Stanford Social Innovation Review* (Spring 2013), www. ssireview. org/articles/entry/reshaping_u. s. _public_education_policy；Sarah Reckhow, *Follow the Money*：*How Foundation Dollars Change Public School Politics* (New York：Oxford University Press, 2012)；K Saltman, *The Gift of Education*：*Public Education and Venture Philanthropy* (New York：Palgrave Macmillan, 2010)；Janelle Scott, "The Politics of Venture Philanthropy in Charter School Policy and Advocacy", *Educational Polioy* 23, no. 1, 106 – 36 (2009).

③ Vincanne Adams, *Markets of Sorrow*, *Labors of Faith*：*New Orleans in the Wake of Katrina* (Durham, NC：Duke University Press, 2013)；John Arena, *Driven from New Orleans*：*How Nonprofits Betray Public Housing and Promote Privatization* (Minneapolis：University of Minnesota Press, 2012)；Naomi Klein, *The Shock Doctrine*：*The Rise of Disaster Capitalism* (London：Picador, 2008).

答案。①"②

就像这种新兴的批判性研究一样,我通过自己的研究发现,那些看似慈善项目的框架,如自助、公民参与和社会资本、穷人组织的机构化、机构职员的专业化,削弱非营利组织的工作并改变其工作目标,而非营利组织本来是旨在解决贫穷和不平等结构性根源。然而,不像许多文献和流行的专家意见,我注意到,在资本主义议程或统一的伟大愿景中控制并非总会被清晰地描述出来。相反,在不同的历史节点,私人慈善的力量体现在对激进社会运动的领导和战略进行改写、协商并最终使其混合且中立的渐进的过程中。

社区组织者、运动领导者和中央山谷(Central Valley)的私人资助者之间的关系类似于约翰·阿瑞娜(John Arena)在他2012年的书《来自新奥尔良的驱动力》(*Driven from New Orleans*)中用丰富的历史记录描述的那样。阿瑞娜(Arena)的书基于他自己作为活动家的经验和详细的民族志研究,展示了20年来整个新自由

---

① 译者注:这是 Peter Buffett 在 2013 年说的话,原文是"Inside any important philanthropy meeting, you witness heads of state meeting with investment managers and corporate leaders. All are searching for answers with their right hand to problems that others in the room have created with their left."按照译者的理解,这些人虽然在解决不平等,但是同时也在创造着不平等。

② Peter Buffet, "The Charitable-industrial Complex", *New York Times*, July 26, 2013. 更温和的分析来自学者和从业者,他们注意到慈善领域的多样性,并指出"进步"或"激进"的慈善事业,通常捐赠人数要少得多,并且围绕"社会正义"策略来组织基金会的趋势。一些这方面的研究,请参见全国响应慈善委员(National Committee on Responsive Philanthropy)(www.ncrp.org)和丹尼尔·费伯(Daniel R. Faber)以及黛博拉·麦卡锡(Deborah McCarthy),编辑的 *Foundations for Social Change: Critical Perspectives on Philanthropy and Popular Movements* (Lanham, MD: Rowman &Littlefield, 2005)。

主义时代中新奥尔良的非营利组织如何在拆迁和私有化公共住房中发挥了关键作用。通过追踪社区围绕公共住房的斗争，从后隔离时代到20世纪80年代对拆迁的抵抗，到HOPE VI住房计划错失机会，再到因卡特·娜飓风（Hurricane Katina）肆虐而产生的建设与反再开发斗争，阿瑞娜（Arena）的书展示了基层活动家是如何变成非营利组织员工的。虽然出现并正在继续很多激烈的战斗，但是，随着时间的推移，非营利组织内工作的专业活动家直接放弃了与包括房地产和政治机构在内的主要机构进行内幕谈判的行动。最后，与非营利组织的合作伙伴关系使开发商和政客的行为合法化，这些行为需要非营利组织的支持，这些非营利组织并没有服务于他们声称所要代表的基层的利益。

对基金会而言，在中央山谷（Central Valley）的大部分农村地区和诸如农业贫困这样的筹资领域，这种动态变化不易觉察，也不够简单明了。与那些在主要城市和遭受到严重破坏的改革的部门中（例如教育、住房和医疗保障）进行的投资相比，在这里进行的投资所带来的影响相形见绌。例如，第三章重点关注的移民参与合作（Immigrant Participation Collaborative）（IPC）[①]的案例，就显示了各种各样的非营利组织领导人如何鼓励外来移民组织起来，考虑通过基金会资助的公民参与计划来实现他们的目标权利。因为有多年的农业工人运动经验，一些移民参与合作计划（IPC）的成员知道，那些想要解决贫困问题的公民参与和自助路径不仅有可能激进地挑战不平等结构，还有可能掩盖不平等结构，这两种不同的结果取决于谁设定障碍。他们也知道，尽管他们希望取

---

① 第三章和第四章中案例研究的个人和组织名称是根据加州大学伯克利分校机构审查委员会的《人类项目议定书》进行匿名的。

得实质意义上的成就,但他们依然可以让他们的工作围绕着资助者"旋转"。不是完全被欺骗、安抚或控制,移民参与合作计划(IPC)的募捐者和领导者围绕着一个问题制定战略,即如何从被他们直接确认为羞于对抗的"保守"的理事们那里吸引来社区组织项目所需的资金。然而,即使当非营利的受赠者试图就公益创投(grant-making)程序进行战略性协商时,参与基金会推动的合作之中,最后依然会将移民参与合作计划(IPC)组织成员的注意力从组织移民和农业工人社区与选民的真实过程转移开。

在第二章中,记录的一个谈判的例子仔细观察了农业工人运动领导者塞萨尔·查韦斯(Cesar Chavez)与支持运动的资助者之间的争论。这些和谈促成了几个最近的运动,这些运动被学者认为是查韦斯(Chavez)从劳工运动转移到建立专业化志愿组织和非营利组织的标志,并认为这种转移导致了劳工运动的消亡[①]。但是,这不仅仅是一个简单的有关纳入和控制的故事,虽然查韦斯(Chavez)对私人基金会不愿意资助工会组织感到愤怒,但他同时为与基金会的联盟模式感到矛盾。由于赞同通过在社区服务组织接受培训,从而将宗教团体和社区组织成员纳入成员支持的公民机构的传统,查韦斯(Chavez)认为自己是一位独特的工会领袖,因为他不是一个"工会人"[②]。正如我采访的一位长期从事农业工

---

① Frank Bardacke, *Trampling Out the Vintage*: *Cesar Chavez and the Two Souls of the United Farm Workers* (New York: Verso, 2011); Garcia, *Faws of Victory*; Miriam Pawel, *The Union of Their Dreams*: *Power, Hope, and Struggle in Cesar Chavez's Farm Worker Movement* (New York: Bloomsbury, 2009).

② Marshall Ganz, *Five Smooth Stones*: *Strategic Capacity in the Unionization of California Agriculture*, PhD dissertation, Harvard University, 2008; Pawel, *Union of Their Dreams*.

人运动的组织者所回忆的那样,查韦斯(Chavez)曾经问过农业工人联合会(UFW)核心领导人:"我们是橡树(oak)还是槲寄生(mistletoe)①?我们是想要从一个强大而稳固的行业中获益吗?就像生长在橡树上的槲寄生那样?我们是想要限定我们的谈判合同吗?或者我们要通过自己的机构建立一个自我维持的运动吗?②"除了工会化,查韦斯(Chavez)有兴趣建立一个农业工人领导的互助组织,这个互助组织会建立新的集体生活模式,并促进农业工人成为可持续、可敬的职业。尽管他对基金会感到沮丧,查韦斯(Chavez)最终同意菲尔德基金会(Field Foundation)成立私人非营利组织,并成为第一个国家农业工人服务中心(National Farm Worker Service Center)。然而,根据资助者的说法,他们无法解决经济领域的问题。最终,建立非营利组织的协议首先满足了资助者和运动领导者双方的需要,但需要有杜绝与产业相冲突的变革理论和那些专业化实践经验。

通过我的档案和人种学研究,我观察到了资助者和社区机构之间存在的专业管理要求和不明朗的协议机制是如何从致力于解决贫困根源转变到其他方向的。要求中央山谷(Central Valley)的农业工人和移民(最贫穷的加州人),同意与资助者和世界上最富有的农业生产者一起商定扶贫行动战略,就需要在人们改善自身生活状况并保持农业健康发展的方法上达成一致。然而,这个协议回避了由农业生产和区域性废弃而保持的巨大的不平等问题。异

---

① 译者注:槲寄生(mistletoe)是一种寄生植物,它们附着在它们的寄主树或灌木上,并从寄主植物中提取水和养分。这里应该是指 Chavez 对自己所组织的活动或者组织的性质感到疑惑,用 oak 和 mistletoe 来代表自我成长和掠夺式成长。

② 大卫·维拉利诺(*David Villarino*),2007 年 10 月采访了作者。

议、矛盾以及弱势一方的政治经济利益由此被掩盖,最后形成了一致意见。换句话说,回忆文化理论家恩斯特·拉克劳(Ernesto LaClau)所说的,"从某种程度上讲,一个阶级的霸权并不会大到能够为世界上其他部分强加上统一的世界观,但从另一种程度上讲,它可以表达不同的世界图景,从而中和他们政治观念中对抗的部分"①。

除了加利福尼亚中央山谷(California's Central Valley),自助扶贫行动的力量在20世纪的非营利和慈善部门中获得了发展,这些也会在下面的部分讨论。随后,我提供在本书中提到的研究的地理和历史背景。

美国慈善事业和自助神话

加州农业工人一直是美国慈善事业中自助扶贫计划长期遗产的继承者。将自助与公民行动(今天通常被称为公民参加或公民参与)结合起来,一般被认为是减贫途径中的"好"且必要的因素②。有人可能会问,为什么我们不让穷人积极参与而只是被动地接受扶贫计划,例如食品券、住房援助、所得税抵免或现金财务援助?为什么我们不希望人们帮助自己学习新工作技能、为人父母、社交技巧,并从自己的个人努力中获得信心,从而改善他们

---

① Ernesto Laclau, *Politics and Ideology in Marxist Theory*: *Capitalism*, *Fascism*, *Populism* (London: NLB, 1977), 161.

② Susan Brin Hyatt, "From Citizen to Volunteer: Neoliberal Governance and the Erasure of Poverty", in *The New Poverty Studies*: *The Eibnograply of Power*, *Politics and impoverished People in tbe United States*, ed. Judith G. Goode and Jeff Maskovsky (New York: NYU Press, 2001), 201 – 35; Cruikshank, *The Will to Empower*.

的生活？然而，我们很少问这些框架忽略了什么，以及谁应该为减轻贫困负责任。这些遗漏的因素是理解自助慈善事业困境的关键之一：当穷人帮助自己时，他们可能最终会承担起建设可能使慈善事业繁荣的社会经济基础设施的责任，如1965年罗森伯格基金会（Rosenberg Foundation）年度报告中清晰所述，"几乎每个人都赞成农业工人为自己建造房屋的决定；但如果他们决定继续罢工，并不是每个人都赞成"。

一个多世纪以来，不断出现在美国的扶贫计划中的自助贫困行动，通过它要求人们去做的事和它所隐藏的事来产生重大影响。最近的历史研究表明，美国的扶贫计划逐渐抛弃了贫困与生产关系（包括市场监管、工资、创造就业机会、结构性种族主义和歧视以及高昂的住房、餐饮、教育和服务费用）之间的相互关系，并将贫困表述成行为问题和穷人的民主参与[1]。通过将生产、劳工、制度化的结构性不平等问题剥离出去，自助路径被"去政治化"——排除那些对现状提出了挑战的行动[2]。私人基金会在这次转型中发挥了核心作用，特定历史时期的危机战略干预证明了这一点。

也许，想要将自助方法表达清楚的最早的美国慈善家是安德鲁·卡内基（Andrew Carnegie）。在1889年，也就是美国第一个私

---

[1] Cruikshank, *The Will to Empower*; Goldstein, *Poverty in Common*; Katz, *Underserving Poor*; O'Connor, *Poverty Knowledge*.

[2] 根据米歇尔·福柯（Michel Foucault）的"政府性"理论，芭芭拉·克鲁克斯克（Barbara Cruickshank）(*The Will to Empower*) 将自助扶贫行动的这一转变描述为引入新的"公民技术"，代表权力关系，通过一系列理念，制度结构和常规计划，确保人们通过地方改善计划和公民项目来管理自己，而不是挑战、主张或依赖国家治理结构。其他人，如苏珊·布林·凯悦（Susan Brin Hyatt）("*From Citizen to Volunteer*")，记录了新自由主义治理如何通过自己的志愿服务来治理穷人。

人基金会成立的10多年前①，他提到："我们这个时代的问题，是如何妥善地管理财富，从而使亲情的纽带仍然可能将富人和穷人维系于和谐的关系之中。"② 在评论前所未有的快速工业化时，卡内基（Carnegie）担心富人与穷人之间日益扩大的鸿沟。然而，他并不担心穷人本身，因为他认为，经济差距越来越大，是发展的自然结果，是个人主义的"适者生存"（survival of the fittest）。也就是说，他是先进资本主义产生的巨大不平等的早期观察员和支持者。不过，卡内基（Carnegie）担心在日益分裂的社会中人们之间的不信任可能会滋生城市骚乱，这种可能性取决于"工厂或矿山里成千上万的工作人员，雇主对这些工作人员了解得很少甚至完全不了解，而对这些工作人员而言，雇主可能也就比虚构的人稍微好一点③"。对卡内基（Carnegie）来说，要解决所有者与工人之间信任度下降的问题，企业家需要放弃他们的财富，这一过程应该是"帮助那些愿意帮助自己的人，将梯子放在那些愿意爬上去的人旁边"，从而使得"积累财富的法则变得自由，财富分配的法则也变得自由"④。本着美国个人主义和自助资本主义的精神⑤，为了防止抗议，卡内基（Carnegie）提议新富人有责任帮助穷人

---

① 1913年，美国宪法第十六修正案开始征收所得税。在修正案中，美国财政部制定了一项豁免慈善事业的税法，这推动了慈善事业的发展，特别是基金会的发展。自1913年以来，对税法进行了修改和澄清，例如1969年的税收改革法案，该法案为私人基金会制定了规则，包括最低支付要求和4%的净投资收入消费税。有关与基金会有关的税法编制的详情，请参阅 Oliver Zunz, *Philanthropy in America: A History* (Princeton, NJ: Princeton University Press, 2012).

② Andrew Carnegie, *The Gospel of Health* (New York: Century press, 1900), 5.

③ 译者注：猜测作者的意思是想表达这些雇主对自己的工厂和矿井知之甚少，也就是不经常到工厂和矿井中，变得像神话遥不可及。

④ Carnegie, *The Gospel of Wealth*, 22-23.

⑤ 骑士，公民。

自助。

也是在 1889 年，进步活动家和安居之家（settlement house）员工珍妮·亚当斯（Jane Addams）（美国第一批"职业反贫穷战士"之一）怀着对日益加大的不平等的担忧，在美国主要的工业城市中创建了赫尔馆（Hull House）。最初受到伦敦的汤恩比馆（Toynbee Hall）的启发，赫尔馆（Hull House）是一所住宿教育中心，这个住宿教育中心为城市移民提供了一系列集合式服务，包括照顾儿童、提供饭食、储蓄和文化艺术项目。在当时，这是一种创新，它鼓励人们改善自身的生活状况，而不是向传统的慈善机构寻求帮助。然而，亚当斯（Addams）（以及进步白人女性定居点工人的创始团队）也参与一个对赫尔馆（Hull House）居民的行动研究。最终，社区组织起来，对公司和立法改革施加压力，他们的诉求在于重构日益壮大的移民工厂的工人的工作条件、工资和权利。

到 20 世纪初，美国前三大基金会：卡内基基金会（Carnegie Foundation）（1905 年）、塞奇基金会（Russell Sage Foundation）（1907 年）和洛克菲勒基金会（Rockefeller Foundation）（1913 年）建立，意图在新的联邦立法征税系统下保护大量的工业收入，并从事慈善活动①。这 3 个基金会都资助了进步时代中有关城市贫困状况增加的调查研究，这个研究最初由亚当斯（Addams）② 定居点工人发起。但是，没有人会为移民和与劳工有关的组织提供资金，

---

① 关于 20 世纪初慈善事业的学术，请参阅埃伦·康德利夫·拉格曼（Ellen Condliffe Lagemann）收录的文章集合，*Philanthropic Foundations: New Scholarship, New Possibilities*（Bloomington: Indiana University Press, 1999）。

② Mary Jo Deegan, *Fane Addams and the Men of the Chicago School*, 1892 – 1918（Chicago, IL: Transaction Press, 1988）.

因为那会威胁到使产业资本得以茁壮成长的环境。尤其是由于洛克菲勒基金会（Rockefeller Foundation）的原因，珍妮·亚当斯（Jane Addams）的移民自助服务于两个目标：在日益贫困的美国城市中，减轻贫困并保护工业家免受政治动荡的伤害①。基于她对洛克菲勒（Rockefeller）资助的研究议题的批判，她拒绝了芝加哥大学的全职教师工作，最后，亚当斯成为那里的一名深受欢迎的讲师，并且她的想法（和其他定居运动的叙述）直接宣告了对自助反贫困行动以及最终的城市重建的更中立的重述②。获得劳拉·斯皮尔曼·洛克菲勒纪念基金会（Laura Spelman Rockefeller Memorial Fund）的资助后，以罗伯特·E. 帕克（Robert E. Park）和欧内斯特·E. 伯吉斯（Ernest E. Burgess）为代表的著名的芝加哥学院的社会学家，将亚当斯（Addams）时代的结构性政治经济学分析改造为社会心理"城市生态学"，这是一个有关都市区社会解体和功能障碍的理论③。由芝加哥的研究生们按照帕克（Park）和伯吉斯（Burgess）方法进行的多项研究巩固了这种向社会解体和行为偏差的转变④。

一个名叫索尔·阿林斯基（Saul Alinsky）研究生，可能是美

---

① Jane Addams, *Philanthropy and Social Progress* (Freeport, NY: Books for Libraries Press, 1893).

② O'Connor, *Poverty Knowledge*, 48; Jamin Creed Rowan, "Sidewalk Narratives, Tenement Narratives: Seeing Urban Renewal through the Settlement Movement", *Journal of Urban History* 39（2013）: 392–410.

③ 最近的一项研究表明，殖民地工人和居民的叙述、游行和抗议活动是如何被慈善机构采纳和演绎的，以便为贫民窟清理和城市重建做准备（Rowan, "Settlement Narratives"）。

④ 奥康纳（O'Connor）的贫困知识（Poverty Knowledge）概述了贫困社会科学发展的历史，其详细程度远远超过本简介所包含的内容。

国第一个专业社区组织者和工业区基金会创始人,他批判了芝加哥学派的城市生态学方法。通过他自己在后院(Back of the Yards)的工作,他重新使自助脱贫政治化。这是一个以肉类加工为中心的贫困社区,并因厄普顿·辛克莱(Upton Sinclair)1906年的小说《屠宰场》(*The Jungle*)变得"流行"。阿林斯基(Alinsky)的方法侧重于从邻居到邻居地将居民组织起来,形成并不断壮大个人领导力和机构力量,从而要求获得平等的资源、机会和政治改革。另一组激进主义学者,理查德·克洛沃德(Richard Cloward)和劳埃德·奥林(Lloyd Ohlin),批判当时的主流理论,提出这种"异常"行为(特别是青少年犯罪)不是贫穷的原因,而是贫穷的结果。在提出年轻人的生活最好由追求合法机会的集体动员去推动时,他们将不平等机会的结构分析带回到自助框架中①。

克洛沃德(Cloward)和奥林(Ohlin)的机会理论被选中,获得资助以进行实验,但该实验最终在20世纪50年代被福特基金会(Ford Foundation)中断。福特基金会(Ford Foundation)成立于1936年,并在1947年得到亨利·福特(Henry Ford)的信托馈赠之后开始全面运作,它以强悍的外交政策和城市改革议程迈入了慈善舞台②。20世纪50年代美国国内,福特基金会(Ford Foundation)公共事务总监保罗·伊尔维萨克(Paul Ylvisaker)希望缓解

---

① Richard Cloward and Lloyd Ohlin, *Delinquency and Opportunity: A Theory of Delinquent Gangs* (New York: Free Press, 1966).

② Arnove, *Philanthropy and Cultural Imperialism*; G. William Domhoff, "The Ford Foundation in the Inner City: Forging an Alliance with Neighborhood Activists", *Who Rules America?* (blog), September 2005 (http://www2.ucsc.edu/whorulesamerica/local/ford_found-ation.html); Parmar, *Foundations and the American Century*; Roelofs, *Foundations and Public Policy*.

因黑人和阿巴拉契亚（Appalachian）移民从南部农村到涌入北方城市中心而造成的日益紧张的局势。在20世纪50年代中后期，贫困的南方人大规模迁移到北方城市中心，从而形成了新的看得见的地域种族不平等和贫穷。上升的失业率、自动化和不断变化的产业、不平等的教育和雇佣惯例以及下降的住房存量，恶化了城市贫困状况。因为"贫民窟大清洗"和城市更新计划而备受争议，伊尔维萨克（Ylvisaker）推出了一系列福特基金会（Ford Foundation）的综合措施，最大几个包括大城市学校改进项目（Great Cities School Improvement Project）、理查德·克洛沃德的青年动员项目（Richard Cloward's Mobilization for Youth）以及灰色地带（the Gray Areas）计划，这成为约翰逊（Johnson）总统在1964年启动的美国反贫困战争（War on Poverty）的典范[1]。穷人参与自我改善和领导力发展是这些倡议的核心，理论上他们也应为那些与自己息息相关的事情做决策[2]。

根据许多报告，当基金会的自助方法触及它自己设定的限制条件时，福特基金会（Ford Foundation）的每一项倡议都失败了。

---

[1] 彼得·马里斯（Peter Marris）和马丁·雷恩（Martin Rein），*Dilemmas of Social Reform: Poverty and Community Action in the United States* (Chicago, IL: Aldine, 1973) 中关于这个时代的贫困项目有更详细的描述。还有卡茨（Katz），*Undeserving Poor*。

[2] Goldstein, *Poverty in Common*; Marris and Rein, *Dilemmas of Social Reform*; John H. Mollenkopf, *The Contested City* (Princeton, NJ: Princeton University Press, 1983); Alice O'Connor, "Swimming against the Tide: A Brief History of Federal Policy in Poor Communities", in *Urhan Problems and Community Development*, eds. Ronald F, Ferguson and William T. Dickens (Washington, DC: Brookings Institution, 1999), 77 - 137; Ananya Roy, Stuart Schrader, and Emma Shaw Crane, "Gray Areas: the War on Poverty at Home and Abroad", in *Territories of Poverty*, ed. Ananya Roy and Emma Shaw Crane (Athens: University of Georgia Press, forthcoming).

1959年伟大城市学校改进计划（the 1959 Great Cities School Improvement Project），将1年的赠款用以10个城市的学校区域。虽然项目最初针对课程修订和教师培训，但伊尔维萨克（Ylvisaker）有更广泛的城市重建目标。他对那些重新制定的议程持乐观态度，因为这个计划将城市中的穷人纳入利益相关群体，这可以缓解城内的紧张局势[1]。但是，他很快就发现，在倡议计划中黑人父母最关心的是来自住房和就业市场的种族排斥，而这些是项目不予以解决的问题。像大城市（Great Cities）、青年动员（Mobilization for Youth）授权青少年培训和参与，用来作为解决纽约下东区社区青少年犯罪的方案。但是，当激进的项目工作人员组织活动去挑战当地的官僚机构和学校官员时，他们的努力没有得到资金支持。这些例子揭示了自助慈善事业的一个主要矛盾：激励穷人的目标最终会威胁到基金会赖以赚钱的社会经济基础设施。

在20世纪60年代早期，当全国性的城市地区紧张局势升温的时候（包括对清除贫民窟的抗议、对社区控制的呼吁、黑人和拉丁裔自决运动所强调的动员以及全球民族独立运动引发社会动荡的整体氛围），伊尔维萨克（Ylvisaker）意识到，对种族歧视和不平等的机会结构的批判本就处于不断增强的动荡的核心。这时，他也知道，他的董事会对设立任何有关种族问题的福特基金会（Ford Foundation）项目都不会感到舒服[2]。为了（向新兴社会运动组织）介绍当时的那些主要问题，同时又（向他的董事会和其他

---

[1] Domhoff, "The Ford Foundation in the Inner City Alice"; Alice O'connor, "The Ford Foundation and Philanthropic Activism in the 1960s", in *Philanthropic FoundationS*: *New Scholarsbin*, *New Possibilities*. ed. E. Lagemann (Bloomington: Indiana University Press, 1999), 169 – 94.

[2] Paul Ylvisaker, *Oral History* (New York: Ford Foundation Archives, 1973), 20.

慈善事业的利益方）隐瞒它们，伊尔维萨克（Ylvisaker）设计了一个带有行为障碍的灰色区域计划（the Grey Areas program），去防止南部黑人和阿巴拉契亚（Appalachian）移民融入北方城市。这个时候，基金会要求建立由新、旧非营利组织构成的网络，共同创建由基金会资助和管理的移民教育、社区开发和邻里安全计划。目的同样是：通过让人们在一个多利益相关者社区开发的实验中变成积极、负责人的公民和合作伙伴，帮助他们改善自己的生活状况。

灰色地带（The Gray Areas）计划通过重新引导组织机构和领导者改善自己的个人行为，并远离此前项目中的种族抗议来缓解紧张局势。当来自黑豹党（the Black Panthers）的合作伙伴将自助带到政治谈判卓中并要求获得支配权时，这项计划的资助就迅速被抽回去了①。在这种情况下，灰色地带（The Gray Areas）计划所提出的限制条件反映了"种族提升"（racial uplift）和"黑人权力"之间存在的历史性的持久的紧张关系②。奥克兰（Oakland）黑豹领导人将黑人自助与对全球西方帝国主义下的一个殖民地贫民区的社会、经济和政治压迫的集体反抗联系起来，而灰色地带（The Gray Areas）计划的创建者却对中产阶级黑人的"种族提升"传统加以利用。该项目的移民教育和社区安全规划呼应了黑人精英在历史上所阐述的同化主义意识形态，这与美国重建时期（Reconstruction Era）③白人自由主义者的理念相一致，均要促进专业

---

① Roy, Schrader, and Crane, "Gray Areas".
② 有关种族主义提升思想与黑人民族主义思想相互交叉的详细历史记载，请参阅 Kevin K. Gains, *Uplifting the Race: Black Leadership, Politics, and Culture in the Twentieth Century* (Chapel Hill: University of North Carolina Press, 1996)。
③ 译者注：美国重建时期（Reconstruction Era）指 1863 年到 1877 年。

和教育成果，并将其作为一种进入中产阶级的手段。这种做法是对由马尔科姆·X（Malcolm X）和马丁·路德·金（Martin Luther King）共同推动的更激进的反帝国主义和经济正义计划的扩展，该计划呼吁群体赋权（group empowerment），从而走向普世的国际人权。这些意识形态和战术辩论今天仍在继续，因为保守的政治家们唤起了一种"色盲"式自助的意识形态，当种族正义运动呼吁个人采取行动结束种族罪犯特征分析、警察的野蛮行为和一个旨在控制黑人人口的"监狱—工业联合体"的时候，这种意识形态却在贬低贫穷的黑人家庭。

在基金会主席麦乔治·邦迪（McGeorge Bundy）的领导下，从20世纪60年代后期到20世纪70年代，福特（Ford）基金会没有从黑人激进主义中退却，反而继续支持、谈判，并与关键组织的黑人领导人达成协议，比如种族平等大会（the Congress of Racial Equality）（CORE）。凯伦·弗格森（Karen Ferguson）最近出版的书《自上而下：福特基金会，黑人权力与种族自由主义的重塑》（Top Down: The Ford Foundation, Black Power and the Reinvention of Racial Liberalism）展示了福特（Ford）基金会是如何通过设立基金会资助计划以及对黑人领导的培训，从而弱化黑人权力意识形态，并引导其向今天依然存在的新"色盲"式的自由主义转变①。

这个时期的福特基金会（Ford Foundation）资助也具有国际性影响。其青少年犯罪实验中的社区参与＋警务（community-participation-plus-policing）因素，直接与国外的国际冷战（Cold Word）

---

① Roy, Schrader, and Crane, Gray Areas, 13.

反叛乱和安全项目相吻合①。洛克菲勒基金会（The Rockefeller Foundation）和福特（Ford）基金会一起，与世界银行合作，在国际背景下实施自助扶贫行动计划，主要是在民族独立战争正在进行的国家，另外，在20世纪50年代末期至20世纪60年代，还在由土著穷人提出的有"共产主义威胁"②的地方③。学者记录了洛克菲勒（Rockefeller）基金会在全球发展的方式，"绿色革命"的资金是为了在资源稀缺和全球南方人口不断增长的情况下遏制农民起义④。在这样的背景下，扶贫行动是由基金会、政府和主要的发展机构组成的高层与由基层组织和领导人组成的底层之间进行谈判的。在美国和拉丁美洲，那些右翼政治阶层和左翼政治阶层似乎鼓励穷人进行社区行动。然而，他们明白了非常不一样的东西：自助是被设计得使各种利益相关者致力于维持现状，还是鼓励人们提高觉悟和采取革命行动⑤。

在灰色地带（The Gray Areas）计划失败后没几年，自助框架通过奥斯卡·路易斯（Oscar Lewis）开发的"贫穷文化"理

---

① Karen Ferguson, *Top Down: The Ford Foundation, Black Power, and the Reinvention of Racial Liberalism* (Philadelphia: University of Pennsylvania Press, 2013).

② 译者注：共产主义威胁"communist threat"在历史上有两次，书中提到的是第二次（1947—1957），发生在第二次世界大战（1939—1945）之后，其最著名的支持者是参议员约瑟夫·麦卡锡，他提出的威胁论被人们称为"麦卡锡主义"。

③ Alan Gilbert and Peter Ward, "Community Action by the Urban Poor: Democratic Involvement, Community Self-Help or a Means of Social Control?" *World Development* 12, no. 8 (1984): 769–82.

④ Nick Cullather, "Stretching the Surface of the Earth": The Foundations, Neo-Malthusianism and the Modernizing Agenda", *Global Society* 28, no, 1 (2014): 104–12; Nick Cullather, "The Target is the People: Representations of the Village in Modernization and US National Security Doctrine", *Cultural Politics* 2, no 1 (2006), 29–48.

⑤ Gilbert and Ward, "Community Action", 769; Goldstein, *Poverty in Common*.

论，并因哈录顿（Harrington）被广泛传阅的《另一个美国》(*The Other America*)① 而被再次阐释。自助在反贫困战争（War on Poverty）的口号中被重新阐述为争取穷人"最大程度的参与"，这与公民权利运动步调保持一致。在整个反贫困战争（War on Poverty）中，通过参加当地利益相关者委员会、基础设施发展项目和领导能力培训，穷人被鼓励加入联邦政府资助的社区行动项目（Community Action Projects）（CAPs）。此外，至少在反贫困战争（War on Poverty）刚开始时，穷人被鼓励去动员草根阶层采取集体行动，以挑战负有责任的机构和社会结构②。然而，像Ford基金会的项目一样，反贫困战争（War on Poverty）因为限制了社区行动项目（CAPs）的活动而备受争议，这与自助的定义相矛盾③。

在20世纪80年代新自由主义转变期间，自助理念也发生了转变，并且作为保守政治家和公众知识分子现在经常使用的观点而被提出，即臃肿的福利国家〔由于公共项目和从新政（New Deal）④时代到反贫困战争的立法〕造成了穷人对国家福利体系的依赖。

---

① Lewis, *Five Families*; Harrington, *The Orber America*; Cloward and Ohlin, *Delinquency and Opportunity*.

② 最近一项关于消除贫困动员穷人并在全国范围内为基层行动注入活力的历史研究，见Annelise Orleck and Lisa Gayle Hazirjiam, *The War on Poverty: A New Grassroots History* 1964–1980 (Athens: University of Georgia Press, 2011).

③ Goldstein, *Poverty in Common*; Marris and Rein, *Dilemmas of Social Reform*; Katz, *Underserving Poor*, O'Poor: O'Connor, "*Swimming against the Tide*".

65. Charles Murray, *Losing Ground: American Social Policy*, 1950–1980 (New York: Basic Books, 1984).

④ 译者注：新政（New Deal）是一系列的程序，包括公共工程项目，金融改革和法规，这些程序和法规是由富兰克林·罗斯福总统在1933年和1936年之间颁布的，主要目的是回应了救济、改革和恢复的大萧条的需求。

随着罗纳德·里根（Ronald Reagan）在 20 世纪 80 年代赢得选举，以及许多为穷人而设立的项目被停止拨款，新的自助思想强调个人依赖、创业精神和市场战略，代替了 20 世纪 60 年代的社会行动基调。由于批判从 20 世纪 80 年代直至 21 世纪初的那个时期，有关"影子政权"（the "Shadow State"）[1]、非营利产业联合体[2]和全球社会运动的国际"非政府组织化"（NGO-ization）[3] 的学术成果快速增加，描绘了那些签越来越多的协议以掏空福利国家的非营利组织是如何快速扩张、制度化、专业化并继续去政治化的。促进私有化、放松管制、市场自由化并且高度关注企业家精神的新自由主义意识形态进一步将生产关系问题与道德、行为以及目前的企业家对穷人的责任分隔开[4]。最近极重要的全球发展研究描述了穷人对诸如小额信贷和有条件现金转移计划这样的项目的参与情况，代表了一种新的自由主义逻辑，它以自己解决自己的问题为基础去安排穷人的生活，而掩盖保持南半球贫困的资本主义关系[5]。

然而，正如这段简短的历史所展现出来的一样，自助不是专门针对南半球的新的或统一的减贫方法。在 20 世纪，通过操控有关

---

[1] Ruth Wilson Gilmore, "In the Shadow of the Shadow State", in *The Revolution Will Not Be Funded* ed. INCITE! Women of Color Against Violence, 41 – 52; Jennifer R. Wolch, *The Shadow State: Government and voluntary Sector in Transition* (New York: Foundation Center, 1990).

[2] INCITE!, *The Revolution Will Not Be Funded*.

[3] Choudry and Kapoor, *NGO-ization*.

[4] INCITE!, *The Revolution Will Not Be Funded*.

[5] Suzan Ilcan and Lynne Phillips, "Developmentalities and Calculative Practices: The Millennium Development Goals", *Antipode* 42 (2010): 844 – 74; Karim, "Demystifying micro-credit;" Ananya Roy, *Poverty Capital Microfinance and the Making of Development* (New York: Routledge, 2010).

反贫困工作非威胁性解读的共识,自助体系一直服务于对穷人集体斗争的去政治化。这些世界观和概念体系通过专业机构关系得以洽谈和传播,这种专业机构关系吸收并取代了其他组织形式,比如集体行动、工会化、组织社会变革的合作或联盟方法①。通过追溯自助脱贫行动的历史,我们看到,国家和私人行动者推进那些将注意力吸引至穷人的缺点和责任而从制造贫困的资本主义进程移开的项目,这是何等的真实且容易识别②。

因为最近的金融危机和50年反贫困战争(War on Poverty)胜利纪念日,更多人了解并承认不平等加剧的结构性原因。有关工业废弃、在银行和住房部门拒绝借贷和种族排斥的历史、支付低于生活工资的工作、不负责任的金融机构、住房成本上涨、教育机会的差异、种族贫富差距、食品不安全和系统性种族犯罪特征分析,以及警察暴力执法的研究,都在公众学者诸如托马斯·皮克蒂(Thomas Picketty)③、罗伯特·赖希(Robert Reich)④、约瑟夫·斯蒂格利茨(Joseph Stiglitz)⑤、达里克·汉密尔顿(Darrick

---

① Horace Coon, *Money to Burn* (New Brunswick, NJ: Transaction, 1938); O'Connor, *Poverty knowledge*; Kevin C. Robbins, "The Nonprofit Sector in Historical Perspective: Traditions of Philanthropy in the West", in *The Non-Profit Sector: A Research Handbook*, 2nd ed., ed. Walter W. Powell and Richard Steinberg (New Haven, CT: Yale University Press, 2006), 13–29.

② Nancy Fraser and Linda Gordon, "A Genealogy of 'Dependency: Tracing a Keyword of the US Welfare State", *Signs* 19 (1994): 309–36; O'Connor, *Poverty Knowledge*.

③ Picketty, *Capital in the Twenty-First Century*.

④ 例如,2013年,由罗伯特·赖克(Robert Reich)制作、导演并广受欢迎的电影《不平等的时代》(http://inequalityforall.com)。

⑤ Joseph Stiglitz, *The Price of Inequality: How Today's Divided Society Endangers Our Future* (New York: W. W. Norton, 2012); Joseph Stiglitz, *Freefall: America, Free Markets, and the Sinking of the World Economy* (New York: W. W. Norton, 2012).

Hamilton)①，以及社会运动诸如占领华尔街（Occupy Wall Street）、"黑人的命也是命"（#Black Lives Matter）和反警察残暴社区联合（Communities United Against Police Brutality）②的推动下变得流行。然而，持久的自助扶贫行动框架已被巩固为"常识"，这些未经确认就被相信、未经探索的理念却在维持现状③。新的激进运动正在重新开展自助扶贫行动，以应对诸如底特律这样的地方的区域性废弃和结构性种族主义，这在格雷斯·李·博格斯（Grace Lee Boggs）的书《下一次美国革命》（*The Next American Revolution*）中被作为例证④。然而，更确切地说，博格斯（Boggs）提出20世纪60年代组织的对抗性活动不再可行，人们必须建立一个来自内部的新文化。在这种背景下，那些有兴趣支持非营利组织开展反贫困工作的基金会只需要进行更少的协商和解释工作。

---

① Darrick Hamilton and Ngina Chiteji, "Wealth", in *Encyclopedia of Race and Racism*, ed. Patrick Mason, 2nd ed. Detroit: Macmillan Reference USA, 2013.

② David Graeber, *Democray Project: A History, a Crisis, a Movement* [纽约：施皮格尔（Spiegel）和格劳（Grau），2013]."占领华尔街"（Occupy Wall Street）组织者继续通过他们的网站（http://occupywallstreet.net）自行出版《*The Debt Resisters' Operations Manual*》等书籍。

③ 意大利文化理论家安东尼奥·葛兰西（Antonio Gramsci）用"常识"这个术语来概括他文化霸权理论的核心内容，它代表着占统治地位的资产阶级文化传播的价值和规范，这些价值观和规范作为所有人的共同价值观——尽管他们只服务于少数人的利益。工人阶级的成功成员用资产阶级的利益来确定自己的利益，这有助于维持现状而不是促进革命。与皮埃尔·布尔迪厄（Pierre Bourdieu）的惯习理论类似，文化霸权通过运用流行的"常识"观念，或对 *Bourdieu doxa* 来说，这似乎是不言而喻的事实，而社会世界即使处于不公平或不利的情况中仍被视为自然的或被视为理所当然的、不变的状态。

④ Grace Lee Boggs, *The Next American Revolution: Sustainable Activism for the Twenty-First Century*（Berkeley: University of California Press, 2012）.

加利福尼亚州的另一面：
中央山谷的贫困

今天，在加州的主要农业山谷区还有许多城镇仍然像经济大萧条①（Great Depression②）时期的"贫穷流动性农业工人"（Okie）③聚居地一样破败。以季节性劳动和不合标准的住房为特征，对大多数墨西哥人和日益增多的土著奥克斯坎人（Oaxacan）来说，自从农业工人运动以来，他们的生活条件很难得到改善④。干旱和金融危机令已经很严峻的局面雪上加霜。在市镇和都会区，比如莫德斯托（Modesto）、默塞德（Merced）、弗雷斯诺（Fresno）和贝克斯菲尔德（Bakersfield），移民家庭依靠粮食银行和捐赠中心来养活孩子，给孩子们穿上衣服。许多决定留下来并建立社区、直到20世纪90年代仍然有不安全感的农业工人，现在正在上路，重

---

① Berube, "Enduring Challenge" Great Valley Center, *Indicators Report*: *Economy and Quality of Life*, *Benchmark Statistical "Indicators" of Great Central Valley's Social*, *Economic*, *Environmental Conditions* (Modesto, CA: Great Valley Center, 1999).

② 译者注：经济大萧条（Great Depression）是20世纪30年代始于美国的严重的全球经济衰退。大萧条的时间因国家而异，在大多数国家，它始于1929年，一直持续到20世纪30年代末。

③ 译者注：Okie指的是居民、本地人，或俄克拉荷马州文化的后裔。在20世纪20年代的加利福尼亚州，这个词通常用于蔑视那些来自俄克拉荷马州（及附近的州）的非常贫穷的移民。20世纪30年代的沙尘暴和"Okie"移民造成了100多万人流离失所，于是迫使许多人前往加利福尼亚州中央山谷寻找农业劳务岗位，从而形成了文中所说的"Okie"聚居地。

④ 加利福尼亚农村研究所和加利福尼亚州捐赠基金会，November 2000（www.calendow.org/uploadedFiles/suffering_in_silence.pdf）；National Center for Farmworker Health，"Facts about Farmworkers"，www.ncfh.org/docs/fs-facts%20about%20Farmworkers.pdf。

新踏上移民收获之路，从加利福尼亚（California）到俄勒冈州（Oregon）、华盛顿（Washington）、得克萨斯州（Texas）和亚利桑那州（Arizona）。因为担心日益紧张的边境安全，移民过境日益危险，并且会和他们在美国出生的孩子永久分离，所以，很少人会回到墨西哥。目前的干旱使农业劳作更加不规范，并且将农场、农业工人和他们的家人置于越来越不稳定的处境中。

通过工业化农业生产布局——包括季节性低工资移民雇员、大量的土地和用水、参与全球农业市场竞争和移民管制，中央山谷（Central Valley）农业工人和移民社区得以产生并维持，属于露丝·威尔逊·吉尔摩（Ruth Wilson Gilmore）所描述的发达资本主义遗忘的地方，"被环境恶化、种族主义、工作量不足、劳累过度、社会工资萎缩和整个生活方式消失的日常暴力掏空"①。然而，加利福尼亚中央山谷（California's Central Valley）的贫困并不新鲜，在这个地区经济困难的人也不是完全默不作声，一贫如洗，毫无希望，或没有自主权的。从来自约翰·斯坦贝克（John Steinbeck）的《愤怒的葡萄》（*Grapes of Wrath*）（1939）和凯里·麦克威廉姆斯（Carey McWilliams）的《外地工厂》（*Factories in the Field*）（1939），到多萝西·兰格（Dorothea Lange）的有关大

---

① "被遗忘的地方"（forgotten places）这个词来自泰德·布拉德肖（Ted Bradshaw）对美国农村地区发展不平衡的分析，"In the Shadow of Urban Growth: Bifurcation in Rural California Communities", in *Forgotten Places: Uneven Development in Rural America*, ed. Thomas A. Lyson and William W. Falk (Lawrence: University Press of Kansas, 1993), 218–256. 鲁斯·威尔逊·吉尔摩（Ruth Wilson Gilmore）在论文中描述了中央山谷和该牢笼的地理位置，"Forgotten Places and the Seeds of Grassroots Planning", in *Engaging Contradictions: Theory, Politics, and Methods of Activist Scholarship*, ed. Charles Hale (Berkeley: University of California Press, 2008), 32。

规模（dustbowl①）移民摄影的《公共事业振兴署》（*Works Progress Administration*②），到爱德华.R.莫洛（Edward R. Murrow）在1960年播放的《收获耻辱》（*Harvest of Shame*），再到众多的农业工人组织浪潮，都表明，农业工人对加州工业化农业系统周期性的愤怒和有组织反抗已经引起了全国对该地区的关注。

正如这些历史时刻和更近的研究已经证实的那样，该地区的大部分贫困都产生于那些以菲利普·马丁（Philip Martin）所说的农业工人"3C"为基础构建的碎片化农业生产③。

第一个C代表集中（concentration）。自20世纪之交以来，绝大部分农业工人已被雇用到以劳动密集型的季节性工作为主的大农场。在这些农场中，大多数农业工人的工资在农业生产周期中只占很小的一部分。集中（concentration）也涉及食品买家，包括那些超市联合集团和像沃尔玛、麦当劳这类的食品零售商，在食物链中占据更高的地位。大多数大买家根据他们所购买食品的供应链制定公平对待职工的行为准则。然而，国内或国外农场很少监测当地农场的情况。《洛杉矶时报》最近的一系列新闻，揭示了美国食品零售商货物来源地——墨西哥的"超级农场"工人正在

---

① 译者注：沙尘暴（dustbowl）极大地破坏了20世纪30年代美国和加拿大的大草原的生态环境和农业。干旱分为三波，1934年、1936年和1939年至1940年，但高原地区的一些地区经历了多达八年的干旱。这一时期主要是因为农民对生态环境认识不足，对处女地的过度开发导致的，那些未经固定的土壤在风的作用下形成沙尘暴。

② 译者注：公共事业振兴署（Works Progress Administration）简称WPA，在1939年改名为Work Projects Administration，是美国最大和最雄心勃勃的新政机构，从业人员高达数以百万计，其中主要是不熟练的人，他们一同开展公共工程项目，包括建设公共建筑和道路。

③ Phillip Martin, *Promise Unfulfilled: Unions, Immigration, and the Farm Workers* (*Ithaca, NY: Cornell University Press*, 2003).

遭受非人道的待遇，其中包括扣工资、糟糕的生存现状、缺少水、强制性债务结构①。与中央山谷（Central Valley）的情况一样，大型连锁店，如沃尔玛、西夫韦全食品（Safeway Whole Foods），利润来自那些声称要秉持的公平待遇原则但却很少对此负责的大农场。

第二个 C 代表承包商（contractor）。农场劳动力由承包商管理，这些承包商进行谈判，从农场主支付的劳动报酬与工人获得的报酬之间的差异中获利。农场主受益于这种安排，因为它简化了招聘流程，并且使得工人代表很难直接谈判并强制执行工资标准以及有关农场劳动力健康、安全和公平待遇的法规。迄今为止，大型种植者发现，缴纳罚款和滥用环境比遵守农业工人运动及其盟友制定的规定要容易得多。

第三个加州农业工人的 C 代表冲突（conflict），这是一部抗议史，它仍在继续，但一直无法使农业产生显著变化。在 20 世纪，这个以前冲积而成的山谷盆地在时常发生的有关矿物、水、可耕地和多种社会经济、文化和政治利益的暴力抗争中被建造和重建，包括在 20 世纪 60 年代和 70 年代达到高潮的农业工人运动②。通过社区组织、互助协会、文化启发领导力和罢工与国际抵制之间的创新结合，查韦斯（Chavez）和农业工人运动展示了处于一个被遗忘的地方的人们如何可以建立自豪感，形成强大的工人主导机构，

---

① Richard Marosi, "Hardship on Mexico's Farms, a Bounty for U. S. Tables", *Los Angeles Times*, December 7, 2014.

② 有关加利福尼亚组织的物质和思想斗争史，包括迁徙工人的作用，请参阅 Don Mitchel, *The Lie of the Land* (Minneapolis: University of Minnesota Press, 1996); Richard Walker, *The Conquest of Bread: 150 Years of Agribusiness in California* (New York: New Press, 2004). 有关最近加州农业工人运动的历史，请参阅 Bardacke, *Trampling Out the Vintage*; Garcia, *Jaws of Victory*; Pawel, *Union of Their Dreams*。

并跨越地理区隔将地理性的斗争联系起来，从而打破对支持自治和多方社会运动的依赖模式。

然而，尽管存在着农业工人运动的斗争和胜利，移民贫困问题仍然持续存在。在整个20世纪80年代和20世纪90年代，低工资范围快速扩大、劳动密集型生产体系和对来自墨西哥贫困地区无证工人——他们在美国拥有越来越少的服务和权利的积极招募，进一步伤害了已经贫困的农业工人群体①。从1994年到今天，在北美自由贸易协定（the North American Free Trade Agreement）下，贸易自由化已经毁掉了墨西哥农村的大量农场，因为这些农场无法与来自美国的转基因且享受税收补贴的农产品洪流相竞争。其他农业移民，他们中的许多人是来自瓦哈卡（Oaxaca）的土著人，已经向北行进寻找养家糊口的新方法。在这种背景下，中央山谷（Central Valley）已经颁布了多个扶贫举措。通过研究那些旨在解决该地区移民和外来移民贫困问题的慈善投资，我观察了非营利组织是如何就自助扶贫行动的新表述进行磋商的。在某些情况下，基层领导人和私人资助者持有相同的意见，即赋予穷人权力以解决贫困、隔离和边缘化问题，并打开一个富有成效的中间地带，将这些利益相关者从中组织起来。更常见的是，他们对这些活动规定了明确的限制。尽管慈善投资还没有独自改变农业工人组织局势，但是，他们已经推销理论框架和专业化管理实践妨碍了以发展和整合移民为基础进行区域支持和组织机构的工作，而他们确实没有将移民组织起来罢工，或挑战农业生产或不平等的机会结构的任何方面。

最近，出资者显然已经采用了"双赢"或"双底线"的模式，它既解决贫困问题，也给私人合作伙伴和行业以投资回报。这是

---

① Martin, *Promise Unfulfilled*.

从为移民改革而设立的工会种植者联盟那里获得了启示——就像农业工作法案（AgJOBS）中所述，为了应对劳动力供给与当前的移民危机，农业工人辩护者与主要农业雇主之间达成了前所未有的妥协，而工会种植者联盟在此过程中被设计出来。尽管移民农田工人的条件恶化，很多辩护者都认为，就当前全球金融危机和竞争的形势以及无证工人地位日益受到威胁的状况而言，与种植者合作以提高农业生产力是改善农业工人生活的唯一可行策略。现在，农业工人辩护者的说辞还包括保护加州农业免遭全球竞争的危害，以及需要通过新的客籍工人计划以确保可持续的劳动力供给。

作为新的工人—行业联盟的一部分，曾参与运动的非营利组织与种植者一起工作，来改进生产策略和产业效率，从而提高农场主的利润和竞争力，同时，还能提高产出（理论上可以提高工资）以及工人的可持续发展能力。种植者和农业工人辩护者都认为，在农业快速全球化的背景下，在加利福尼亚州做生意的成本比在南半球更高（例如土地、水、设备、劳工和监管费用），因此，对于增加竞争力而言，人力劳动者是最具潜力的投入。种植者需要保持竞争力，所以不能冒险改变；而工人则需要学习新技能以提高产量。从理论上讲，同时提高农场利润和工人工资是双赢的方法。然而，在这个转变中，自助出现了一个奇怪的转折，穷人不仅要为自己负责，还要为拯救行业负责。

在双赢模式中，虽然使用的方法在某些方面可能是有前景的，例如移民改革，但是消极效果也很显著。除了那些改变农业的巨大限制外，当在具有这种不同权力的参与者中使用时，双赢的自助方式否认政治和社会变革的核心要素：建立集体意识、冲突以及认可分歧的存在。农业工人运动的自助最初意味着与一个拒绝承认穷人和边缘人的尊严的行业和社会竞争，并在竞争的过程中赋予自己尊严。没有这种意识的激进自助，是通过确定权力和压迫的关系来创造自我，而不是创造帮助。农业工人运动之所以取得巨大成功，部分原因是它能够夸大生活经历、特权与权力在农民（la campesina/el campesino）和那些基于农业家庭种植经验的种植者（el mayordomo）之间的明显差异。通过他们的鲜明又简单的戏剧，比如农民（campesino）对管家（mayordomo），朋友对敌人，天使对恶魔，乡村剧院（El Teatro Campesino），[①] 一个巡回戏剧表演队，在田地间、边境线、国家和世界范围内巡回演出，向工人们展示每一个身份都是合理的，也展示农民（Campesino/a）的生活条件及其存在和遭受的苦难是由处于富裕种植者的对立面或者他/她的"主要外部条件"所决定的[②]。

利用对权力和变革的新解读，这些图景通过农民频道（Radio Campesino）和有关运动的论文进行传播，El·马尔克雷多（El Malcreado，意思是"顽皮的人"或者那些与父母顶嘴的人；其名称来源于有关墨西哥革命的文献）。尽管在农业工人群体内存在复杂性和多样性，这些在"我们"和"他们"之间存在的差别关系促进了愤怒、行动和集体斗争的意识，这些都是一个运动的萌芽。正如在更激进的自治运动时代，通过不同的陈述和行动，一代农业工人、大学生志愿者、法律援助工作者、天主教神父和运动领导者从批评中学习实践，正如保罗·弗莱雷（Paulo Freire）所阐

[①] 译者注：萨尔瓦多乡村剧院（El Teatro Campesino），也被称为农业工人的剧场，这是一家成立于1965年的戏剧公司，是"全力支持Cesar Chavez"的农业工人联合体的文化宣传部门。最初的演员都是农业工人。

[②] Judith Butler, *Gender Trouble: Feminism and the Subversion of Identity* (New York: Routledge, 1990).

述的那样,"如果对强权与无能为力之间的冲突置之不理,那么意味着支持强权,而不是中立"①。

当资助者、运动领袖和宣传机构只宣传他们同意实施的那种自助,然后,什么将被从区域组织议程中删除?当下,在就移民改革或农业工人如何帮助拯救农业达成协议之后,种植者仍然认为凌驾于法律之上的运作更容易。只有少数移民农场工作人员会有政治权力、人权、健康的生活条件、公平的工资或者拥有相信世界充满机遇的孩子。成千上万的加州农业工人仍然家徒四壁,并且顶着烈日在田地的排水沟里开展工作。

本书布局

这两年,我沉湎于社区组织者、政策制定者和基金会工作人员的生活,以了解有关他们日常生活的观念、文化和政治学。我没有研究过中央山谷(Central Valley)的农业工人和移民的生活。有一些极好的、动人的和政治上至关重要的研究②来叙述农业工人的

---

① Paolo Freire with Donald Macedo and Henry Giroux, *The Politics of Education: Culture, Power, and Liberation* (New York: Continuum, 1985), page 122.

② 例如,见 Ken Light and Melanie Light, *Valley of Shadows and Dreams* (Berkeley, CA: Heyday Books, 2012); David Bacon, *Communities without Borders: Images and voices from the World of Migration* (Ithaca, NY: ILR Press, 2006); Deborah Barndt, *Tangled Routes: Women, Work, and Globalization on the Tomato Trail* (Lanham, MD: Rowman and Littlefield, 2008); Ernesto Galarza, *Merchants of Labor: The Mexican Bracero Story* (San Francisco, CA: Rosicrucian Press, 1964); Daniel Rothenberg, *With These Hands: The Hidden World of Migrant Farm Workers Today* (San Diego, CA: Harcourt Brace, 1998); John Steinbeck, *The Harvest Gypsies On the Road to the Grapes of Wrath* (Berkeley, CA: Heyday Books, 1988); Frances Esquibel Tywoniak and Mario T. Garcia, *Migrant Daughter: Coming of Age as a Mexican American Woman* (Berkeley: University of California Press, 2000)。

生活，但很少有研究考虑那些帮助或阻碍改善农业社区的组织结构。本书提供了一个新的透镜来考察机构和那些管理穷人项目的专业人士，不是穷人或者农业工人自己。这也不是关于农业工人运动，甚或农业工人组织的全面描述；相反，这3个案例研究提供一个窗口，帮助人们了解私人基金会之间的关系、社会运动、观念、制度 IN 结构、专业化过程以及在试图解决一个地区根深蒂固的贫困问题的过程中形成的谈判关系。

本书从20世纪60年代的社会运动以及查韦斯（Chavez）和农业工人运动慈善投资者之间白热化的对话和妥协开始。第一个案例研究显示，查韦斯（Chavez）与慈善盟友之间的谈判导致了非营利"运动机构"（movement institutions）的合并。当运动面临最严峻的挑战时，查韦斯（Chavez）最终退出了工会组织并转向这些机构。当遇到最有威胁的外部和内部的领导力挑战时，包括与私人基金谈判，在移民工人中构建社会、经济和文化实力的表面上统一的组织信息就被撕裂了。最后，特定的框架和排斥将社会运动与工会分开，也将社会正义与经济正义分开。为了使新组织获得充足的资助，查韦斯（Chavez）最终接受了农业工人自助的转变，这一转变在农业工人需要慈善基金会的帮助而不是自治斗争运动和工人所有权的帮助时起了重大的作用。

第二个案例发生在20世纪90年代末和21世纪初的后福利改革时代，当基金会首次尝试设计和管理地区内大规模的慈善事业的"合作举措"时，基金会的公共资源开始萎缩。该章说明了，在努力应对移民贫困、边缘化和新兴移民权利运动时，在基金会主导的"移民公民参与协作"的保护伞下工作的非营利组织领导者如何越过基金会划定的限制条件。从1996年到2003年，斯图尔特·金尼基金会（Stewart Kinney Foundation）每年收到超过 500 万美元。通过一项斯图尔特·金尼基金会的移民参与合作（Immigrant Participation Collaborative）项目——该项目在 1996 年至 2003 年每年获得超过 500 万美元的人种学案例研究①，我展示了那个时代流行的融资框架——包括公民参与和社会资本是如何削弱成员合作伙伴的组织议程，引入新的专业化制度实践，并分裂区域内联盟。虽然协作框架被证明是臃肿的，而且还会分散成员组织的注意力，但公民参与框架经过了战略性谈判，并创建了由此开展新的组织活动的机会。

最后一个案例研究，是基金会倡议的耗费 5000 万美元的民族志调查，该倡议反映了最近在慈善捐赠中存在的创业趋势和以市场为导向的趋势。西部基金会农业工人社区建设倡议（Western Foundation's Farm Worker Community Building Initiative）的"双赢"模式在寻找旨在促进确定种植者和工人可以如何合作的进程。它不允许挑战种植者经济利益的问题。我认为，在种植者与工人同样遭受金融不安全的时候提倡按这种模式运营，没有解决劳动力系统内在的结构性问题，而劳动力系统要求从墨西哥非常贫穷的地区持续输入移民。透过有关西部基金会（Western Foundation）的倡议及其严格执行的"基于资产"的模式的故事，该章展示了新自由主义框架并不总是通过有阴谋的议程而被提出，而是通过将重新修订的运动战略融入要求保证共同富裕的项目加以巩固。

合并章节展示了，为了他们的慈善机构的利益而工作的基金会

---

① 根据针对"调查者"的协议书，为保护匿名者身份，个人和组织名称在本项目中被隐瞒。引用的报告也是为了避免识别基金会工作人员和受助人机构之间的联系。

专业员工如何与主流的慈善事业就内部政治的限制进行谈判。从洛克菲勒（Rockefeller）、卡内基（Carnegie）和福特基金会（Ford Foundation）的建立，到今天向非营利组织提供赠款的多个通用基金会，慈善捐赠明确界定了界限①。由资本主义剩余价值产生的财富创建和维持的基金会虽然致力于减贫工作，但是不会资助劳工组织。聚焦于环境退化关系的基金会，通常不会为那些打击全球企业滥用土地、破坏自然和压榨人民的组织提供资金。对移民感兴趣的基金会更愿意资助公民教育，而不是主张移民权利。换一种说法，基金会的优先事项，揭示了通过工人产生的资本主义剩余为工人阶级组织提供资金的宏大悖论。是否可以利用资本主义剥削的剩余来帮助那些产生这种盈余的人？这些剩余价值能否有助于解决根深蒂固的贫困，同时又拒绝解决劳工、移民和人权等系统性问题？本书中讲述的故事突出了专业人士，例如社会运动领袖、组织职员，以及基金会项目职员，是如何在努力解决这些问题。

---

① Arnove, *Philanthropy and Cultural Imperialism*: *Coon, Money to Burn*; Sally Covington, *Mowing a Public Policy Agenda*: *The Strategic Philanthropy of Conservative Foundations* (Washington, DC: National Committee for Responsive Philanthropy, 1997); Mark Dowie, *American Foundations*: *An Investigative History* (Boston, MA: MIT Press, 2001); INCITE!, *The Revolution Will Not Be Funded*; Craig Jenkins, "Channeling Social Protest: Foundation Patronage of Contemporary Social Movements", Chapter 14 in *Private Action and the Public Good*, ed. Walter W. Powell and Elisabeth S. Clemens (New Haven, CT: Yale University Press, 1998), Roelofs, *Foundations and Public Policy*.

第二章

工会的喧嚣之臂

——非营利组织制度化与塞萨尔·查韦斯（Cesar Chavez）的妥协

1968年3月10日，在中央山谷城镇德拉诺，虚弱的塞萨尔·查韦斯（Cesar Chavez）被两位戴着褐色阔边帽的老农业工人扶着慢慢穿过挥舞着黑红色旗帜的支持者人群。加粗的词语"赫尔加"（huelga，罢工）被刻在一只阿兹特克老鹰上面，这面旗帜激发了奇卡诺人的尊严，并代表着该州的农耕工人希望变革的愿望。在他的母亲和罗伯特·F. 肯尼迪（Robert F. Kennedy）陪伴下，在德洛丽丝·韦尔塔（Dolores Huerta）及其妻子海伦（Helen）的注视下，查韦斯（Chavez）无力地坐下来从一位天主教神父那里获得了一小块面包。那个神父说："现在，他手里拿着面包，保佑食物充足，并将面包赐给门徒，说：把面包全吃了。因为这是我的身体，基督的身体，阿门。"在这一天，塞萨尔·查韦斯（Cesar Chavez）从一场为期25天的斋戒中出来，在历史悠久的加州农业工人运动的纠察线上，在最激烈的时刻呼吁非暴力反抗。

这个场景来自2014年的电影《塞萨尔·查韦斯》（*Cesar Chavez*），由墨西哥演员迭戈·卢娜（Diego Luna）执导，拉丁美洲好莱坞明星演出。这部电影的上映是在距离发起这场德拉诺（Delano）葡萄罢工运动的将近50年之后，随后通过讲述塞萨尔·查韦斯（Cesar Chavez）的独特的英勇努力的情节，这些新书的出版使电影中最常见的故事情节变得复杂起来。在《践踏古迹：塞萨尔·查夫与农业工人联合会组织的两个灵魂》（*Trampling Out the Vintage: Cesar Chave and the two Souls of the United Farm Workers*）一书中，弗兰克·巴尔达克（Frank Bardacke）曾是一名反战学生活动家，后来成为季节性的农业工人，他用"两个灵魂"①之间的紧张关系揭示了这场运动的成功与失败的原因。第一个灵魂是由田野工作者和一群志愿者组成的联盟，他们通过在加州中央山谷进行组织罢工和公开行动与种植者做斗争。第二个灵魂是由整个国家进步的中产阶级盟友组成的，并由当时的民权运动和学生运动协调。巴尔达克表明，当运动的两个灵魂一起发挥作用时，他们会产生巨大的能量。然而，当查韦斯（Chavez）没能给予基层农业工人灵魂合法的权力时，他动摇了，进而滋生了对工会和社区组织的不满与不信任，并最终退出工会和社区组织。在许多方面，马特·加西亚（Matt garcia）的书《来自法西斯的胜利》（*From the Faws Victory*）②和米里亚姆·帕维尔（Miriam pawel）最近的传记《塞萨尔查韦斯的十字

---

① Bardacke, Frank. *Trampling Out the Vintage: Cesar chavez and the Two Souls of the United Farm Workers*. New York: Verso. 2011.

② Matt Garcia, *From the Jaws of Victory: The Triumph and Tragedy of Cesar Chavez and the Farm Worker Movement* (Berkeley, CA: University of California Press, 2012).

军》(Crusader of Cesar Chavez)① 中,证实了巴尔达克(Bardacke)的分析。他们还展示了在运动的领导下,查韦斯的自我和先验关系是如何困扰于机构管理(或管理不善),而不是罢工和基层志愿者的关系。

通过聚焦于与区域内慈善力量解决中央山谷移民贫困问题的努力的关系,这一章加入了有关对塞萨尔·查韦斯(Cesar Chavez)的重新评估评价和农业工人运动的对话。

在20世纪中叶,巴尔达克(Bardacke)、加西亚(Garcia)和帕维尔(Pawel)增加了内部复杂性和所涉及的更多角色,但他们只对基金会的作用进行了简单的描述。接下来几页的历史记录,揭示了查韦斯(Chavez)是如何避开运动的农业工人灵魂的,而运动直接按照公共和私人资助者的政治和专业化要求接受援助。然而,与许多批评性文献不同,对基层工会的慈善合作的简单阐释,并不足以解释这场运动失败的原因。相反地,私人资助的非营利组织的合并,既揭示了从工会组织的退却,又揭示查韦斯(Chavez)返回其最初愿景的企图。与他那个时代的公民权利和解放运动相一致,查韦斯(Chavez)从未确定工会化是解决根本问题——尊严问题的最佳策略。② 他原本希望解决自我决策和自我组织问题。最初,他提出通过价值观的变革来建立一个新的社会,

---

① Miriam Pawel, *The Crusades of Cesar Chavez: A Biography* (New York: Bloomsbury, 2014). 另见 Miriam Pawel, *The Union of Their Dreams: Power, Hope, and Struggle in Cesar Chavez's Farm worker Movement* (New York: Blooms bury, 2009)。

② 例如,吉米·博格斯(Jimmy Boggs)和格雷斯·李·博格斯(Grace Lee Boggs)的观点可以找到关于工会化作为社会运动策略局限性的类似观点。参见 Grace Lee Boggs, *The Next American Revolution: Sustainable Activism for the Twenty-First Century* (Berkeley: University of California Press, 2012), 65–66。

通过互助机构、工人之间的自助志愿服务和合作的生活来激发农场劳动的尊严。

在20世纪70年代初，由于被绝食抗议、死亡威胁所拖垮，被联邦调查局（FBI）监视以及毫无根据地担忧他的现场组织者会不忠诚，查韦斯（Chavez）从工会退到了非营利"运动机构"，作为一个空间用去试验他最初的自决、社区生活和互助的理念。最近的运动学者声称，或者准确地说，在这段时间内，查韦斯（Chavez）对自我和对组织管理的迷恋使他远离工会组织。然而，他对非营利组织的退却，也与他创造多样化的自给自足的农业工人组织的愿景产生了共鸣。尽管如此，脱离了特定领域的行动，在一个专业化和私人化的模式下工作，新的非营利组织的工作人员开始关注基金的发展和管理。在开发新组织的过程中，查韦斯（Chavez）最终完成了农耕工作者的自助转变。农业工人自助的特点是：贫困的农场需要的是慈善事业，而不是为争取自决、社区控制和集体所有权的斗争而进行的运动。

在这种情况下，慈善的力量并不是通过明确的控制议程而被使用，而是通过谈判、妥协和增加专业化行政管理需求。激进社会运动的理念被转换成资助者可接受的对自助行为的不具威胁性的解读，而且，运动领导者被纳入提供服务的专业方法中。

在这项研究中，运动与私人资助者的关系始于罗森伯格基金会在图莱里（Tulare）县的"自助住房"计划，该项目培训农业工人领导人，这些领导人最终参与了由拉里·伊特隆（Larry Itliong）、塞萨尔·查韦斯（Cesar Chavez）和德洛丽丝·韦尔塔（Dolores Huerta）领导的第一次罢工。凭借与罗森伯格基金会的关系、正式工会化、与反贫困运动的关联性以及来自福特（Ford）和菲尔德基金会（Field Foundation）的投资，早期运动年代的激进"互助"方法意外被改变。不是帝国主义基金会共同选择草根组织者的黑白图景，在草根政治组织与自助慈善机构之间错综复杂且时常冲突的关系在这个运动的关键时刻得到了调解。最初，受到民权运动与农业工人争取正义斗争结盟的鼓舞，公共和私人资助者建立了难以维系的制度结构。代表了自助慈善事业的主要矛盾，他们的项目培训并激励农业工人领导者改善他们自己的生活条件，并在这个过程中激励他们从事劳动，启发他们抗议政治是不可接受的，并且会对基金会造成威胁。查韦斯（Chavez）淹没在那些管理良好的服务项目中，这些服务项目实际上被基金会管理，实施起来需要得到基金会的认可，除此之外还有大量的报告和文书工作，他退回到他曾经称之为"工会的喧嚣之臂"，① 不再组织类似的活动。

移民自助和罗森伯格基金会：
农业工人领导和移动种子

罗森伯格基金会（Rosenberg Foundation）、美国反贫困战争（US War on Poverty）、福特和菲尔德基金会（Ford and Field Foundation）所提供资源的历史性聚拢，促成了农业工人运动的最初动力以及其机构整合和职业化。特别是罗森伯格基金会在山谷农场

---

① Meeting minutes of National Farm Worker Service Center, 1969, Field Foundation Archives, Center for American History, University of Texas at Austin, box 2T143, National Farmworkers Service Center folder.

社区进行了30多年的投资活动。① 第一波投资包括大萧条时代的资助，以支持通过公共事业振兴署（Works Progress Administration, WPA）培育的移民社区和儿童保育中心。第二个资助时期的特点是：在20世纪50年代末和60年代初对"自助"项目进行投资，这些项目的目的是通过农民建造自己的家园，帮助发展社区基础设施，提高其领导能力。第三次资助浪潮包括支持早期运动组织，如移民部（Migrant Ministry）和美国友邦服务委员会的农民项目（the American Friends Service Commitee's Proyecto Campesino），该组织与查韦斯（Chavez）和韦尔塔在1996年德拉诺罢工期间及此后组织了全国农业工人协会（NFWA），后来改名为农业工人联合会（或 UFW）。

马克斯·L.罗森伯格（Max L. Rosenberg）受委托于1935年建立了这个基金。罗森伯格（Rosenberg）是罗森伯格（Rosenberg）兄弟公司的总裁，他和他的兄弟们在1893年创立了加利福尼亚水果包装和运输公司。在罗森伯格的遗嘱中，有这样一段表述："他遗留了他的大部分遗产建立一个有广泛慈善用途的基金会，并在基金会如何运作方面拥有广泛的自由度。"② 1936年，罗

---

① 马克斯·L.罗森伯格基金会（Max L. Rosenberg Foundation）资助优先事项和赠款的数据收集包括：采访前任总裁柯·克威尔逊（Kirke Wilson）（2009年4月）；存档的基金年度报告；采访过去的受资助者；美国农业工人联合会在韦恩州立大学（Wayne State University）的沃特·P.鲁瑟图书馆（Walter P. Reuther Library）存档；以及前任总统鲁斯·钱斯（Ruth Chance）（1947—1976）在加州大学伯克利分校（University of California, Berkeley）班克罗夫特图书馆（Bancroft Library）区域口述历史办公室"Bay Area Foundation History, Volume II, Ruth Clouse Chance"中的口述历史。

② "Brief History", Rosenberg Foundation, www.rosenbergfound.org/about/history, 于2008年5—7月访问。

森伯格基金会（Rosenberg Foundation）在旧金山开设办事处，聘请了工作人员，并开始提供赠款。"落基山脉以西的第一基金会项目干事"① 是莱斯利·盖纳德（Leslie Gaynard），之后是弗洛伦斯·威科夫（Florence-Wykoff），然后是鲁思（Ruth），这 3 名女性都关注加利福尼亚州的移民贫困问题，也都是自助方式的倡导者。②

罗森伯格（Rosenberg）曾与地区领导人建立关系以支持来自当地人民的需求，比如他们在萧条时期与公共事业振兴署（Works Progress Administration，WPA）的合作。20 世纪 50 年代末，他与贵格会（教派朋友）之间就是这种关系。加利福尼亚贵格会的成员希望开发一个农业工人项目，③ 以解决中央山谷移民社区日益贫穷和不安全的问题。在 1955 年，罗森伯格基金会（Rosenberg Foundation）项目主任莱斯利·盖纳德（Leslie Gaynard）和巴德·麦卡利斯特（Bard Mcallister）召集了海湾地区的贵格会。巴德·麦卡利斯特（Bard Mcallister）在美国图莱里（Tulare）县维塞利亚市（Visalia）的一个小镇上指挥着中央山谷美国友邦服务委员会（Central Valleys American Friends Service Committee），那里有大量的农业工人。他们一起要求麦卡利斯特（Mcallister）寻找一个中央山谷的位置，用来资助一个农业工人贫困项目。那一年，因为一

---

① 柯克·威尔逊（Kirke Wilson），2008 年 4 月接受作者访问。
② Ruth Chance，口述历史。
③ 这个故事在作者对罗森伯格基金会（Rosenberg Foundation）前总裁柯克·威尔逊（Kirke Wilson）（2009 年 4 月）和藤本三郎（Isao Fujimoto）（2007 年 3 月和 2008 年 4 月）的独立访谈中得到证实，他们是加州大学大卫斯分校的中央山谷农场工作组织者和名誉教授。提及巴德·麦卡利斯特（Bard McCallister）在 SCICON（图莱里县科学与保护学校项目）中的角色（在下一段中提到）也可以在贵格会（Quaker）档案中找到，http://visalia-quakers.org/wp-content/uploads/2013/08/BardMemorialminute.pdf。

场大洪水破坏了他们在田里的工作，圣华金山谷（San Joaquin Valley）南部地区的许多移民社区需要帮助。

麦卡利斯特（Mcallister）帮助建立了一个项目——图莱里县科学与保护学校项目（SCICON），这个户外教育项目在某种程度上旨在解决盎格鲁（Anglo）农民的孩子和拉丁裔（Latino）工人的孩子之间的紧张关系。借着美国与墨西哥之间的短工计划来到山谷的墨西哥人有了孩子并且定居了，所以拉美裔儿童的数量一直在增加。图莱里县科学与保护学校项目（SCICON）背后的理念：通过跨文化交流，为当地移民青年培育稳定的关系和领导技能。该项目的培训者主要来自农业工人家庭，他们建立了与当地学校教师、校长和英美裔家庭的关系并学习相关领导技能，而在农业工人运动史上很少提及盎格鲁家庭。虽然在农业工人运动史上鲜有提及，但通过图莱里县科学与保护学校项目（SCICON）培训的计划人员在20世纪60年代的运动中起到了积极的作用。在20世纪60年代的运动中，包括巴勃罗·埃斯皮诺萨等农业工人领袖都曾参与过这个项目。他是图莱里县科学与保护学校项目（SCICON）的第一个教练，成为农业工人联合会（UFW）志愿者组织者，然后是经济机会办公室（Office of Economic Opportunity，OEO）的工作人员。最终，他被任命为维塞利亚的普罗埃科托坎皮西诺的主管。①

后来，罗森伯格（Rosenberg）与麦卡利斯特（Mcallister）合作成立自助企业（Self Help Enterprise）（也通过反贫困战争筹资）。罗森伯格（Rosenberg）把自助企业的工作描述为一种创新的社区发展工具。该自助企业开始实施目标，但并没有随着住房的融资

---

① 巴勃罗·埃斯皮诺萨（Pablo Espinoza），2008年9月对作者的采访。

和建设而结束。在最初的几年里，当地农业工人家庭建造了 20 多所房屋后，这些家庭的孩子似乎比许多其他农场劳动力的孩子拥有更好的自我形象。他们的教育动机更高，他们的父母更多地参与了社区活动。[①] 罗森伯格（Rosenberg）将他们在图莱里（Tulare）农村地区的工作描述为社区发展新方式的一部分，让穷人通过自己参与项目来建立自我价值感、领导力，获得能力提升的机会和进入主流机构的"钥匙"。

自助企业促进社区发展模式与 20 世纪 60 年代初形成的贫困行动计划存在着直接联系。基于奥斯卡·刘易斯（Oscar lewis）（1959）的"文化或贫困"（culture or poverty）理论，米高艾尔·哈灵顿（Michael Harrington）广为传阅的《另一个美国：美国的贫困》（*The Other America: Poverty in the United States*）（1962，1968），是报告有关反贫困战争的"最大可能参与"设计的重要论文之一。哈灵顿（Harrington）认为，"新穷人"并不是他们自己的问题，而是他们在产业变革面前一直"被抛在后面"，本质上是"在错误的地方（错误的产业、错误的邻里、错误的种族群体），在错误的时间"。一旦这种错位的历史行为发生，通过一系列根深蒂固的不良行为、孤立和绝望的循环，穷人的状况就会从社会环境转变为文化环境。按照哈灵顿的观点和当时的贫困政策，将美国新的贫困人口从被忽视和无尽苦难的命运中拯救出来的最佳途径是公共项目，这些公共项目旨在激励并启发穷人谦恭地被雇佣，并建立与主流机构的联系。与 19 世纪和 20 世纪初的中央山谷农业

---

① 罗森伯格基金会（Rosenberg Foundation），1965 年年度报告（旧金山：罗森伯格基金会，1965 年）（San Francisco: Rosenberg Foundation, 1965），*www.rosenbergfound.org/sites/default/files/1965.pdf*。

工人社区曾尝试过的种族组织和工会组织不同，① 罗森伯格（Rosenberg）的中央山谷移民计划造就了一个新的农业工人领袖，其更关心通过教育、与主流机构的关系以及以移民为主导的基础设施开发来赋权。由于它的自助方法具有教育性和关系性，而不是对抗性和系统性，该模式获得了当地社区主流机构的支持。

然而，1965年给移民部（Migrant Ministry）的拨款揭示了罗森伯格对农业工人自助承诺的局限性。在此期间，紧张局势正在形成，并导致了早期租金罢工和葡萄罢工运动。罗森伯格基金会（Rosenberg Foundation）项目主任鲁斯·钱斯（Ruth Chance）决定提高基金会对中央山谷农场劳动力规划的资助水平。在种植者强烈抵制的情况下，承担风险的钱斯相信，通过教会将对农业工人资助的资金集中起来，可能是最有战略意义和最安全的方法。与全国农业工人协会（NFWA）紧密合作的农耕工人支持组织——移民部，成为一个显而易见的资助机构。根据该基金会的信息，对该部门的资助旨在发展农业工人领导力和机构联系，并通过一系列区域会议进一步具体化自助社区发展新模式。②

那年夏天，图莱里县住房管理局（Tulare County Housing Authority）大幅度提高了许多农民居住的小金属屋顶棚屋的租金。全国农业工人协会（NFWA）领导人要求移民部协助进行租金罢工。到了秋天，当移民部工作人员正式参加了租金罢工，甚至是葡萄罢工警戒线时，罗森伯格告诉该组织，基金会的拨款没有被用于组织工会。钱斯强调：资助的目的是培训领导人和加强农业工人

---

① Carey McWilliiams, *Factories in the Field*: *The Story of Migratory Farm Labor in Calfifornia* (Berkeley: University of California Press, 2000 reprint [1939]).

② 罗森伯格基金会（Rosenberg Foundation），1965年年度报告。

社区，罢工和工会组织与基金会无关。1965 年，第一次全国农业工人协会（NFWA）罢工。同年，《罗森伯格基金会年度报告》（Rosenberg Foundation annual report）报告了基金会自助模式的成功，同时警告道："如果农民决定为自己建房子，几乎每个人都同意；如果他们决定继续罢工，不是每个人都同意。"钱斯终止了对导致工人组织的移民部领导培训的资助，但继续资助那些要求移民家庭通过教育和发展基础设施来解决他们自己的问题的机构。正如我们将在下一部分中看到的，正是这些项目受到大众欢迎，在一定程度上启发了查韦斯（Chavez）寻求慈善机构对运动的支持，以防止资源、志愿者和盟友强化更温和的农业工人行动。

社区工会：组织农业工人互助

塞萨尔·查韦斯（Cesar Chavez）是由弗雷德·罗斯（Fred Ross）在 1948 成立的社区服务组织（CSO）培训的组织者，而该组织是在上一章介绍过的索尔·阿林斯基工业区基金会的支持下并根据其组织模式建立的。截至 20 世纪 50 年代，阿林斯基已经成为社区组织的首要思想家和实践者之一。尽管阿林斯基在 20 世纪 50 年代很受欢迎，但福特和洛克菲勒基金会都拒绝为其提供资金，依据是他在当地居民之间建立权力以对抗不平等机会结构的方法具有"政治性"。然而，通过阿林斯基在芝加哥大学的关系，埃米尔施瓦茨普特基金会慷慨资助了他和社区服务组织（CSO）。一个成功的酿酒商埃米尔·施瓦茨普特（Emil Schwarzhaupt）建立了一个信托基金，用于在 25 年内资助那些应对当时社会和政治问题。当施瓦茨普特 1950 年去世时，他的基金会的执行秘书卡尔·盖金森（Carl Tjerandesen），阿林斯基的一位朋友，将大部分资金交给了进步的组织机构，包括工业区基金会（the Industrial Areas Foundation）、高地人民俗学校（the Highlander Folk School）、南方基督徒领袖会议（the Southern Christian Leadership Conference）和移民部（Migrant Ministry）。①

施瓦茨普特基金与受资助者（如亲密的运动盟友移民部）建立的联系，对查韦斯（Chavez）的培训起到了重要作用。查韦斯（Chavez）将20世纪60年代初的时间用于使自己的社区服务组织（CSO）培训适应中央山谷农业工人城镇的环境。通过组织宗教团体和社区成为公民机构，社区服务组织（CSO）模式旨在贫穷和弱势群体的社区中建立独立的民主领导。相反，与围绕着特定行业开展工作的工会组织相比，社区服务组织（CSO）使用挨家挨户的"一对一"和"家庭会议"组织技术来吸引整个地区所有社区的兴趣与关注，而不仅仅是工人。从这个意义上说，目标是成为一个极其强大的自我维持机构，由它服务的对象运营并为他们服务。

在1962年，社区服务组织（CSO）拒绝了查韦斯（Chavez）关于专门组织农业工人和农业的提议，主要是因为围绕一个行业去组织工人，偏离了社区服务组织的做法，且被认为是不可行的。查韦斯（Chavez）把自己的家人带到了中央山谷，开始建立起将成为美国历史上最成功的农场工作运动。② 在研究了过去企图组织农业工人劳动的失败教训后，查韦斯（Chavez）认为，在传统工会中

---

① Bardacke, *Trampling Out the Vintage*, 68 – 70; Garcia, *Jaws of Victory*, 24 – 25. 欲了解更多关于索尔·阿林斯基（Saul Alinsky）的信息，请参阅 P. David Finks, *The Radical Vision of Saul Alinsky* (New York：Paulist Press, 1984)。

② Garcia, *Jaws of Victory*, 29 – 30.

组织工人是行不通的。相反地，为了与他的公民社会组织培训和他的天主教教养保持一致，并受到他的同时代人马丁·路德·金（Martin Luther King）博士和圣雄甘地的启发，查韦斯（Chavez）试图在他们的地理社区将农业工人作为有文化的宗教人士组织起来，成为一个社会运动。早期运动哲学的中心是志愿精神、社区服务和集体所有权。根据德洛丽丝·韦尔塔（Dolores Huerta）的说法，主要的组织原则强调全体成员均当志愿者并缴纳会费十分重要：有一种强烈的信念，即不从外面拿钱，并坚持要求工人为运动付钱，做志愿者。塞萨尔（Cesar）和我从早期组织成员的会费中，组织了一年的"家庭会议"，我们在每个城镇组织农业工人的"领导会议"。[1]

从1962年到1964年，查韦斯（Chavez）、韦尔塔和一小部分志愿组织者夜以继日地挨家挨户地组织家务会议，招募外勤人员，并要求新成员缴纳会费。根据早期的倡导者唐·维拉雷霍（Don Villarejo）的说法，美国全国农业工人协会（NFWA）将不会从他们自己的口袋里掏一分钱——如果这个运动有任何金钱或运动的意义，它必须是以工人为基础的。[2] 到了1964年，美国全国农业工人协会（NFWA）有1000名成员。在20世纪60年代初期，会员和志愿者都参与了这项运动，组织者每天支付的费用只有5美元。活动包括：努力建立劳动合作社，建立雇佣和工资制度；为工人提供健康、法律和教育机会的服务中心；利用艺术和媒体宣传农场劳动的尊严的公共传播运动；为有机花园领导者和工人提供汽车修理和职业培训计划的商业合作社。

---

[1] 德洛丽丝·韦尔塔（Dolores Huerta），作者采访，2007年10月。
[2] 唐·维拉雷霍（Don Villarejo），2007年11月接受作者采访。

在最初的日子里，查韦斯（Chavez）并没有想到工会组织会成为运动的焦点。正如运动盟友和移民部主任詹姆斯·德雷克（James Drake）所回忆的那样：我们一直以为它会与工会不同……如果有人去世，家庭会得到帮助。有人需要轮胎，协会就会提供帮助。如果他们在移民或福利方面遇到麻烦，协会也会提供帮助。我们会有一个广播节目。《El·马尔科拉多》（*El Malcriado*）将是一份社区文件，而不是工会文件。①

德雷克（Drake）和一个志愿组织者骨干成员启发了查韦斯（Chavez）的社区服务组织（CSO）方法与互助社区（mutualistas）传统的融合。互助社区是20世纪20年代和30年代盛行于墨西哥的社区自助模式。吉尔伯特·帕迪拉（Gilbert Padilla）是该运动的领袖，他是最古老的互惠主义团体的成员之一，从19世纪开始直到20世纪30年代初，在墨西哥帮助移民家庭跨越中央山谷。根据创始组织者的说法，"新协会的整个做法都是以老的互惠主义理念为基础，即通过相互自助构建社区和权力"。② 然而在1965年，美国全国农业工人协会（NFWA）的模式很快被推进，当时由拉里·伊特隆（Larry Itliong）领导的 AFL – CIO（劳联—产联）支持农业工人组织委员会（AWOC）的大多数菲律宾裔美国人在德拉诺（Delano）地区罢工以反对葡萄种植者。在农业工人组织委员会（AWOC）和他们自己的成员的压力下，查韦斯（Chavez）的美国全国农业工人协会（NFWA，成员大部分是拉美裔）决定加入农业工人组织委员会（AWOC），意外地投入为期5年的葡萄罢工中。

---

① 在巴尔达克（Bardacke）的 *Trampling Out the Vintage*，110 中对吉姆·德雷克（Jim Drake）的采访。

② Bardacke, *Trampling Out the Vintage*, 110 – 11.

在短短几个月的时间里，艰难的挨家挨户的社区组织和互助方式迅速转变为当时最大的工会运动。

在这个时期，无论是在当地还是在全国范围内，查韦斯（Chavez）都站出来趁机成为罢工的发言人。他是一名战略性领导者，并没有提倡将农业工人纳入国家劳工关系委员会（NLRB）（正如过去许多工会领导人所做的那样），因为消费者抵制被排除在国家劳工关系委员会（NLRB）之外。因此，查韦斯（Chavez）能够成功地发起对葡萄的抵制活动，这成为该运动的一个主要策略。由于查韦斯（Chavez）关于社会正义、非暴力和民族自豪感的公开声明得到了来自全国各地的工会、学生、教会和民权活动人士的支持，消费者抵制活动开始走向国际化，并持续了5年。不久，查韦斯（Chavez）的盟友、美国汽车工人联合会（UAW）的前任主席沃尔特·鲁瑟（Walter Reuther）来到德拉诺（Delano），决定在经济上支持罢工。在美国汽车工人联合会（UAW）的支持下，美国全国农业工人协会（NFWA）开始抵制主要葡萄酒种植者——施莱利工业公司。

在1966年春天，葡萄抵制活动获得了全国各地的支持。罗伯特·F. 肯尼迪（Robert Kennedy）参议员，作为一个天主教徒，加入了纠察队。从德拉诺（Delano）的葡萄园到萨克拉门托的州议会大厦，罢工的农业工人开展了一场被高度曝光的"漫游"。工会很快通过罢工和抵制其他葡萄种植者扩大了其成就，这些种植者包括迪吉奥乔水果公司（Digiorgio Fruit Co）和吉马拉葡萄园公司（Giumarra Vineyards Corporation）。在迪吉奥乔（Digiorgio）引进了对产业更友好的卡车司机以反对查韦斯（Chavez）的全国农业工人协会（NFWA）之后，农业工人组织委员会（AWOC）和农业工人联合会（UFW）合并成了美国的农业工人联合会，作为劳联—产联（AFL-CIO）的附属机构。合并之后，迪吉奥乔（DigiGio）的工人在农业工人联合会（UFW）投票。

作为一个隶属于劳联—产联（AFL-CIO）的工会，并非所有人都同意正式的联合行动。德洛丽丝·韦尔塔（Dolores Huerta）对此很谨慎。詹姆斯·德雷克（James Drake）最初保留全国农业工人协会（NFWA）作为农业工人家庭所拥有的自助协会的想法，并担心一旦这项运动正式归入工会，这种方法就会被抛弃。[①] 这个合并为工会过渡的时刻以及成立非营利组织的最终决定，对于运动保留自助环节十分重要。是将资源用于建立以农业工人领导的会员为基础且自我维持的互助组织从而由下至上地改变行业，还是将资源投向需要受薪员工和外部资源的正规机构？

在1965年到1967年，慈善同盟也对农业工人运动的方式感到不安，而农业工人运动是20世纪60年代最独特、最多元化、资源最丰富和策略最明智的战略运动之一。[②] 它是一个地区性的农业工人自助扶贫项目吗？它是民权运动的奇卡诺（Chicano）之翅吗？它是一个工会吗？一些公共和私人资助者被互助和社区服务理念所吸引，这种理念与联邦扶贫战争的自助取向相一致。另一些人被文化自豪感和社会正义精神所吸引，这种精神与民权运动的理念相吻合。然而，大多数资助者对该运动日益增强的工会组织能力和从属关系持谨慎态度。

---

① Bardacke, *Trampling Out the Vintage*, 253 – 54.
② 对农业工人运动的领导力和组织战略独特组合的特别关注，参见 Marshall Ganz, *Five Smooth Stones: Strategic Capacity in the Unionization of California Agriculture*, PhD dissertation, Harvard University, 2008。

最初，农业工人运动的主要领导者对外部资助者同样持谨慎态度。有些甚至承诺永远不会寻求从公共或私人机构获得资助，他们的这种信念可能会促使他们一起选择开展一场更为激进的工人拥有的运动。尽管移民部的资金来自国家教会董事会和马克斯·罗森伯格（Max L. Rosenberg）基金会，但移民部认为，公共和私人资助的自助住房和基础设施项目冒着风险——共同选择倡导并可能组织这种运动。① 无论对待外部资金的道德和政治立场如何，当运动领导者们发现多个农业工人服务组织从经济机会办公室（OEO）的反贫困战争中获得大笔资助时，他们改变了主意。按照主要组织者吉比特·帕迪拉（Gibeert Padillac）在接受马歇尔·甘兹（Marshall Ganz）采访时所说，查韦斯（Chavez）担忧如果"全国农业工人协会（NFWA）没有从经济机会办公室（OEO）获得资金，其他机构可能无法分享全国农业工人协会（NFWA）的组织议程……而通过改变资金拒绝外部资金的态度，全国农业工人协会（NFWA）试图优先于那些可能低效率使用资金的机构获得索取权"。②

因此，为了与中央山谷其他农业工人服务组织的竞争，例如罗森伯格基金会（Rosenberg Foundation）所资助的项目以及新成立的经济机会办公室（OEO）对与农村贫困做斗争的前所未有的财政投资，影响了全国农业工人协会（NFWA）领导人寻求大量公众和私人资助的决定。在 1965 年，声称公共基金会破坏志愿者领导的农业工人运动的仅仅一年之后，全国农业工人协会（NFWA）从经济机会办公室（OEO）申请了 50 万美元的补助金。种植者和主流

---

① Ganz, "*Five Smooth Stones.*"
② Ganz, "*Five Smooth Stones*", 280.

利益相关者对经济机会办公室（OEO）支持罢工和工会化十分不满并发起了抗议，迫使全国农业工人协会（NFWA）退还了这些资金。然而，到1966年，该运动一直在寻求从私人资助者那里获得支持，因而引发了激烈争论，争论的焦点是对农业工人自助的限制以及私人、非营利运动机构的合并，而查韦斯（Chavez）最终退却了。

反贫困战争：实地协调、竞争与合作

在1965年至1967年，经济机会办公室（OEO）招引农业工人领导人与联邦政府资助的中央山谷扶贫组织一起工作。新组织提出了成长中的工会运动面临的一个困境，即这种运动依赖于有限的志愿者和资源。正如查韦斯（Chavez）和移民部最初假设的那样，这些联邦政府资助项目是否会使领导者从工人所拥有的运动上分心并破坏它？或者，他们有没有可能为该地区带来新的人才、能源和资金？查韦斯（Chavez）试图为新贫困项目提供资金，但经济机会办公室（OEO）项目所聘用的年轻而充满活力的员工很快就知道，他们不能与工会有任何关系。最终，反贫困战争为山谷带来了资源，但也引入了体制性障碍、组织之间的地盘争斗以及对农业工人自助的限制性规定。

在上一节中提及，图莱里县贵格会的美国朋友服务委员会（AFSC）附属机构主导了中央山谷的反贫困战争的社区行动项目（CAPs）。① 根据经济机会办公室（OEO）关于穷人"最大的可能

---

① 藤本三郎（Isao Fujimoto），2007年3月接受作者采访；柯克·威尔逊（Kirke Wilson），作者采访，2008年4月。

参与"的要求，由三方面人员组成的地方委员会为每一个社区项目制订计划。这三方面人员是官员、来自城市组织的人和穷人。CAP项目包括青年服务、日托服务、移民健康和法律服务，由当地志愿者、农业工人领导者和有偿贫困工作人员管理。在经济机会办公室（OEO）所欢迎的自助贫困行动模式中，美国朋友服务委员会（AFSC）领导人长期以来一直为移民提供服务；而对于寻求建立CAP的联邦官员来说，美国朋友服务委员会（AFSC）领导人是最合理的联系人。根据1976年至2002年罗森伯格基金会（Rosenberg Foundation）主席柯克威尔逊以及前农场工作者组织者的说法，因为图莱里（Tulare）美国朋友服务委员会（AFSC）的开拓性工作，经济机会办公室（OEO）对图莱里（Tulare）的社区行动项目（CAPs）印象深刻，并且希望在其他县和州的穷人中推广他们积极参与的成功经验。他们后来发现的是，图莱里社区行动项目（CAPs）特别成功的原因是大量人才被吸引到维塞利亚（Visalia）（图莱里县农业中心城市）参与新兴的农业工人联合会（UFW）运动，包括一群大学生和年轻的理想主义者。如下文所述，由于查韦斯（Chavez）缩减了队伍规模，许多年轻的积极分子、学生和志愿者都无法加入运动，于是他们转而参与CAP，作为参与运动的一种方式。随着1965年的罢工愈演愈烈，当地种植者开始怀疑美国政府特别是经济机会办公室（OEO）暗地里为罢工加油。在种植者及其政治盟友的压力下，经济机会办公室（OEO）开始控制那些渴望加入罢工的CAP工作人员，并否决了与组织农业工人有关的贫困资金申请。

经济机会办公室（OEO）创立的加州农村法律援助（CRLA：California Rural Legal Assistance）机构，是农业工人联合会（UFW）

与反贫困战争项目之间产生的日益激烈的冲突的一个关键例子。受经济机会办公室（OEO）资助，农村法律援助（CRLA）成立于1966年，目的是为加州的农村贫困人口提供法律服务，因此，它是农业工人运动的直接盟友。然而，尽管许多加州农村法律援助（CRLA）机构的初始员工渴望为这一运动添砖加瓦，但经济机会办公室（OEO）明确表示，农村法律援助（CRLA）机构必须将自己为农业工人利益而开展的工作与工会和种植者的谈判或成员对卷入工会事件的支持分开。随着罢工日趋激烈和合同得以签订，工会需要额外的法律援助，一些农村法律援助（CRLA）机构工作人员的参与，模糊了扶贫组织与工会之间的界线。因此，扶贫计划的领导者们要求工作人员撤回对工会的支持。1967年2月，农村法律援助（CRLA）机构主任詹姆斯·D. 洛伦兹写信给查韦斯（Chavez），要求他澄清经济机会办公室（OEO）组织与工会之间的工作界限：

> 亲爱的塞萨尔（Cesar），尽管我们在2月8日见过面，当时我们第一次讨论了农村法律援助（CRLA）机构能为加州的农民做什么、不能做什么，但是，我有一种感觉，一直有一些问题在你和我们自己之间持续存在，除非我们把这些问题摆上桌面。主要问题是我们没有澄清能做什么和不能做什么……几天前，你们当中的一员对我说，农村法律援助（CRLA）机构并不比任何其他扶贫组织好。我认为这不正确，但我知道他感到被欺骗了，因为我们没有站在你们的立场与种植者谈判，我们也没有以工会的身份提起诉讼。这是正确的，必须继续这样做，就像我个人认同您正在做的事情的一样。这是经济机会办

公室（OEO）最初对您愿意和他们和谐共处的理解的一部分。①

虽然查韦斯（Chavez）拒绝了联邦扶贫计划模式，该模式要求穷人加入耗时的利益相关者程序，而该程序禁止谈论工会组织和罢工，但是，他希望通过扶贫规划将新的法律人才引入该地区。尽管经济机会办公室（OEO）捆住了扶贫项目主任的双手，使他们不能直接支持这项运动，但经济机会办公室（OEO）无法控制个人领导者，如巴勃罗·埃斯皮诺萨（Pablo Espinoza）和杰瑞·科恩（Jerry Cohen）（律师和核心人物），他们与双方开展合作，并且拒绝承认运动组织与扶贫服务之间或者法律服务机构与工会之间的界限。② 查韦斯（Chavez）对经济机会办公室（OEO）划定的限制条件感到沮丧，但他还是认识到了扶贫计划工作人员为运动带来的价值，查韦斯（Chavez）继续游说联邦政府为农村法律援助（CRLA）机构提供联邦资金，希望将年轻的法律人才留在中央山谷。③ 虽然各组织之间在工作人员时间上划出了界限，但农村法律援助（CRLA）机构和农业工人联合会（UFW）在与种植者的斗

---

① 1967 年 2 月，杰姆斯·劳伦兹（James Lorenz）致塞萨尔·查韦斯（Cesar Chavez）的信，美国档案农业工人联合会，韦恩州立大学（Wayne State University），沃特·P. 鲁瑟图书馆（Walter P. Reuther Library），UFW 总统办公室，加州农村法律援助文件夹 12 第 60 框。

② 巴勃罗·埃斯皮诺萨（Pablo Espinoza），2008 年 4 月接受作者采访。

③ 1967 年 7 月，塞萨尔·查韦斯（Cesar Chavez）给罗伯特·肯尼迪（Robert F. Kennedy）的信，美国档案馆农业工人联合会（United Farm Workers of America Archives），韦恩州立大学（Wayne State University），沃特·P. 鲁瑟图书馆（Walter P. Reuther Library），UFW 总统办公室，罗伯特·肯尼迪（Robert F. Kennedy），1967 – 68 文件夹 11 第 39 框。

争中成为了亲密的盟友。

虽然农业工人联合会（UFW）能够成功地与农村法律援助（CRLA）机构等贫困资助组织结成合作伙伴关系，员工组织正式工会和开展合同谈判的需要日益上升，使农场工人联合会保护自己的领导地位，并为获得资金和人力资源而展开竞争。例如，在1967年给中加利福尼亚行动协会（the Central California Action Associates）——另一个反贫穷战争计划——主管的一封信中，查韦斯（Chavez）写道：

> 有几个场景一直为我所关注，贵公司的员工一直在向我们的工作人员寻求协助，希望被允许参加我们在圣华金山谷（San Joaquin Valley）召开的会议。我想告诉您，我们工会的政策是，如果没有先咨询总公司，任何当地集团都不能做出有关财务或其他方面的任何安排；如果您的工作人员不占用我们农业工人的时间，我将不胜感激。①

具有战略意义的是，查韦斯（Chavez）试图让志愿者领导专注于罢工、抵制和工会，远离有组织的"扶贫项目"活动，这些活动有可能耗尽农业工人可用的有限资源。然而，一些扶贫机构和扶贫工作人员正在反击经济机会办公室（OEO）对加入农业工人运动的否决，当查韦斯（Chavez）开始收紧对成员的控制和所有权

---

① 塞萨尔·查韦斯（Cesar Chavez）给唐·维特（Don Waite）的信，美国档案馆农业工人联合会（United Farm Workers of America Archives），韦恩州立大学（Wayne State University），沃特·P. 鲁瑟图书馆（Walter P. Reuther Library），UFW 总统办公室，加州中部行动联合会文件夹11第63框。

时，他们感到沮丧。根据我对运动领导者的采访——并在巴尔达克（Bardacke）、加西亚（Garcia）和帕维尔（Pawel）最近的研究中得到验证，尽管罢工之前的日子是围绕一个拥有广泛社会运动基础的松散的成员所有模式组织的，但在宣布罢工之后，查韦斯（Chavez）和来自移民部的一小群传教士活动家将决策权从工人转向集中领导。在机构竞争、对农业工人参与的定义存在分歧以及正式工会发展的环境下，不仅仅是经济机会办公室（OEO），查韦斯（Chavez）本人也开始从正式的联盟模式中去掉以委员会为基础的互助和自助的社区控制因素。

最终，在种植者、学校董事会、福利部门和惧怕社区行动项目（CAPs）开展的活动的市民团体的压力下，经济机会办公室（OEO）否决了中央山谷甚至全国范围内最激进的、由穷人管理的贫困项目。早在1966年，包括农业工人联合会（UFW）盟友沃尔特·鲁瑟（Walter Reuther）（UAW主席）、罗伯特·肯尼迪（Robert Kennedy）参议员和失望的经济机会办公室（OEO）主任理查德·布恩（Richard Boone）在内的一小群穷人倡导者就召集了大量的宗教、民权、劳工、学术、慈善等领域的组织来建立新型扶贫组织。这个想法是为了支持经济机会办公室（OEO）正越来越多地剔除的那种穷人运动。鲁瑟（Reuther）和布恩（Boone）用福特基金会（Ford Foundation）的启动资金创立了公民反贫困运动（CCAP），并招募了包括许尔塔、马丁·路德·金和拉斯丁在内的运动领袖。[①] 公民反贫困运动（CCAP）的支持者特别愤怒，因为在约翰逊（Johnson）总统的领导下，数以百万计的反贫困战争资

---

① Joan Casey, *ed.* "Crusade on Poverty Starting Training Program", *National Civic Review* 55 (1966): 598–601.

金正从社区法律、卫生和移民服务部门转移到劳工部的就业培训项目（特别是在没有工作岗位的时候）。据一位公民反贫困运动（CCAP）官员说："经济机会办公室（OEO）是唯一的一个具有立法授权的机构，并且其官员希望将权力下放到人民手中……"现在，这些计划正被置于一个重视将权力集中于政府内部的机构手中。[1] 在此背景下，公民反贫困运动（CCAP）离开政府，转向私人基金会。福特基金会（Ford Founation）承诺在4年内提供400万美元，公民反贫困运动（CCAP）因此试图提供资金来培训社区工作者，帮助穷人组织从经济机会办公室（OEO）持续获得资助，并更有效地参与反贫困战争。来自公民反贫困运动（CCAP）的赠款是许多运动组织［包括农业工人联合会（UFW）］首次引入私人基金会。

1967年，公民反贫困运动（CCAP）向农业工人联合会（UFW）提供了一笔赠款，将农业工人运动介绍给福特基金会（Ford Foundation）和菲尔德基金会（Field Foundation）的工作人员，这两个基金会是从1967年到20世纪70年代初期的主要资助者。在鲁瑟（Reuther）的带领下，公民反贫困运动（CCAP）通过当时未注册的农业工人联合会服务中心（NFWSC）向农业工人联合会（UFW）拨款20万美元，用于培训中央山谷新兴的农业工作领导者。农业工人联合会（UFW）聘请弗雷德·罗斯（CSO创始人和长期盟友）制订并实施一项培训计划，让农业工人领导者学习如何组织和代表农业工人去当地机构。罗斯还负责建立农业工

---

[1] Robert Walters, "*Poverty War Shift to Job Programs stirs 'politics' Cry*", *Evening Star*, January 25, 1968, 得克萨斯州奥斯汀大学（University of Texas at Austin）美国历史中心的菲尔德基金会档案馆（Field Foundation Archives）。

人联合会服务中心（NFWSC），作为满足当地农业工人需求的可行机构。① 在农业工人联合会（UFW）和农业工人联合会服务中心（NFWSC）实施弗雷德·罗斯的培训计划仅仅一年之后，公民反贫困运动（CCAP）就农业工人联合会（UFW），福特基金会终止对公民反贫困运动（CCAP）的资助。得到福特基金会的额外资金资助，一个名为"社区变革中心"（CCC）的新组织得以成立，以吸纳经济机会办公室（OEO）和公民反贫困运动（CCAP）相关项目。② 到1968年，公民反贫困运动（CCAP）仍在努力为了让全国剩下来的真正由贫困人口领导的CAPs项目存活下来而斗争，其中包括斗争激烈的密西西比州儿童发展组织。③

1968年，贫困项目被移交给其他联邦部门或福特基金会（Ford Foundation）的社区变革中心（CCC），暴力和悲剧随之发生了。随着马丁·路德·金（Martin Luther King）博士和参议员罗伯特·肯尼迪（Robert Kennedy）被暗杀、越南战争升级以及全国各地的暴力起义，民权和农业工人领导人都相信这场运动正在兴起。尤其是，农业工人在他们最需要的时候失去了两个关键的盟友和朋友——金和肯尼迪。在1967年至1970年，数百名农业工人联合会（UFW）罢工者、志愿者和盟友在全国巡回宣传，

---

① 菲尔德基金会档案馆，美国历史中心，得克萨斯大学奥斯汀分校（University of Texas at Austin），专栏2T41，反抗贫困公民队文件夹（Citizens Crusade Against Poverty）。

② 菲尔德基金会档案馆（Field Foundation Archives），美国历史中心，得克萨斯大学奥斯汀分校，专栏2S413，反抗贫困公民队文件夹（Citizens Crusade Against Poverty）。

③ 菲尔德基金会档案馆（Field Foundation Archives），美国历史中心，得克萨斯大学奥斯汀分校（University of Texas at Austin），专栏2T41，反抗贫困公民队文件夹（Citizens Crusade Against Poverty）。

支持农业工人和日益壮大的运动。在运动激烈的1968年，中央山谷的葡萄罢工者威胁要转向暴力。作为回应，查韦斯（Chavez）禁食了25天，将运动转向和平。就在被枪杀的几个月之前，金向查韦斯（Chavez）发出了团结的信息。在绝食之后，查韦斯（Chavez）很虚弱，但他继续在国际上推动抵制行动，并在同一年让部分员工致力于罗伯特·肯尼迪（Robert Kennedy）在民主党内重要的活动——竞选总统，直到他也被枪杀的那一天。肯尼迪是农业工人运动的重要盟友，他将自己的事业介绍给民权运动和主流政治家。对查韦斯（Chavez）来说，肯尼迪被暗杀是难以承受的。这些重大打击因查韦斯（Chavez）日益增长的偏执情绪而加剧。死亡威胁、联邦调查局（FBI）对该运动的监控以及他最亲密的盟友和组织者毫无根据地怀疑他不忠等因素，助长了他的偏执情绪。①

在此期间，卡车司机（Teamsters）工会又成为他们主要的竞争对手，赢得了与加利福尼亚州农场的合同。众所周知，卡车司机（Teamsters）在谈判时提出了更为宽松的合同，没有住房或农药条款，愿意接受更低的最低工资标准，而农业工人联合会（UFW）的合同即将到期，因此，卡车司机（Teamsters）正在办理相关合同。在这样的背景下，由于查韦斯（Chavez）在自己的运动中越来越不信任农业工人和志愿者领袖，他的力量被削弱，农业工人联合会（UFW）则离田地越来越远。1971年，查韦斯（Chavez）从德拉诺（Delano）搬迁到贝克斯菲尔德（Bakersfield）

---

① Bardacke, *Trampling Out the Vintage*; Garcia, *Jaws of Victory*; Pawel, *Union of Their Dreams*.

之外的一个叫拉巴斯的地方。① 在那里，查韦斯（Chavez）和一群运动领导人和家庭成员正式将国家农业工人服务中心（National Farm Worker Service Center）合并为一个 501（c）（3）非营利组织。该组织曾被查韦斯（Chavez）称为"工会的喧嚣之臂"，暗指其吸引免税慈善捐赠的能力。国家农业工人服务中心（NFWSC）和随后的非营利机构的成立进一步使已经分裂的运动远离了田地。

工会忙碌的部门：
资助国家农业工人服务中心

1966 年，一个由运动领袖组成的中心团体成立了国家农业工人服务中心（NFWSC），旨在提供服务并帮助农业工人家庭参与教育项目。国家农业工人服务中心（NFWSC）的第一笔大额赠款来自福特基金会（Ford Foundation）资助的公民反贫困运动（CCAP）的组织者培训项目。当公民反贫困运动（CCAP）折入社区变革中心（CCC）时，农业工人联合会（UFW）仍未组建完成的国家农业工人服务中心（NFWSC）被要求向福特基金会报告，由社区变革中心（CCC）作为评估者并进行拨款监督。直到 1969 年年末，在勒罗伊·查特菲尔德（Leroy Chat-field）的领导下，服务中心成

---

① Philip Martin, *Promise Unfulfilled*: *Unions, Immigration, and the Farm Workers* (Ithaca, NY: Cornell University Press. 2003); Miriam Wells and Don Villarejo, "*State Structures and Social Movement Strategies*: *The Shaping of Farm Labor Protections in California*", *Politics & Society* 32（2004）: 291 – 326; John Zerzan, "Cesar Chavez and the Farm Workers: The New American Revolution-What Went Wrong?" *Politics & Society 3*, no. 1 (1972): 117 – 28.

为一个非营利性组织，国家农业工人服务中心（NFWSC）才能够在没有社区变革中心（CCC）等中介机构的情况下直接从私人基金会获得资金。虽然农业工人联合会服务中心（NFWSC）的正式成立就是为了从基金会获得资金，但是，运动领导者没有预料到这个过程会限制农业工人可能的自助行为，社会服务工作组织与经济正义组织之间很快就被划出了严格的界限。农业工人联合会（UFW）与私人资助者，尤其是菲尔德基金会（Field Foundation）的关系，为从组织退到非营利机构模式铺平了道路——一个运动领导和实地之间危机加剧时变得实在太舒适的空间。①

　　菲尔德基金会和福特基金会被农业工人运动的"社区联盟"互助理念所吸引，这种理念符合当时自助反贫困行动的主流方法。农业工人联合会（UFW）对菲尔德基金会（the Field Foundation）的第一次呼吁是由埃德加·卡恩（Edgar Cahn）在1966年的紧要关头发出的，他是理查德·布恩（Richard Boone）在扶贫计划中的盟友。卡恩（Cahn）为约翰逊（Johnson）的反贫困战争起草了法案，在鼓励穷人参与为他们服务的计划方面特别具有影响力。卡恩（Cahn）致菲尔德基金会主任莱斯利·邓巴（Leslie Dunbar）的信表明，他相信私人资助者可能会协助农业工

---

　　① 菲尔德基金会（Field Foundation）于1940年在纽约市由马歇尔·菲尔德三世（Marshall Field Ill）创立，他是一位19世纪来到芝加哥的大商人的孙子。菲尔德（Field）最终进入债券业务，在大萧条时期决定利用他的财富来帮助陷入贫困的人们。在整个20世纪50年代和60年代，菲尔德基金会资助了许多社会运动组织，专门针对青年、家庭以及种族和社会正义。到1989年，纽约的菲尔德基金会（Field Foundation）资产已全部用完并关闭，结束了对包括国家农业工人服务中心（NFWSC）在内的长期受赠人的资金承诺。在1967年至1969年，菲尔德基金会授予国家农业工人服务中心（NFWSC）85000美元，并在1972年至1976年，超过20万美元——当时对于一个运动组织来说，这是一件大事。

人运动。① 在信中，卡恩（Cahn）列出了当时创新型自助贫困行动框架背景下农业工人社区联盟的特征：(1) 关注一个贫困根深蒂固的地区；(2) 专注于某一特定地理区域内居民和利益相关者；(3) 将工会功能与社区服务和规划啮合；(4) 动员外部资源，包括政府和私人资金；(5) 建立不同的公民审查委员会，对工会活动进行评估和监督。

根据卡恩（Cahn）的说法，社区工会将像市中心早期的社区发展公司和南方乡村（福特基金会介入城市冲突的另一种成果）一样，"通过适应米特·科特勒（Milt Kotler）、罗伯特·肯尼迪（Robert Kennedy）和其他人一直在探索的'社区公司'概念，试图稳定劳动力市场中流动的移民工人的情况"。换句话说，在福特基金会早期项目的基础上，社区工会模式将为那些被剥夺权利的人组织起来提供制度基础，方式是鼓励他们自己参与其中，并由不同的区域利益攸关方进行监督。卡恩（Cahn）向邓巴（Dunbar）提出的请求包括讨论他如何希望菲尔德和其他私人资助者能够帮助工会摆脱其所处的法律约束，而经济机会办公室（OEO）限制加利福尼亚乡村法律援助（CRLA）的法律工作。在接下来的 3 年里，查韦斯（Chavez）和邓巴（Dunbar）之间为期 3 年的对话，揭露了资助者围绕着该运动对农民参与的态度以及这些限制对 UFW

---

① 在这封信中，卡恩（Cahn）指的是密西西比州儿童发展小组的法律倡导者以及儿童防卫基金的未来创始人玛丽恩·赖特·阿德曼（Marion Wright Edelman）。卡恩（Cahn）希望为塞萨尔·查韦斯（Cesar Chavez）的日益壮大的运动提供类似的催化法律支持。资料来源：1966 年 12 月 10 日，埃德加·卡恩（Edgar Cahn）致莱斯利·邓巴（Leslie Dunbar）的信，存放于得克萨斯大学奥斯汀分校（University of Texas at Austin）美国历史中心菲尔德基金会档案馆（Field Foundation Archives），国家农场工作服务中心（UFW）文件夹，专栏 2T143。

未来方向的影响。

1967 年 1 月 30 日，在埃德加·卡恩（Edgar Cahn）最初的演讲一个月后，邓巴（Dunbar）回复了查韦斯（Chavez）1 月 19 日的一封信，其中有一份副本寄给卡恩（Cahn）。信的内容如下。

> 亲爱的查韦斯（Chavez）先生：
>
> 我们收到了您 1 月 19 日的来信。正如我在交流时告诉过您，我不知道我们能做些什么，但我会尽我所能尽早给您答复。我想直到我看到您的信笺抬头，我才真正意识到您完全隶属于美国劳工联合会——产业工会联合会。我想知道您在获得美国劳工联合会——产业工会联合会的必要援助方面取得了什么成功，或者可以合理地预期会取得什么成功。我非常喜欢和您聊天，希望有一天我们能有机会见面。
>
> ——莱斯利·邓巴（Leslie Dunbar）[①]

邓巴写给查韦斯的信表明，该运动与工会的相似性、联系以及为支持工会化而开展的工作，一开始就使其"无法"获得私人基金会的资助。虽然被引用得太多，但是下面还是列出了查韦斯的一个回应，因为这是一个针对以下问题的令人信服的理由：为什么农业工人运动，比如民权运动，希望私人基金会为法律代表提供帮助？查韦斯在 1967 年 1 月 30 日给邓巴（Dunbar）的信写道：

---

① 1967 年 1 月 30 日，莱斯利·邓巴（Leslie Dunbar），致塞萨尔·查韦斯（Cesar Chavez）的信，提交给得克萨斯大学奥斯汀分校（University of Texas at Austin）美国历史中心菲尔德基金会档案馆（Field Foundation Archives），专栏 2T143 国家农场工作服务中心（UFW）文件夹。

亲爱的邓巴（Dunbar）先生：

我已经注意到，菲尔德基金会希望获得有关我们的请求的更全面的信息，我们的请求是：为一名专职律师提供资金，以便他（农业工人联合会）的组织委员会、劳联—产联（AFL-CIO）一起工作……我要指出的是，组织农业工人所涉及的问题是独特的，由于我们被排除在《国家劳动关系法》的基本保护性立法之外，我们不得不临时用另一种方式组织活动，它与通常被用于工业案例中的方式不同。我们的方法一直是：提供一个广泛的服务项目，它构建会员合作的基础，由此朝着为工会认可的事情而罢工的方向进发……在采取的每一项行动中，我们都面临强烈反对。在地方层面，这来自种植者自身与他们所控制的权力结构的协调，也就是市议会、警察局、学校董事会和乡村官员。在更高的层面，我们遇到了政治上的反对（比如加州的里根先生和得克萨斯州的康诺利先生的反对）以及来自种植者的国家组织和他们的机构的一致反对。他们为了骚扰我们，一直在逮捕我们的纠察人员。我们的公民权利每天在被忽视。

我想说的关键点是，即使劳联—产联、城市发展学会（IUD）和全美汽车工人联合会给予了巨大帮助，我们也不能支付罢工的费用，更不用说支付奢侈的法律辩护费用。在很多方面，需要律师，就类似于需要那些帮助南方民权工作者的人。我们需要律师在这个丛林里战斗。我们需要的律师能够帮助我们组织起来，把法律当作武器，而不是像现在这样袖手旁观，看着法律被用来反对我们。我们在一个灰色地带运作，那里很少有法律适用，而且许多用来反对我们的法律是违宪的。

我希望这有助于解释我们获得对法律援助的资助的迫切需要。

——塞萨尔·查韦斯（Cesar Chavez）[①]

在写这封信的时候，查韦斯和农业工人联合会（UFW）的组织者正在参加中央山谷针对主要葡萄种植者的激烈罢工，并将他们的活动扩展到得克萨斯州。运动的志愿者和成员在各州和国家各地旅行并传播有关事业（La Causa）和加利福尼亚抵制食用葡萄的言论。查韦斯本人也在为全国性的抵制做准备，而罢工队伍也变得暴力起来。该工会面临着来自愤怒的种植者协会、主张维持现状的公民组织、地方和州代表的压力，以及一场愈演愈烈的反贫困战争。在这种背景下，尽管该运动最初抵制外部公共和私人资金，但查韦斯在写给邓巴（Dunbar）的信中还是提出了私人资助的一个令人信服的例子：只有私人资金能够支持现行法律解释之外、可能违反宪法的组织工作，只有私人资助能够支持流动农业工人的权利。然而，查韦斯很快就发现，尽管私人基金会愿意资助社区服务，甚至在20世纪60年代的社会运动中愿意资助对民法进行前所未有的变革，但有关劳动关系的问题仍然在他们的资助方针之外。

已经变得很明显，这场运动的资助者为他们的支持划了一个禁区，不是社区服务，甚至不是法律行动，而是劳工组织。邓巴回复了查韦斯的来信，称美国劳工联合会—产业工会联合会（AFL-CIO）的归属为主要关注点："我担心答案是我们现在无法协助你

[①] 1967年1月30日，莱斯利·邓巴（Leslie Dunbar），致塞萨尔·查韦斯（Cesar Chavez）的信，提交给得克萨斯大学奥斯汀分校（University of Texas at Austin）美国历史中心菲尔德基金会档案馆（Field Foundation Archives），专栏2T143国家农场工作服务中心（UFW）文件夹。

雇用法律顾问……坦率地说，我认为问题是，我们不希望资助为劳工联合会—产业工会联合会（AFL-CIO）的一个单位提供直接支持。"①邓巴（Dunbar）明白他的董事会并不会同意拨款给一个主要工会，并试图将查韦斯重新引导至那些为1964年民权法案开辟道路并在此后发展起来的法律机构。由于查韦斯不熟悉私人基金会的逻辑，所以他并没有轻易接受这个建议。

> 亲爱的邓巴（Dunbar）先生：
>
> 收到您3月14日的来信，其中描述了菲尔德基金（Field Foundation）不向农业工人联合会组织委员会（U. F. W. O. C）提供资助，我感到很失望。更加令人失望的是，拒绝我们请求背后所考虑的理由……您的来信暗示我们的组织不属于您关注的公民权利、人际关系和儿童福利的范畴。不论如何，我们无法得出与您相同的结论，对劳动关系的关注使我们处于公民权利、人际关系和儿童福利之外的另一个"关注的领域"，我要求复审之前所做出的决定。这不仅是因为那些加入我们组织的农业工人不应该因为我们附属于劳工联合会—产业工会联合会（AFL-CIO）而受到歧视。
>
> ——塞萨尔·查韦斯（Cesar Chavez）②

---

① 1967年3月14日，莱斯利·邓巴（Leslie Dunbar），致信塞萨尔·查韦斯（Cesar Chavez），得克萨斯大学奥斯汀分校（University of Texas at Austin）美国历史中心菲尔德基金会档案馆（Field Foundation Archives），专栏2T143国家农场工作服务中心（UFW）文件夹。

② 塞萨尔·查韦斯（Cesar Chavez）致信莱斯利·邓巴（Leslie Dunbar），1967年3月17日，得克萨斯大学奥斯汀分校（University of Texas at Austin）美国历史中心菲尔德基金会档案馆（Field Foundation Archives），专栏2T143国家农场工作服务中心（UFW）文件夹。

差不多两个月后，邓巴对查韦斯的愤怒回答做出了回应，向他提出建议：如果通过诸如美国公民自由联盟（ACLU）这样的法律机构的正规渠道，菲尔德基金会资助农业工人运动的法律顾问。后来，美国公民自由联盟（ACLU）的莱斯利·邓巴（Leslie Dunbar）、埃德加·卡恩（Edgar Cahn）、杰克·彭伯顿（Jack Pemberton）与美国公民自由联盟（ACLU）的罗杰·鲍德温基金会（Roger Baldwin Foundation）的马丁·加布斯（Martin Garbus）之间的通信提到了一系列电话，意在说服查韦斯与法律机构建立伙伴关系。1967年6月，邓巴（Dunbar）告诉加布斯（Garbus），菲尔德基金会（Field Foundation）董事会已批准拨款2.5万美元（需要的金额）以保护移民农业工人的公民自由权（即农业工人联合会组织委员会或UFWOC的法律工作人员，后来改名为UFW），并表达了他对农业工人联合会（NFW）的敬意，同时附上了一张开给罗杰·鲍德温基金会（Roger Baldwin Foundation）的支票。① 根据查韦斯（Chavez）、加布斯（Garbus）和邓巴（Dunbar）在1967年和1968年年初的一系列诚恳和感到满意的信件，与民权运动组织与法律援助机构合作的模式类似，菲尔德基金会（Field Foundation）与鲍德温基金会（Baldwin Foundation）之间发展了良好的合作关系。

然而，在1968年春天，菲尔德（Field）对于资助经济领域的组织的担忧很快重新浮出水面。加布斯（Garbus）写信给邓巴（Dunbar），要求提供更多资金以扩大法律团队，从而应对严峻的行业挑战和对加利福尼亚乡村法律援助（CRLA）的威胁，而加利

---

① 赠款预算包括律师工资12000美元，法律秘书每月550美元，社区工作人员每月250美元，一个小型法律图书馆、用品、电话费、租金和水电费以及每月200美元的诉讼费用。

福尼亚乡村法律援助（CRLA）一直秘密地为这项服务提供法律援助。加布斯（Garbus）写道："移民组织正处于关键时刻，除非提供额外的帮助，否则可能不会持续下去。"① 该运动面临的危机包括：（在经济机会办公室的压力下）加利福尼亚乡村法律援助（CRLA）中央山谷地区办事处被禁止处理任何与罢工有关的案件；葡萄种植者积极招募无证移民去破坏罢工；当地警察对罢工者的暴力行为；工会成员被无故解雇；当地官员和服务提供者普遍歧视移民家庭以及新出现的农药（杀虫剂）中毒案例——所有这些案件都需要法律援助。杰瑞·科恩（Jerry Cohen）与一个志愿法律小组合作，随着案件的增加正奋力坚持。

在运动的这个关键时刻，不是继续支持法律项目，而是发生了一场冲突，再次激起了菲尔德基金会（Field Foundation）抵制对工会的资助。莱斯利·邓巴（Leslie Dunbar）与杰瑞·科恩（Jerry Cohen）之间为期4个月的通信中指出了邓巴的一些问题，这些问题对于该运动从菲尔德基金会（Field Foundation）获得的法律服务资金而言是致命的。科恩被称为一个炽烈而且能够（成功）对抗的人，从不回避说出自己的想法。在他由于向新闻界发表激烈言论——其中包括美国政府购买食用葡萄以破坏抵制的证据——而被邓巴谴责之后，科恩（Cohen）问邓巴（Dunbar）他是否可以继续向媒体讲述种植者试图提起的7500万美元的反垄断诉讼，目的是威胁连锁店不要抵制葡萄。科恩辩称，他就此案发表的言论不会

---

① 1968年3月21日，马丁·加布斯（Martin Garbus）致信莱斯利·邓巴（Leslie Dunbar），得克萨斯大学奥斯汀分校（University of Texas at Austin）美国历史中心菲尔德基金会档案馆（Field Foundation Archives），专栏2T143 国家农场工作服务中心（UFW）文件夹。

危及菲尔德基金会（Field Foundation）基金的免税地位，因为"美国劳工联合会—产业工会联合会（AFL-CIO）提供了9000美元，专门用于给我发工资。因此，我将成为新闻界关于工会诉讼的发言人。我们希望很快聘请的奥尔巴克（Auerbuch）、法恩斯沃思（Farnsworth）及其他律师会将他们的评论局限于服务中心案件"。①在发现美国劳工联合会—产业工会联合会（AFL-CIO）向科恩（Cohen）支付工资后，邓巴（Dunbar）显然很沮丧，但是，他回答道："我特别感兴趣的是，你的工资是由劳联—产联（AFL-CIO）支付的。我以前不知道这一点，也许是由于疏忽，而且，我们的档案中似乎没有任何相关内容。您能向我们介绍一下正在进行的法律工作的资金筹措情况吗？"②科恩（Cohen）的回答证实了劳联—产联（AFL-CIO）向他支付了工资来处理工会案件，菲尔德基金会（Field Foundation）当时所提供的35000美元和墨西哥美国法律辩护和教育基金（MALDEF）的41000美元用于法律人员和诉讼与办公费用。邓巴（Dunbar）对这些答案不满意，写信给查韦斯（Chavez）提醒他：

> 对你而言，它看上去是将工会与中心（NFWSC）人为地区分开。事实上，如果它是人为的区分，那么，我相信我们可能会陷

---

① 1969年7月5日，杰瑞·科恩（Jerry Cohen）给信莱斯利·邓巴（Leslie Dunbar）的信，得克萨斯大学奥斯汀分校（University of Texas at Austin）美国历史中心菲尔德基金会档案馆（Field Foundation Archives），专栏2T143 国家农场工作服务中心（NFWSC）文件夹。

② 1969年7月22日，莱斯利·邓巴（Leslie Dunbar）致信杰瑞·科恩（Jerry Cohen），得克萨斯大学奥斯汀分校（University of Texas at Austin）美国历史中心菲尔德基金会（Field Foundation），专栏2T143 国家农场工作服务中心（NFWSC）文件夹。

入困境。如果你问自己有多少其他工会，美国劳工联合会——产业工会联合会（AFL-CIO）或其他工会，获得了基金会的支持，我想你会明白为什么。几乎没有……我相信，如果国家农业工人服务中心（NFWSC）的领薪工作人员没有从工会基金中获得报酬，那么，这个或任何其他基金会的运动（我相信它是一个强大而良好的运动）将会变得更加容易……因此，我会建议服务中心管理您的医疗、福利和教育计划，服务中心附属的律师只是那些其主要（原文如此）工作与这些医疗、福利和教育计划以及农业工人的公民自由和公民权利相关的人员……我认为这些做法有助于保护您的免税资格，并且符合服务中心自己的组织条例，这些条例规定，它不会"参与活动——不会在推进其特定的主要教育和慈善目标的过程中"……我们希望能够在不向任何其他经济组织，如美国劳工联合会——产业工会联合会或任何其他全国联盟提供支持的情况下提供援助。①

尽管科恩（Cohen）和查韦斯（Chavez）都多次尝试解释服务中心案件——例如工伤、在体育场内拥有体面的厕所和遮阴的权利以及不因参加工会活动而被解雇的权利——与工会案件的区别，但是，邓巴（Dunbar）拒绝继续为 UFW-NFWSC 的法律计划提供资助。邓巴总结道：

> 你知道，从今年以后，如果其主要工作人员或其中任何一

---

① 1967 年 8 月 6 日，莱斯利·邓巴（Leslie Dunbar）给塞萨尔·查韦斯（Cesar Chavez）的信，得克萨斯大学奥斯汀分校（University of Texas at Austin）美国历史中心菲尔德基金会（Field Foundation），专栏 2T143 国家农场工作服务中心（NFWSC）文件夹。

个人由劳联—产联支付薪金,我们不相信我们会继续为这个法律项目提供资助。我们可以而且愿意和你谈谈其他的事情,例如,服务中心的健康计划或者服务中心的一般管理费用。①

这是菲尔德基金会(Field Foundation)的明确的资助方向。许多其他基金会遵循类似的思路,为不断发展的国家农业工人服务中心(NFWSC)的一般管理提供了大量资助,但不资助工会活动、抵制、罢工、法律服务、工人合作社或任何形式的工人组织。② 由于这个项目的"政治性质"(即关注保护移民的罢工权和组织权),福特基金会对它的资助有所保留,但仍然继续通过"社区变革中心"(CCC)为农业工人联合会(UFW)服务中心的工作提供资金。1968年,福特基金会协助农业工人联合会(UFW)申请了501(c)(3)非营利组织资格,使它有资格从其他非工会型慈善基金获得资金,

---

① 1969年10月20日,莱斯利·邓巴(Leslie Dunbar)致塞萨尔·查韦斯(Cesar Chavez)的信,得克萨斯大学奥斯汀分校(University of Texas at Austin)美国历史中心菲尔德基金会(Field Foundation),专栏2T143国家农场工作服务中心(NFWSC)文件夹。

② 这笔赠款包括诺曼基金会的一笔赠款,其中8000美元用于国家农业工人服务中心(NFWSC),另一笔12000美元来自洛克菲勒(Rockefeller)兄弟公司,用于非暴力培训课程。1970年,福特基金会(Ford Foundation)拨款225000美元用于进一步行政开发国家农业工人服务中心(NFWSC)和其他服务中心业务,洛克菲勒(Rockefeller)兄弟重新获得12000美元用于非暴力培训;阿伯拉尔基金会(Abelard Foundation)为建立塞萨尔·查韦斯(Cesar Chavez)社区学校拨款5000美元;杜宾斯基基金会(Dubinsky Foundation)捐赠12000美元在Delano开设诊所。国家农业工人服务中心(NFWSC)和其他国家农场工作服务中心(UFW)运动组织的资金数据来自国家农场工作服务中心(NFWSC)日志、赠款协议、得克萨斯大学奥斯汀分校(University of Texas at Austin)美国历史中心菲尔德基金会档案馆(Field Foundation Archives)和韦恩州立大学(Wayne State University),沃特·P.鲁瑟图书馆(Walter P. Reuther Library)美国农业工人档案馆(United Farm Workers of America Archives)。

开展与该运动相关的教育和服务项目。在 1969 年作为 501（c）（3）组织成立后，包括福特基金会在内的几个私人基金会，向服务中心提供了更多农业工人服务规划（例如，建立社区学校和诊所）和一般行政支持。所有这些计划都在慈善自助的可接受逻辑范围之内。与由农业工人和贫困移民家庭拥有和领导的早期互助和合作协会不同，这些计划依赖于来自外部利益相关者的资源。此外，他们主要关注农业工人如何帮助自己改善自己的行为和条件，而不是去挑战个体种植者或农业产业结构。对互助促进自决和所有权的革命性解释以及随后的联合方法，都被更传统的慈善模式所取代。

尽管在吸引基金会资助方面取得了这些成功，但在整个 20 世纪 70 年代，该运动都处于危机之中。国家农业工人服务中心（NFWSC）从基金会获得资助，以及最终由农业工人联合会（UFW）领导成立另外 7 个非营利组织，都不是为了解决该运动面临的日益严峻的战略问题；当工会面临最严峻的挑战时，他们本来需要加强管理，但却最终分散了工会组织的领导力量。[①] 外部挑战包括农业行业的变化以及与卡车司机（Teamsters）的激烈竞争。1970 年，主要的种植者集团停止了他们的非农产品业务，使得农业工人联合会（UFW）先前成功的消费者抵制手段失效。在大型国际集团中掩饰生产流程和分销是避免抗议和抵制消费品的一个特别成功的策略。同样是 1970 年夏天，在卡车司机（Teamsters）与萨利纳斯山谷（Salinas Valley）的主要种植者私下达成协议的两

---

① 到 20 世纪 70 年代后期，农业工人联合会（UFW）成立了八个附属"运动组织"，包括塞萨尔·E. 查韦斯基金会（Cesar E. Chavez Foundation）、塞萨尔·E. 查韦斯社区发展基金（Cesar E. Chavez Community Development Fund）、胡安·德拉·克鲁兹养老基金（Juan De La Cruz Pension Fund）、罗伯特·肯尼迪医疗计划（Robert F. Kennedy Medical Plan），以及农业工作者教育和领导力发展研究所，这超出了本研究的范围。

周后，工人们发起了一次总罢工。这次罢工是由新兴的农业工人领导人组织的，他们不是官方工会组织者，也没有得到查韦斯（Chavez）的同意。由于领导人拒绝结束罢工，查韦斯（Chavez）谴责了主要组织者。这一时刻体现了运动领导者之间的众多分歧之一，正是这些分歧导致了1977年查韦斯（Chavez）的亲信和家人对整个志愿法律和组织工作人员队伍进行了备受批评的"大清除"（purges）①，并巩固了其领导地位。②

在"大清除"（purges）之前，查韦斯（Chavez）和他的家人从德拉诺（Delano）搬到了拉·巴斯（La Paz），专注于国家农业工人服务中心（NFWSC）和该运动的其他机构部门。拉·巴斯（La Paz）位于贝克斯菲尔德（Bakersfield）东南30英里处，占地200英亩，是几乎不花任何钱就从该运动的一位有钱朋友那里租下来，将其开发成一个为农业工人及其家人的提供教育和培训场所。在此期间，查韦斯（Chavez）谈到了建立自我维持的非工会组织的重要性，甚至提出，通过有规划的社区生活和有机耕作实现自决是运动的未来。但是，国家农业工人服务中心（NFWSC）的会议记录中，没有农业

---

① 有关"清洗"和塞萨尔"The Game"利用的更详细的说明，通过一个名为Synannon的戒毒疗法开发的心理治疗技术，来瞄准他怀疑的不忠的成员，参见Bardacke, *Trampling Out the Vinage*, 541－65; Garcia, *Faws of Victory*, 256－91。

② 根据我的采访，档案文件以及最近对帕维尔（Pawel）、巴尔达克（Bardacke）和加西亚（Garcia）的研究，移民事务部的查韦斯（Chavez）和克里斯·哈特迈耶（Chris Hartmeyer）通过 The Game 对董事会成员，志愿者组织者和法律人员进行了"清除"。最初用于在拉巴斯附近的特哈查比山脉，一种名为 Synanon 的毒品和酒精治疗计划，游戏参与者被要求分享他们内心的恐惧、愤怒和挫折。那些对查韦斯（Chavez）的领导过度或诚实地表达不满的参与者被告知要离开这个运动。那些忠于工会的人声称法律团队留下了自己的自由意志，因为他们越来越多地要求获得比志愿者更多的报酬，打破了以志愿者为基础的社区工会模式。

工人的计划或参与记录。① 在 1971 年的一次会议上，与塞萨尔·查韦斯（Cesar Chavez）、拉里·伊特利昂（Larry Itliong）、德洛丽丝·韦尔塔（Dolores Huerta）、勒罗伊·查特菲尔德（Leroy Chatfield）、詹姆斯·德雷克（James Drake）牧师、菲利普·维拉·克鲁斯（Phillip Vera Cruz）和查韦兹牧师（克里斯）、哈特迈尔牧师（Wayne（Chris）Hartmeyer）一道，查韦斯（Chavez）建议，所有的菲尔德基金会（Field Foundation）资金和剩余的福特基金会（Ford Foundation）资金都用于房屋维修。"工会的喧嚣之臂"（hustling arm of the union）变成了喧嚣。

基金会将自助限定在有限的范围内，不仅破坏了运动的政治组织，而且，他们在项目运作和文书工作方面的要求也使该运动的领导层疲于应付。在整个 20 世纪 70 年代，内部危机和外部威胁使领导层不堪重负，无法履行多个基金会赋予的行政管理职责。② 在 1970 年至 1976 年，各基金会发来了充满愤怒的信件，声称，没有关于资金如何使用的文件，没有财务会计，以及未经批准将资金重新拨给秘密项目。在一个案例中，国家农业工人服务中心（NF-

---

① 会议纪要，国家农业工人服务中心（NFWSC）文件，韦恩州立大学（Wayne State University），沃特·P. 鲁瑟图书馆（Walter P. Reuther Library）农业工人联合会（UFW）管理文件夹专栏 6；会议纪要，农业工人联合会（UFW）信息和研究部档案文件夹专栏 27；会议纪要，国家农业工人服务中心（NFWSC）文件夹专栏 2T143，公民移民改革委员会（Citizen Committee for Immigration Reform）文件夹专栏 2S450，国家农场工作服务中心（NFWSC）文件夹专栏 2T10。

② 1975 年，查韦斯（Chavez）的助手安·普拉哈里奇（Ann Pluharich）说，这场运动正处于动荡之中，她的压力水平造成健康问题，使她无法向菲尔德基金会发送预定报告或获得额外的赠款建议。查韦斯（Chavez）也陷入了困境，其中包括挥之不去的背部问题，这是多次禁食和压力导致的后遗症。韦恩州立大学（Wayne State University），沃特·P. 鲁瑟图书馆（Walter P. Reuther Library），国家农业工人服务中心（NFWSC）文件中的分钟信件，农业工人联合会（UFW）管理文件夹专栏 6。

WSC）的一名工作人员指出："由于一些原因，斯特恩基金会（Stern Foundation）所给 3 万美元仍然根本没有被动用。"① 决定已经做出：事业（La Causa）的存活受到严重威胁，而许多项目将不得不推迟。② 对基金会的其他回应要求，在其他州建立工人合作社、信用社和法律工作的原始计划被重新定向回国家农业工人服务中心（NFWSC）的总行政部门。国家农业工人服务中心（NFWSC）的一份 1973 年的标题为《基金会问题》（Problems with Foundations）的备忘录，列出了员工报告的应付款、未被花掉的资金以及在有关将资金重新投向管理层的先前要求方面没有做出决策。③ 在后面几章的案例研究中，这种官僚主义泛滥所带来的挑战还会进一步剖析。

随着行政管理团队因基金会拨款而在拉·巴斯（La Paz）被雇佣，这些领域的危机在持续上升。农业工人联合会（UFW）历史悠久的葡萄合同到期了，罢工警戒线上的暴力事件不断增加，受雇的卡车司机、警察和当地治安官袭击了罢工工人。1974 年，种植者们与州长罗纳德·里根（Ronald Reagan）接洽，要求结束罢

---

① 各类信件，(University of Texas at Austin) 美国历史中心菲尔德基金会档案馆（Field Foundation Archives），专栏 2T143 国家农场工作服务中心文件夹。国家农业工人服务中心（NFWSC）文件夹，公民移民改革委员会（Citizen Committee for Immigration Reform）文件夹专栏 2S450；各种信件，韦恩州立大学（Wayne State University），沃特·P. 鲁瑟图书馆（Walter P. Reuther Library），美国农业工人档案馆（United Farm Workers of America Archives），美国农业工人（UFW）管理文件夹专栏 52 和科研部（Research Department）文件夹。

② 手写备忘录，"基金会—Stern 基金"，韦恩州立大学，Walter P. Reuther 图书馆，美国档案馆的农业工人联合会，UFW 信息和研究部档案文件夹第 51 框。

③ 基金会注释，国家农业工人服务中心（NFWSC）档案，韦恩州立大学（Wayne State University），沃特·P. 鲁瑟图书馆（Walter P. Reuther Library），美国农业工人（UFW）管理文件夹专栏 51 和科研部（Research Department）文件夹。

工纠察线。里根没有促使种植者与工会之间达成妥协。但在 1975 年，在查韦斯（Chavez）的合作下，新任州长埃德·蒙杰拉德·"小杰瑞"布朗（Edmund Gerald Brown Jr.）支持并签署了一项法规，建立农业劳动关系部（ALRB），以在田间创造和平，为农业劳动者提供基本的谈判权利，通过新的立法保护工人的安全，农业劳动关系部（ALRB）也就成了农业工人联合会（UFW）的新战场。布朗为农业劳动关系部（ALRB）配备了支持劳动者的农业工人联合会（UFW）人员，并通过了新的工人友好型法规。① 然而，随着更多的资源被用于立法运动和管理工会附属的新非营利组织，该运动的债务不断增多，而缴纳会费的成员却减少了，使得工会越来越依赖于来自外部的捐赠。② 当乔治·德克梅吉安（George Deukmejian）1982 年当选为州长，并把农业工人联合会把持的（UFW-won）农业劳动关系部（ALRB）变成了种植者协会的一个宣传机器时，对该运动的另一个打击降临了。由于新的农业劳动关系部（ALRB），工会面临额外的合同损失，且未能成功组织莴苣罢工以及联合抵制和绝食。随着时间的推移，种植者制定了新的策略，并将农业工人联合会（UFW）告上法庭，要求民事赔偿。

同时，正如弗兰克·巴尔达克（Frank Bardacke）的书中所说的那样，拉·巴斯（La Paz）的行政办公室与一线工作人员之间的距离也拉大了。其中，农业工人联合会（UFW）所代表的田地工人认为这是一场侮辱性的戏剧之战。政府官员打扮成农民、开着

---

① 农业劳动关系部（ALRB）规定包括准入规则（工会有权运作农场财产并与工人交谈）；制定整体法律（如果工人在本季度早期离开，种植者必须支付整个季度的费用）；和认证（合法联盟善意谈判的代表和要求）。Chavez 会在明年就这些问题培训工人。

② Garcia, *Jaws of Victory*, 181–82.

旧汽车、看起来像是贫穷的和受压迫的人民，这侮辱了来自墨西哥（Mexican）的田地工人。许多农业代表认为农业工作是一个光荣的职业。由于宁愿把自己描述成寻求经济正义的工人，他们被激怒，是因为他们不得不夸大自己的贫困和苦难，从而从资助者和进行联合抵制的中产阶级盟友获得支持。当查韦斯进一步后退，暗示运动的未来可能依赖于在受捐款资助的拉·巴斯建立一个模范社区，销售蜡烛和种植有机花园时，① 农业工人的困境被提升为慈善的缘由，而不是以工人集体力量为基础的运动的缘由。②

结论：长期下降

到20世纪70年代末，一群合并而成的非营利"运动实体"（movement entities），包括种植者支持的医疗基金、养老基金和教育基金、信用合作社和国家农业工人服务中心（NFWSC），已经拥有了至少1000万美元资产，包括联邦机构用于偿还信用合作社不良贷款的拨款、用于建立微波电话系统的拨款，以及为农业工人提供设备、用品、维护和基础教育计划的拨款。③ 到21世纪初，农业工人联合会（UFW）的成员人数减少至5000人以下，但运动组织方总体上仍然每年从资助者那里获得超过100万美元用于服务和教育计划，资助者包括加州捐赠基金会（the California Endowment）、帕卡德基金会（the Packard Foundation）、凯洛格基金会

---

① 会议纪要，国家农业工人服务中心（NFWSC）文件，韦恩州立大学（Wayne State University），沃特·P.鲁瑟图书馆（Walter P. Reuther Library），农业工人联合会（UFW）信息和研究部专栏27，服务中心1977文件夹。
② Bardacke, *Trampling Out the Vintage*, 696–98.
③ Bardacke, *Thumping Out the Vintage*, 578–79, 第27章脚注42。

（the Kellogg Foundation）和安妮·E. 凯西基金会（the Annie E. Casey Foundation）。不幸的是，从20世纪70年代末到现在，欺诈、裙带关系和管理不善的丑闻一直困扰着运动机构。①

农业工人斗争的遗产是它所采用的聪明的方法——通过社区组织、移民自助和文化组织策略的独特结合，采取看似单一的行业规则体系。通过"互助"（mutual aid）的新表述、CSO型组织、罢工、联合抵制以及通过乡村剧院（Teatro Campesino）和运动的新闻媒体传播的文化信息，一群个人和机构向以前被认为"无组织"（unorganizable）的人们展示了另一种政治和文化。恰逢资源充足的美国扶贫战争和肆无忌惮的民权运动的特殊结合，农业工人开展自助并获得民族自豪感的方法腾空而起，在全国和世界各地获得了支持。

随着农业工人运动取得在农业制度史上的重大突破，它同时也面临内部限制。聚焦于有关自助、志愿精神、社会服务和成员所有权的思想的社区工会，与带有正式官僚领导结构的美国劳工联合会—产业工会联合会（AFL-CIO）附属工会的创建者之间的紧张关系，被证明对运动领导者来说过于严峻而难以管理。面对内部

---

① Jennifer Medina, "Family Quarrel Imperils a Labor leader's Legacy", *New York Times*, May 14, 2011; Miriam Pawel, "UFW: A Broken Contract; Former Chavez Ally Took His Own Path; Where Eliseo Medina Has Gone. Unions Have Grown", *Los Angeles Times*, January 11, 2006; Miriam Pawel, "UFW: A Broken Contract; Decisions of Long Ago Shape the Union Today; In the Late1970s Cesar Chavez Grew Intent on Keeping Control, *Los Angeles Times*; January 10, 2006; Miriam Pawel, "UFW: A Broken Contract; Linked Charities Bank on the Chavez Name; the Union-related Philanthropies Enrich One Another, Operating Like a Family Business", *Los Angeles Times*, January 9, 2006; Miriam Pawel, "UFW: A Broken Contract; Farmworkers Reap Little as Union Strays from Its Roots", *Los Angeles Times*, January 8, 2006; Pawel, *Union of their Dreams*.

领导危机、日益增长的外部挑战以及查韦斯摇摇欲坠的领导权，工会从既重视工人组织又重视社区工会愿景退回到非营利机构管理。美国的反贫困战争为中央山谷农业工人社区带来了新的资源，但在此过程中，它也带来了竞争、地盘争夺和慈善政治。特别是，参与福特基金会和菲尔德基金会所要求的严格非对抗性的政治与计划框架，将运动和工会组织的经济社会目标与社区服务分开，同时也使运动领导者远离农业领域的组织活动。

鉴于基金捐赠是由私营企业利润创造和维持的，尽管经济不平等与许多基金会寻求解决的社会问题之间存在深刻联系，但这些基金会并不资助经济权利、联合抵制或劳工组织也就不足为奇了。事实上，在20世纪60年代的社会运动期间，资助的界线通常被划在经济领域。为经济自决而进行的黑人权力运动之战、小马丁·路德·金（Martin Luther King Jr.'）对穷人运动的呼吁，以及在反贫困战争期间发起的许多公民项目，都被贴上危险和暴力的标签，最终被政府官员和私人资助者取消资助、关闭或拉拢。① "在许多情况下，例如福特（Ford）基金会和菲尔德基金会（Field Foundation）对选民教育项目的参与，对获得了大众共识的更加温和的组织活动的投资，如选民登记，掩盖了该运动的经济平等方面。"②

因此，一方面，这项研究证实了预期——私人慈善事业不会资助那些试图在经济领域做出重大改变或解决贫困和不平等的结构性根源的项目；另一方面，自上而下的合作和控制的故事，如在

---

① Robert L. Allen, *Black Awakening in Capitalist America. An Analytic History* (New York: Doubleday, 1969).

② David J. Garrow, "Philanthropy and the Civil Rights Movement", *working paper*, Center for the Study of Philanthropy, City University of New York, 1987.

许多重要的慈善研究成果中所陈述的那样，不足以解释运动与资助者之间的关系，因为它忽视了基金会与运动领导者之间复杂的谈判。查韦斯对工会模式的怀疑，对建立非营利运动机构的兴趣，以及从运动的工人/志愿者精神的焦头烂额的撤退，也导致了对移民自助的妥协性设计。在20世纪80年代，查韦斯甚至更加关注发展非工会实体，并被想要同时改进雇佣劳动和农场利润的"商业"理论和技术所吸引，他与管理大师彼得·德鲁克（Peter Drucker）和帕特里克·贝洛（Patrick Below）的谈话，以及随后在玫瑰产业中的商业合作伙伴关系，可以证明这一点。①

正如20世纪初的城市改造重建一样，穷人运动的领导人与自助型扶贫行动的强大慈善支持者之间暂时妥协达成协议，最终产生了共识。对于资助者、中产阶级消费者抵制的支持者，以及最后甚至是为保护自己的权利而疲惫不堪的查韦斯（Chavez），都能接受的自助方案是向那些需要技能、教育和慈善事业的穷人伸出援助之手——而不是一场为傲慢地得到国家食物的工人争取自决、社区控制和经济权力的运动。

---

① 1981年会见彼得·德鲁克（Peter Drucker），简报抄本，韦恩州立大学（Wayne State University），沃特·P. 鲁瑟图书馆（Walter P. Reuther Library），美国农业工人档案馆（United Farm Workers of America Archives）信息和研究部文件夹专栏52；David Villarino，2008年接受作者的采访。

第 三 章

基金驱动的合作倡议
——公民参与为了什么

在旧金山湾区（San Francisco Bay Area）的一个私人基金会办公室，可以一览湾区的迷人景色。在这里，各种各样的移民组织和农业工人辩护者聚集一堂，讨论如何为他们的倡议吸引更多的资源和帮助，这就是移民参与合作计划（IPC）[①]。总部位于加利福尼亚州的斯图尔特·金尼基金会是移民参与合作计划（IPC）的资助方，它召集了这次会议。移民参与合作计划（IPC）的成员来自中央山谷的经济困难城市，如斯托克顿（Stockton）、莫德斯托（Modesto）、弗雷斯诺（Fresno）和贝克斯菲尔德（Bakersfield），这时已经前往旧金山（San Francisco）。所有非营利专业人士，包括一名苗族慈善工作者、一名奇卡诺农业工人组织者、一名年轻的犹太法律援助律师，以及少数白人和拉丁裔男性非营利组织主

[①] 为了保护参与研究的个人，根据加州大学伯克利分校（University of the California, Berkeley）的人类学科评审委员会（Human Subjects Review），第三章和第四章中的案例研究使用了化名和语境变化。引用的报告也是匿名的，以免泄露基金会员工和受助人的机构隶属关系。

管，移民参与合作计划（IPC）的成员们都穿着他们最适合"会见资助者"的衣服满怀热情地聚集在一起。该组织非常清楚，如果他们希望移民公民参与倡议能在典型的 5—8 年慈善捐赠承诺之后还继续实行，他们将不得不求助于其他基金会。

随着不同观点和争议的不断涌现，怀着对于新解决方式的热切期盼，移民参与合作计划（IPC）的基金项目官员约翰·西布利（John Sibley）呼吁召开这次会议。在围绕为移民参与合作计划（IPC）寻找令人信服的推广营销信息这一议题进行激烈的讨论之后，一名成员指出："造成这一切的根源是贫穷，这也正是移民难以有参与发言权的原因所在。哪个基金会将避开国家最贫困地区——也是最需要资助的地区？"

该组织的成员都认可上述说法，并且，他们开始着手揭露这一地区连续贫困的原因：一个依赖于持续性的季节性低工资移民劳工浪潮得以存在的农业系统；停滞的移民政策改革；该地区历史上的种族主义权力结构。当这些成员共同进行决策分析时，帕特丽夏（Patricia），一名经验可追溯到加利福尼亚农业工人运动时期的组织者，提醒大家："据我所知，资助者并不喜欢听类似的解释，他们希望看到家庭和邻居与众不同，而不是对抗'农业'（Ag）"。与会者一致同意：基金会不希望听到组织起来反对农业或山谷现状。

在此之前保持沉默，曾经发起和持续倡导移民参与合作计划（IPC）的西布利（Sibley）也同意了上述观点。最成功的框架将会避免对农业的直接批评，而正是农业生产造成了合作伙伴最终希望减轻的贫困状况。他带着一种不安的微笑，表达了自己为移民参与合作计划（IPC）赢得董事会的支持而进行的斗争，相比于社区组织，董事会更青睐于移民公民参与。会议结束之时，西布利同意资助印制丰富多彩的宣传册子和山谷"资助者巴士之旅"，将全国慈善家的注意力引向移民参与合作计划（IPC）。主要信息是将迫切需要、可怜的生活条件与在公共生活中努力工作的移民并列。

纵观移民参与合作计划（IPC）的历史，这一章主要揭示了基金会主导的公民参与"合作倡议"如何维护以下神话：穷人可以通过自助来独自改变他们的生活条件①。伴随着贯穿于20世纪80年代和90年代的大规模脱离公共资助的扶贫项目的浪潮，美国的基金会和南半球发展组织推进"参与性"项目以在穷人中提升公民责任感。到了20世纪90年代后期，贫困文献开始记录私人资助的"公民社会"（civil society）倡议使穷人的运动专业化并拉拢这些运动的方法。② 在某些情况下，20世纪60年代和70年代运动的赋权理念被转化为中立的自助项目，这恰好避免了对阶级、结构不平等和帝国主义的抨击。最激进的批评莫过于詹姆斯·佩特拉在拉丁美洲杂志上所发表的研究报告。该报告认为，良性的自助

---

① 关于美国参与式扶贫计划兴起的研究，请参阅 Barbara Cruikshank. *The Will to Empower*: *Democratic Citizens and Other Subjects* (Ithaca, NY: Cornell University Press, 1999); Susan Brin Hyatt, "From Citizen to Volunteer: Neoliberal Governance and the Erasure of Poverty, in *The New Poverty Studies. The Ethnography of Power*, *Politics and Impoverished People in the United States*, ed. Jeff Maskovsky and Judith Goode (New York: NYU Press, 2001), 201 – 35. 关于国际发展背景，见 Bill Cook and Uma Kothari, eds. , *Participation*: *The New Tyranny?* (London: Zed Books, 2001)。

② Mary Ellen Boyle and Ira Silver, "Poverty Partnerships, and Privilege: Elite Institutions and Community Empowerment", *City and Community* 4 (2007): 233 – 53; Uma Kothari, "Authority and Expertise: The Professionalisation of International Development and the Ordering of Dissent", *Antipode* 37, no. 3 (2005): 425 – 46; James Petras, "NGOS: In the Service of Imperialism", *Service of Imperialism*, *Journal of Contemporary Asia* 29 (1999): 429 – 40.

项目，通过拉拢基层领导、促进与资本主义利益相关者的合作，反而破坏了社会运动①。

公民参与项目通常通过私人资助的具有多组织合作伙伴加以管理。私人基金会或发展机构会招募工作人员或在某些情况下授权非营利组织参与协调工作，以交付一组特定的结果，通常需要经过5—8年的时间。虽然在20世纪90年代一些合作伙伴关注于公民参与，但有些资助者呼吁非营利组织提供原本由政府提供的某些服务②。在其他情况下，基金会试图处理一些已经存在的区域性问题。在轮流地被定义为"伙伴关系"（partnerships）③、"综合社区倡议"（comprehensive community initiatives）④，或者"合作团体"（collaboratives）⑤之后，这些项目都要求非营利组织致力于抽象的"变革理论"（theories of change）研究，而且这些项目并不能在贫

---

① Petras, "NGOs: In the Service of Imperialism".

② 对于这一趋势的批判性评论，请参阅 Jennifer Wolch, *The Shadow State: Government and Voluntary Sector in Transition* (New York: Foundation Center, 1990); Andrea Smith, "Introduction: The Revolution Will Not Be Funded", in *The Revolution Will Not Be Funded ed. INCITE! Women of Color Against Violence* (Cambridge, MA: South End Press, 2007), 41 – 52。

③ 关于合作关系的文献回顾，请参阅 Wendy Larner and David Craig, "After Neoliberalism? Community Activism and Local Partnerships in Aotearoa New Zealand", *Antipode* 37 (2005): 403 – 24。

④ 关于综合社区倡议的讨论，请参阅 Larry Parachini and Andrew Mott, *Strengthening Community Voices in Policy Reform: Community-based Monitoring, Learning and Action Strategies for an Era of Devolution and Change: A Special Report Developed for the Annie E. Casey Foundation* (Washington, DC: Center for Community Change, 1997). 另见 Ira Silver, "Living Up to the Promise of Collaboration: Foundations and Community Organizations as Partners in the Revitalization of Poor Neighborhoods", *in Foundations for social Change: Critical Perspectives on Philanthropy and Popular Movements* (New York: Rowman and Littlefield, 2005)。

⑤ 在我的案例研究中，"合作"一词通常用于本章和下一章。

穷问题或者地区不平等问题上带来任何可观测到的有意义的变化①。仅在加利福尼亚州，休丽特基金会（Hewlett Foundation）和詹姆斯·欧文基金会（the James Irvine Foundation）就已经发表报告，描述他们对多伙伴计划的投资如何未能实现既定目标②。这些报告大部分通常涉及对更多计划、更多技术援助以及"改进型变革理论"（improved theories of change）的需要。

虽然有几份专业报告记录了"合作倡议"计划是如何失败的，但很少有研究着眼于合作性筹资结构的本质属性。在我的研究中，也就是这一章和下一章，我发现有关"合作倡议"的3个专业项目使得整个州的农业工人和移民受到影响。

第一，由基金会提倡的"公民参与"变革理论将人们的注意力从工人和产业转移到贫穷移民的公民责任上。然而，与今天许多流行的主要慈善与发展学说不同，我发现公民参与的条文并不

---

① 关于多伙伴基金会倡议失败的专业分析，请参阅安妮·E. 凯西基金会（Annie E. Casey Foundation）的报告，*The Path of Most Resistance*: *Reflections on Lessons Learned from New Futures*（1995）*and The Eye of the Storm*: *Ten Years on the Front Lines of New Futures*（undated）；两者都可以在 LISC 综合社区发展研究所的网站上找到（www. instituteccd. org）。

② 关于休利特基金会（Hewlett Foundation）倡议的报告，请参阅 *Prudence Brown and Leila Fester*, *Hard Lessons about Philanthropy Community Change from the Neighborhood Improve-ment Initiative*（Menlo Park, CA: HewlertFoundation, 2007）, http: //hewlett- prod. aces fconsulting. com/uploads/files/Hewlettniireport. pdf. 对于詹姆斯·欧文基金会（*James Irvine Foun-dation*）报告，见 Gary Walker, *Midcourse Corrections to a Major Initiative*: *A Report on the James Irvine Foundation see Gary Walker*, *Midcourse Corrections to a Major Initiative*: *A Report on the James Irvine Foundation's CORAL Experience*（Philadelphia, PA: Public/ Private Ventures and San Francisco, CA: James Irvine Foundation, 2007）, http: //irvine. org/assets/pdf/pubs/evaluation/Midcourse_Corrections. pdf. 关于基金会承认失败趋势的一般报告，请参阅 Stephanie Strom, "Foundations Find Benefits in Facing Up to Failures", *New York Times*, July 26, 2007（www. nytimes. com/2007/07/26/us/26 foundation. html）。

总是被接受，而且，"受赠者"并不总是被操纵或拉拢。正如本章开篇所述，基金会的项目官员也明白"公民参与"是一个不公平神话，用来说服"社区组织害羞"的董事会投资于农业工人和移民倡议组织。公民参与框架是战略上的协商决议，有时也提供特定的机会来发起新的组织活动。然而，上述公民参与框架仍然无法解决农业工人和移民长期遭受的结构性不平等待遇。

第二个限制组织议程的惯例是围绕资金组织活动的简单动态。一个合作性赠予合同坚持主张组织对资助者负责，而不对社区、组织成员或者选民负责。一些批判性学者将这一过程称为从向下问责制（基层）到向上问责任制（资助者和发展机构）的转变[①]。要想进入基金合作组织，小规模团体通常也需要参与"能力建设"的培训，这些培训会改变他们日常工作的性质。能力建设通常意味着培训员工在管理、评估、报告和财务管理方面的专业技能。正如我从移民参与合作计划（IPC）规模较小的合作组织了解到的那样，越来越专业化的管理需要用大量的时间和资源来克服从现场组织拿走。另外，持续性的逐利倾向会造成伙伴组织之间的不信任和相互竞争，并且会扼杀将会出现的联合行动的机会。

第三个专业化安排是基金会对合作伙伴的选择。这种选择不像在社会运动或者直接组织运动中形成的联盟，在联盟里大家共享身份，共商决议，或者由竞争对手定义伙伴关系；也不像一个具有明确的组织关系、成员关系、领导关系的联盟；慈善合作组织成员通常是由基金会的选择决定。通常，项目官员对组织策略、组织适应力以及之前的组织间的合作关系（或裂痕）缺乏了解。

[①] 关于与资助者和合同伙伴的关系如何改变受托责任结构的讨论，见 Petras "NGOS: In the Service of Imperialism"。

正如一个移民参与合作计划（IPC）成员向我描述的那样，项目官员是一个召开合作会议的"连线人"（matchmaker），就像相亲一样。合作者会像谈恋爱一样，暂时同意一起工作，因为他们在等待着其他合作者一起加入。而结果通常是一个不情愿的婚姻，它会随着对每个个人组织的资助承诺持续下去。

不像大部分的批判性文献那样，我认为这些专业化形式并不必然造成有关新自由主义改革的统一控制主题。正如下文所述，移民参与合作计划（IPC），合作伙伴有时会受到基金会的公民参与框架的约束，从而产生挫败感。有时，他们又巧妙地重新诠释了公民参与框架的意义，为整个地区的移民权力组织议程服务。最后，合作倡议虽然没有被统一的合作议程采纳，但它围绕着无害的概念性框架制定计划，以消除基金会理事对于社区组织的恐惧。除了政治性限制，合作会议涉及的时间和资源、报告结构、评估指标，以及犹豫不决的合作伙伴的决策，会调整成员的日常工作——使工作人员脱离自己的任务，倾向于临时性合作框架。其中一个工作人员很恰当地将这种两难境地称为"为合作性的野兽工作"（working for the collaborative beast）。

本章通过移民参与合作计划（IPC）探究公民参与"合作倡议"。从 1996 年到 2003 年，移民参与合作计划（IPC）每年获得超过 500 万美元的收入。在介绍移民参与合作计划（IPC）之前，我们要先简单回顾一下移民参与合作计划（IPC）的政治历史、经济历史和社会历史，这些历史因素汇集在一起可以更好地解释移民公民参与的语境环境。然后，我将会介绍移民参与合作计划（IPC），并揭示参与者如何被接受、被拒绝或协商决定公民参与框架。通过移民参与合作计划（IPC）的小额捐赠和文化项目，揭示招募资金或者向上问责制所具有的重要的限制性因素。

从工人权利到公民参与：
社会资本和新隐形工人

福利国家的萎缩、慈善和非营利组织的扩张，以及农业对无证低工资劳动力越来越多的依赖，为基金会提供了一个机会：脱离原来的资助农业工人议题，转向定义更宽的移民公民参与议程。本部分将简单描述以上会聚的力量，这些会聚力量宣告 1996 年移民参与合作计划（IPC）机构成立，同时也为山谷地区农业工人和移民组织提供了更广泛的发展空间。

20 世纪 70 年代至 90 年代中期，数次政治经济转变为美国非营利组织和慈善部门的扩张铺设了道路。罗纳德·里根（Ronald Reagan）政府的"滴入式经济学"（trickle-down economics）和反政府政策给高税收等级带来了重大"突破"，并开始了长达 30 年的改革历程：公共部门萎缩、工资增长停滞、低收入岗位增加、贫困加深、社会不平等问题加剧[1]。随着保守党派对公共税收抨击的加强和对贫困宣战的伟大社会计划的提出，不再把对贫困者的大规模保护视为公共利益的思想逐渐成为主流意识形态[2]。在罗纳

---

[1] Robert Reich, *Supercapitalism: The Transformation Business, Democracy, and Everyday Life* (New York: ViIntage, 2007); Robert Reich, "Why the Rich are Getting Richer, and the Poor, Poorer", in *The Way Class Works: Reading on School, Family, and the Economy*, ed. Lois Weis (New York: Routledge, 2007).

[2] Ruth Wilson Gilmore, "In the Shadow of the Shadow State, in The Revolution Will Not Be Funded, ed. INCITE! *Women of Color Against Violence* (Cambridge, MA: South End Press, 2007), 41 – 52. Also see Dylan Rodriguez", The Political Logic of the Non-Profit Industrial Complex", in *the same volume*, 22 – 40.

德·里根（Ronald Reagan）1976年竞选活动中讲述的有关家庭依赖福利的贬损故事之后，一波新的政治话语将贫困污名化（当把贫困与"战争""毒品"联系在一起时，甚至对其进行犯罪化处理），这种情形在有色人种地区更为明显①。依靠国家、"福利女王""贫困皮条客""非法移民"，这些言论不仅与深度的政府瘦身完全一致，而且阻碍了人们参与政府组织的公共活动。对"权利"的额外攻击和对穷人责任的强调，使个人责任和工作机会调节法案（福利改革法案）在1996年获得通过，这前所未有地鼓舞了慈善基金投资于非营利组织，而且，一旦服务由州政府提供，这些慈善组织将不会从事于服务提供工作。

随着美国经济分化迅速扩大，慈善部门的财富也迅速扩张②。贯穿于20世纪80年代和90年代慈善和非营利部门的扩张和专业化以及同时发生的对福利国家的攻击，标志了从20世纪60年代基

---

① 关于穷人如何被视为懒惰、不道德或其他不值得公众支持的历史，一个有用的参考是 Michel Katz, *The Underserving Poor*: *America's Enduring Confrontation with Poverty* (Oxford: Oxford University Press, 2013) ——见第4章", Interpretations of Poverty in the Conservative Ascendance", 同样参见 Nancy Fraser and Linda Gordon, "A Genealogy of 'Dependency' Tracing a Key word of the US Welfare State", *Signs* 19 (1994): 309-36。

② 关于21世纪前10年非营利组织发展的统计数据摘要，见 Peter Kim and Jeffrey Bradach, "Why More Nonprofits are Getting Bigger", *Stanford Social Innovation Review*, spring 2012, www.ssireview.org/articles/entry/why_more_nonprofits-are-getting-bigger; Lester M. Salamon, ed., *The State of nonprofit America*, and ed. (Washington, DC: Brookings Institution Press, 2012); Amy S. Blackwood, Katie L. Roeger, and Sarah L Pettijohn, *The Nonprofit Sector in Brief*: *Public charities Giving and Volunteering*, 2012 (Washington, DCUrban Institute2012), www.urban.org/UploadedPDF/412674-The-Nonprofit-sector-in-Brief.pdf; Chuck Mclean and Carol Brouwer, "The Eftect of the Economy on the Nonprofit Sector: An October 2012 Survey", *Guidestar*, 2012 (www.guidestar.org/viewcmsfile.aspx?ContentID=4781). 关于基金会捐赠和贫困的数据，请参阅基金会中心报告 *Focus on Poverty* (2007), http://foundationcentet.org/focus/gpf/poverty/。

金支持新兴社会运动组织的方法的重要远离。在美国,主要的学者们开始讨论"影子国家"(shadow state)。"影子国家"(shadow state)由私人资助的非营利组织和经过专业培训的志愿者组织组成,他们专门负责协调提供之前保证的公共服务①。在债务重组和自由市场改革的全球背景下,主要的发展学者同样观察到快速的"非政府组织化"(NGO-ization)浪潮,因为,私人资助的"公民社会"组织被组建或设立,正是为了填补南半球国家政府机构缩减所带来的鸿沟②。随着公共安全网从贫困的工薪家庭撤出,基金会在贫困地区整合了大量的服务提供和城市改造方案。

尽管加利福尼亚州(California)慈善活动增加,大部分拨款被提供给了南加州(Southern California)或者旧金山湾区(the San Francisco Bay Area)③。但是,前一章介绍过的罗森伯格基金会(Rosenberg Foundation)为一系列大规模农业工人和移民倡议铺平了道路,这些倡议由20世纪80年代晚期至今最主要的基金会发起。早在1978年,罗森伯格基金会提请人们注意一类新的"隐形工人"(invisible worker),正如其在一份年终报告中所阐述的那样:

---

① 见 INCITE! *The Revolution Will Not Be Funded*。
② 关于全球社会运动和发展背景下的"非政府组织"研究,见 Aziz Choudry and Dip Kapoor, eds., *NGO-ization: Complicity, Contradictions and Prospects* (London: Zed Books, 2013)。
③ 关于加利福尼亚州慈善趋势的综合研究,见 James M. Ferris and Elizabeth Graddy, *Philanthropic Activity in California's Central Valley* (San Francisco, CA: James Irvine Foundation, August 2004); James M. Ferris and Martha K. Sharp, *California Foundations: Trends Patterns* (Los Angeles, CA: USC Center on Philanthropy and Public Policy, 2002), http://cppp.usc.edu/media-resources california-foundations/。

新的移民农业工人，即"无身份证明"的墨西哥人，他们跨越边境来到加州，日益成为加州农场劳动力的主要来源。但是，他们和《愤怒的葡萄》（*The Grapes of Wrath*）里的人以及出生于20世纪60年代的墨西哥人是不一样的。这些新的移民工人是不被政府承认或官方认可的。包括政府官员、种植大户、农场主联盟在内的所有人，甚至移民都在"假装"新的移民工人是不存在的，而这样做的目标是保护自己的利益不受损害。因为如果他们不存在，就不会给社会带来疑难，这似乎成为移民工人以外的每一个公民的"责任"①。

罗森伯格基金会（Rosenberg Foundation）的报告显示，1978年未经许可却被接纳的移民给加州带来的农业劳动力比布拉塞罗计划（Bracero program）还要多。随着非法移民的增加，农场的劳工虐待也在增加，包括工人住房的减少、农场主的虐待、在发薪日之前将工人驱逐出去以及不提供避暑区域、食用水、休息区域。从1978年到1986年，在柯克·威尔逊（Kirke Wilson）的带领下，罗森伯格基金会（Rosenberg Foundation）增加了对中央山谷移民项目的资助。到1982年，包括菲尔德基金会（Field Foundation）和新世界基金会（the New World Foundation）在内的许多基金会联合罗森伯格基金会（Rosenberg Foundation），支持公民委员会的移民政策改革，该委员会是一个试图建立新的移民政策改革平台的联合组织。在整个20世纪80年代，福特（Ford）基金会和罗森伯格基金会（Rosenberg Foundation）将他们的优先资助对象从地区性的

---

① 罗森伯格基金会（Rosenberg foundation），1978年年度报告（San Francisco, CA: Rosenberg foundation, 1978），www.cybergrants.com/rosenberg/reports/1978.pdf。

农业工人项目转变为全国性组织，比如农业工人正义基金（Farmworker Juetice Fund），该基金会致力于推进移民改革和监督联邦农业劳动力项目①。

1986 年，罗纳德·里根（Ronald Reagan）总统签署了移民政策改革和控制法案［the Immigration Reform and Control ACT（IRCA）］。移民政策改革和控制法案（IRCA）包括数个建议，包括对那些未经许可而进入美国的人的"特赦"和"入籍通道"计划；这些建议由移民倡导联盟和作为里根总统政治基础的企业主提出，而企业主依赖于低工资、无工会组织的季节性工人。该法案还对雇用非法工人的种植者，并为监控美墨边境提供新的资源。在移民政策改革和控制法案（IRCA）通过之后，柯克·威尔逊（Kirke Wilson）发起了一项全面的公民参与计划以资助中央山谷的非营利组织，为在移民政策改革和控制法案（IRCA）计划下获得公民身份的移民提供法律、教育和移民服务。这项计划使大量移民入籍，并在全州范围内提供免费服务。罗森伯格基金会的资金间接帮助组织了一项针对 187 提案（Propositon 187）的组织活动——1994 年加州投票倡议，又被称为"拯救我们的州"（Save Our State），它提议加强对非法移民的报告和筛选，以限制向其提供公共服务。第 187 号提案通过了，但随后在宪法层面受到挑战，因为它限制了许多更为严厉的移民限制措施。

这些投入（与以社区为基础的移民倡导组织的工作一起）标志着资助优先权从农业劳动力向专业化的移民和市民服务以及移

---

① 补助金额数据是从美国农业工人联合档案馆收集的，韦恩州立大学（Wayne State University），沃特·P. 鲁瑟图书馆（Walter P. Reuther Library），美国农业工人档案馆（United Farm Workers）行政档案，UFW 信息和研究部文件夹。

民权利的根本性转变。虽然移民改革确实为许多人提供了合法机会，同时也增强了移民流动性，但它并没有改善农业工人的生活与工作条件，也没有改善整个山谷地带的贫困状况。事实上，在20世纪80年代和90年代，加州农业都在积极招募低薪的移民劳工，并且招募力度呈现出逐渐增强的趋势，这造成了新的贫困状态①。迁往美国的墨西哥移民也被墨西哥农村地区的新型贫困所驱赶，这些贫困是20世纪90年代新自由主义市场改革所造成的。在与美国和加拿大就《北美自由贸易协定（NAFTA）》进行的交涉中，墨西哥总统卡洛斯·萨利纳斯·德·高特里（Carlos Salinas de Gotari）侵犯了合作农场（ejidos）的权利，赠予地由在墨西哥革命中获胜而幸存的农民持有。《北美自由贸易协定》于1994年实施以来，来自美国的廉价进口产品和有税收补贴的农产品冲击了已经私有化的墨西哥农产品市场。墨西哥的自给自足农民为了生存不断挣扎，加速向北迁移②。

在2000年出版的一项有关农业工人、移民、福利与贫困之间的关系的研究成果中，艾华德·泰勒（Edward Taylor）和菲利普·马丁（Philip Martin）揭示了通过工会化和20世纪70年代的工资增长而带来的小收益。

> 如果20世纪80年代和90年代出现反转，来自墨西哥的

---

① J. Edward Taylor and Philip L. Martin, "The New Rural Poverty: Central Valley Evolving into Patchwork of Poverty and Prosperity", *California Agricultural* 44 (2000): 26–32.

② 关于墨西哥移民到美国的"推动"和"拉动"因素以及移民日常经验的深入研究，请参阅 Judith Adler Hellman, *The World of Mexican Migrants: The Rock and the Hand Place* (New York: New Press, 2008).

低技能劳动力的灵活（反应高度灵敏）供给和农业劳动力承包商的扩散，创造了过剩的劳动条件。如今，加利福尼亚州的农业工人不仅面临着实际收入的下滑，还面临着住房和其他许多人曾经享受过的福利的匮乏。对这些工人来说，扣除住房成本后的实际税后收入在过去20年间大幅下降。贫穷的工人及其家人没有住在他们工作的农场，而是挤进了一个郊区小镇，这又造成了新的集中性贫困。

在一个周期性潮流中，当大型农场的工作机会吸引新移民进入中央山谷城镇时，农场主扩大劳动密集型农产品的生产，如水果、坚果和蔬菜，从而创造了额外的季节性农场低薪工作机会，并且吸引了更多的移民工人。加利福尼亚州（California）的农业劳动力市场呈现出三角形结构，即在底部存在大量的季节性低薪工作，而在顶部的农业服务和农业管理的职位则少之又少。在20世纪80年代到90年代，这种三角形结构的底部又在扩展，随之而来的是流动性的降低、服务的减少、环境的不合格、农药中毒现象的增多，以及快速增加的非法移民劳工待遇的降低。墨西哥瓦哈卡州的土著居民在这段时间内开始迁往中央山谷的农场，这进一步加剧了不平等，因为他们在种族和道德方面都遭受到了歧视[1]。

移民贫困的新情况被隐藏了起来，种植者和工人都试图在移民与归化服务局（the Immigration and Naturalization Service）的视野之外工作，该局在20世纪90年代政治性反移民风潮中增加了监控和驱逐行动。为了消除对移民不断增长的不满和敌意，基于社区的

---

[1] Seth Holmes, Fresh Fruit, *Broken Bodies: Meant Farmworker in the United States* (Berkeley: University of California Press, 2013).

移民倡导团体开始与劳工和教会组织结成新的联盟。在早期的农业工人运动中，包括爱色多·麦地那（Fliseo Medina）和小弗雷德·罗斯（Fred Ross Jr）在内的领导人在建立这些新的联盟中发挥重要作用①。在此背景下，对支持移民工作感兴趣的基金会员工开始形成他们自己的"安全"变革理论。例如，移民和难民资助委员会（GCIR）成立于1990年，旨在教育基金会员工如何以董事会赞成的方式塑造移民项目，而董事会通常是保守的或传统上是反移民的。移民和难民资助委员会（GCIR）的主要目标之一是关注那些勤奋努力的移民，正是这些移民使美国成为一个机会遍布之地：一个以自力更生、自由和民主闻名的国家②。移民和难民资助委员会（GCIR）提出了一个框架，用来说明对移民社区的投资对当地经济以及美国社会文化的组织架构至关重要。移民和难民资助委员会（GCIR）并没有列举出框架中各种各样的条件、主题，以及移民权力，而是提出，面对不断增长的移民趋势，基金会能够通过集中的方式致力于建造紧密联合的社区，其中也包括"公民参与"这一重点议题。

在2001年9月11日世界贸易中心和五角大楼遭受恐怖袭击之后，在同化主义框架内伪装移民权力变得越来越重要。对越境恐怖分子的普遍恐惧加剧了对中央山谷等地移民的局部歧视，并使美国国会在2001年年末迅速通过了《爱国者法案》（*the Patriot*

---

① 关于农业工人运动与20世纪90年代和21世纪中期移民权利运动之间关系的详细历史，请参见 Randy Shaw, *Beyond the Fields: Cerar Chavez, the UFW, and the Struggle for Justice in the 21st Century* (Berkeley: University of California Press, 2008)。

② Daranee Petsod, ed., *Investing in Our Communities: Strategie for Imigrant Intergration-A Toolkit for Grammakers* (Sebastapol, CA: Grantmakers Concerned with Immigrants and Refugees, 2007), www.gcir.org/publications/toolkit.

Act）以增加安全防卫措施。《爱国者法案》（the Patriot Act）的规定包括巩固边境安全、扩大警察在未经许可的情况下搜查个人和商业机构的权利、增加联邦执法部门获取金融和商业记录的机会以及无限期拘留移民的权利。

《爱国者法案》（the Patriot Act）的许多条款在2005年就应该被废止，但是共和党支持的杉司勃伦纳移民法案（Sensenbrenner bill）——HR4437，却要求恢复更多的反移民政策，进一步限制对非法移民的支持。在HR4437法案下，任何非法移民以及帮助过他们的人都被归类为重罪犯。2006年，美国众议院通过了HR4437法案。在此期间，移民倡导组织、劳工和教会组织和许多其他民间社会组织之间的联盟不断壮大，在全国范围内引发了数百万人的游行。尽管HR4437法案在参议院没有获得通过，但该法案促进了一项移民权力运动，该运动至今仍在积极运行。比如《梦想法案》（DREAM Act）运动，它由一群没有被认可的大学生"梦想家"发起，以寻求永久居留权、大学学费福利以及其他权力和特权为宗旨。早期的移民权力运动与移民参与合作计划（IPC）的工作交织在一起，主要的项目官员也倡导在慈善主义的影响下资助移民权利运动。

超越移民参与合作计划（IPC）的时间表，福特基金会（Ford Foundation）、开放社会基金会（Open Society Foundations）、大西洋慈善基金（Atlantic Philanthropies）、纽约卡内基协会（Carngie Corporation of New York）共同出资超过3亿美元，用于为争取移民权利和进行将非法移民获得公民权的路径包含在内的立法改革而斗争。所资助的团体包括主要的全国性组织，包括拉美裔全国委员会（National Council of La Raza）、美籍墨西哥法律辩护和教育基金会（Mexican American Legal Defense and Education Fund）、国家移民法律中心（National Immigration Law Center），以及社区改革中心（Center for Community Change）。尽管上述组织的基金仍被用于帮助移民登记注册，从而在奥巴马总统授权的最新的驱逐延期执行中获得相关服务，但是，当更全面的移民改革法案在政治上没有达成一致意见时，大部分的基金会缩减了他们对移民组织的资助规模①。

在新型移民权力运动的背景下，基金会项目官员在将新移民语言转换为可资助项目以解决加州各地的农业工人问题和移民贫困问题方面发挥了核心作用。沿着批判发展派学者迈克尔·高曼（Michael Goldman）②的思路，我所采访的基金会员工与移民参与合作计划（IPC）以及加州的其他移民项目的员工进行了交流，他们一致认为，资助者所倡导的"神话和小说"（myths and fistjons）往往与那些致力于实地体验的倡议非常不同。在这种背景下，相对于解决农场劳工制度的弊端、不平等的机会结构、移民社区的管理增加、在新经济市场改革下削弱的劳工力量以及移民权力等方面，"移民参与市民生活"（Immigrants engaging in civic life）享有优先特权。

在塑造移民公共参与"变革理论"时，大多数情况下被项目官员参考的思想来自风靡全球的"社会资本"研究。世界银行③所雇佣的社会学家将经济学视为"嵌入在社会关系网络中的共同塑

---

① Julie Preston, "The Big Funders behind the Push for an Immigration Overhaul", *New York Times*, *November* 14, 2014.

② Michael Goldman, *Imperial Nature* (New Haven, CT: Yale University Press, 2005).

③ Michael Woolcock, "Social Capital and Economic Development: Toward a Theoretical Synthesis and Policy Framework", *Theory and Society* 27 (1998): 151–208.

造社会结构的理论"①。社会资本项目重点关注的是贫穷社区中脆弱或不信任的人际关系,而不是通过资本主义发展对社会和机构进行重组,社会资本项目呼吁资助者反对建立具有超强垄断力的组织②。将社会资本和"信任"列为经济发展和社会进步的黏合剂,掩盖了全球资本主义竞争在破坏现有社会联系和导致贫困方面的作用。生产性社会组织也局限于一体化或灵活性策略,在这种情况下,对权力结构的抵制行为被认为是适得其反的③。

在美国的环境中,罗伯特·普特南(Robert Putnam)在基金会的圈子里非常受追捧。根据普特南(Putnam)对意大利政府的研究,他声称社会信任度、互惠关系和公民协会的成员资格对高效的政府和经济至关重要④。在他最畅销的书《独自打保龄球》(*Bowling Alone*)⑤中,他对保龄球俱乐部会员和俱乐部业主协会的减少感到遗憾,他认为20世纪60年代的激进主义将个人权力凌驾于社区关系之上。为了呼吁相互支持合作和建立超越冲突的相互信任,普特南和他在哈佛大学的社会资本研究团队提倡了一系列的"公民更新"和"公民参与"慈善计划。

我采访的一位项目官员戴安娜·克兰西(Diane Clancey)声称:

---

① Mark Granovetter, "Economic Action and Social Structure: The Problem of Embeddedness", *American Journal of Sociology* 91 (1985): 481–510.

② Heloise Weber, "The Imposition of a Global Development Architecture: The Example of Microcredit", *Review of International Studies* 28 (2002): 537–55.

③ 关于这一时期普及的社会资本"信任"理论的一个例子,见Francis Fukiyama, *Trust: The Social Virtues and the Creation of Prosperity* (Washington, DC: Free Press, 1995).

④ Robert Putnam, "The Prosperous Community: Social Capital and Public Life", *The American Prospect* 13 (*spring* 1993): 35–42.

⑤ Robert Putnam, *Bowling Alone: the Collapse and Revival of American Community* (New York: Simon and Schuster, 2000).

"融合与关系构建模式成为资助移民和难民工作取得成功的线路图。"她解释道,在创建一个新的基金会资助的移民区时,她最初发现,在她过去作为一名维权人士所熟悉的工人权力框架之外寻找共同语言是非常困难的。最终,她选中杰弗里·帕瑟尔(Jeffrey Passel)和迈克尔·费克思(Michael Fix)等作者撰写的《城市研究报告》(Urban Institute reports)为模板,帮助她以"美国方式"① 构建一个项目。她告诉我,"来到美国的移民最勤奋、努力工作、敢于冒险、拥有梦想。他们不是懒惰的未来福利接受者。所以,我用董事会成员最珍视的价值观来描述事情:家庭观念、勤奋努力、互相帮助、自我帮助。因此,我们的项目受到各类美国公民的支持和许可"。

在克兰西(Clancey)项目的框架下,自助和民主公民美德相互结合。接下来,我想和她的董事会进行交谈。为了与其他接受采访的项目官员保持一致,她回答说,"我绝不会试图向我的董事会提出一项通过直接行动挑战经济不平等的提案,比如组织机构、劳工和福利权利,或者让商业或主要产业(如农业)承担责任。众所周知,这样的提案使许多项目官员失去了工作"。尽管并不总是有着相同的意图,项目官员新的计划框架掩盖了结构性不平等的事实,并复活了持久性自助的"引导式资本主义"(bootstrap capitalism)方法以减少贫困,而这种方法是由安德鲁·卡内基(Andrew Carnegie)于1889年提出来的。在故事的结尾,约翰·西布利(John Sibley)还是失去了他的工作,不过这是他在移民参与合作计划(IPC)工作了8年之后。

---

① 杰弗里·帕瑟尔(Jeffrey Passel)和迈克尔·菲克斯(Michael Fix)关于移民和移民的城市研究所(Urban Institute)出版物的完整列表,请访问www.urban.org/expert.cfm? ID = JefreySPassel。

从替罪羊到关系建构者：
为移民参与合作计划提供资助

通过对空前高涨的房地产、网络和金融领域的投资，加州基金会（California foundation）的资产在 1990 年到 2000 年几乎翻了一倍①。在此期间，中央山谷地区是少数几个贫困率上升的地区之一。除了农业的发展趋势外，旧金山海湾区（San Francisco Bay Area）和洛杉矶（Los Angeles）的迅速发展也遏制了山谷社区的发展。日常的值班人员和被解雇的低工资工人离开了比较富裕地区，因为山谷内高速公路沿线的贫穷城镇经历了租金的飞速上涨。如今，中央山谷地区包含了数个美国最贫穷的地区，并且相对于美国其他地区而言，中央山谷有更多的家庭生活在联邦设置的贫困线水平之下②。

---

① 费里斯（Ferris）和夏普（Sharp），加利福尼亚州基金会。
② Alan Berube, *The Enduring Challenge of Concentrated Poverty America: Case Studies from across the U.S.* (Washington, DC: Brookings Institution, 2008), www.brookings. edu/-/media/Files/rc/reports/2008/1024-concentrated-poverty/1024 _ concentrated _ Poverty. pdf; US Census Bureau, "Small Area Income and Poverty Estimates, 2010 Estimates State and County Maps, State and County Maps, Data Tables Highights", www. census. gov/did/www/saipe/, 2011 年 8 月访问。
　　虽然超出了 IPC 的时间范围，但当前的金融危机和干旱为那些努力维持利润的农民和努力生存的农业劳动社区造成了极大的恐慌。一个崭新的农民和工人联盟正在组织新的客籍工人计划，并抗议环境保护主义者和立法者制定的节水政策。United Farm Workers, "UFW Foundation, Community Leaders Join National Immigration Reform Effort" (press release, Keene, CA, June I, 2009); Donald Munro, From the Arts to Activism, Esperanza and Luz' Tells a Tale of Hope for Mexican Farmworkers", Fresno Bee, April 17, 2009, 8.

满足将在基金会捐赠中获得的巨额意外之财"花光"的要求的最流行的策略之一，就是采用"合作倡议"（collaborative initiative）的方式。作为加州历史上资金最匮乏的地区，中央山谷地区以大规模倡议的形式获得了前所未有的资金支持[1]。据另一位金尼基金会（Kinney Foundation）项目官员玛莎·柯林斯（Marsha Collins）所说，新方法出现在20世纪90年代晚期的战略规划过程中。经过这个过程，基金会决定终止对个人直接采取行动的组织机构的资助，转而投资于基础广泛的公民合作组织，这类组织可以为社区提供综合支持系统，以应对公共资源的减少。基金会（Kinney Foundation）还建议合作应该产生更大的影响，其中组织被要求一起工作。这种合作方式部分受到了当时的社会资本文献[2]的启发，并通过旨在缓解1992年洛杉矶"骚乱"所带来的紧张局面的公民参与项目而被初次检验。[3]

在此背景下，约翰·西布利（John Sibley）可以将中央山谷移民合作计划推销给他的董事会，方式是将注意力转向基金会以前没有资助过的贫困地区，以及在1986年移民政策改革和控制法案（IRCA）通过之后以合作方式提供公民服务的社会组织。但是，制定和批准这一决议的过程远非易事。按照西布利（Sibley）和接受采访的其他基金会的12名员工的说法，像西布利（Sibley）这样的项目管理人员在试图与有意给他们留下深刻印象的潜在受资助

---

[1] Great Valley Center, *Indicators Report: Economy and Quality of Life*, *Bencbmark Statistical 'Indicators' of Great Central Valley's Social*, *Economic*, *Environmental Conditions* (Modesto, CA: Great Valley Center, July 1999); Ferris and Graddy, Philanthropic Activity.

[2] Putnam, *Bowling Alone*.

[3] 为保护受访基金会员工的身份这些报告未被引用。

者合作时不可避免地会面临挑战。一位项目官员这样说："当我进入基金会工作时，我的智商立刻提高了。人们似乎总是突然间同意我的观点。这种感觉很好，我认为我确实提出了一些不错的想法。当我意识到事情的本来面目时，我变得十分沮丧，因为当我离开时我需要一个来自同事的客观的反馈，但他们并不想告诉我。"也有几个组织对与西布利（Sibley）共事感到兴奋，但这主要是针对他的想法，因为他的想法很快就会被感兴趣的受资助者证实，这样就形成了这个倡议。

因为西布利（Sibley）在与受资助者社区的关系中拥有着不受约束的决策权（尽管他渴望合作伙伴对倡议拥有所有权），西布利（Sibley）在基金会中拥有完全不同的权利地位。需求资助的人们希望与他增进关系，并向他推销，与此同时，西布利（Sibley）与执行人员和董事会的关系受到了打击。从董事们的关键决策中去掉了几个关键步骤，项目负责人必须找到方法说服那些做决定的人：董事会。在董事会中，通常有一两个决策成员扮演首席财务官或董事会主席的角色。根据对西布利（Sibley）和别的项目官员的采访，通常情况下和在金尼基金会（Kinney Foundation）案例中，这些决策者在工商界以及与产业之间拥有最多的联系——从银行和金融系统、主要媒体网络，再到更广泛的慈善团体，都保持着长期联系。

比董事会权力稍小的是基金会主席或者首席执行官。基金会主席的工作是把握董事会的脉搏，确保提请注意的所有提案都符合他们可以接受的条款。基金会主席是守门人，承担着永远不让董事会成员因项目人员提出的特别激进或有问题的想法而"下车"的责任。在基金会主席和项目员工之间的职位是副主席。副主席将项目人员的想法和计划尽可能提前告知主席，以便主席能迅速在董事会和副主席之间建立联系。副主席之下是项目干事，他可能不止一次地会见董事会，具体取决于基金会的规定。与受资助者有关的项目官员高涨的热情逐渐消退，因为他们的工作与基金会的决策过程相对隔离。

当他们试图设计资助计划以解决社会经济不平等问题时，他们发现，这既需要与保守的董事会产生共鸣，又要满足社区团体的期望和要求，许多项目官员对此感到非常焦虑。以下是根据我采访的一位加州项目官员的回答整理而得：

> 我个人的信仰与董事会的信仰截然不同，我总是需要阅读所有层次的人，以找出重构事物的方法。这就像走钢丝一样，时常走错路，跌入地雷里。在我生命中，只有此时我不得不把自己一分为二——我自己的与基金会的信条。我需要对双方都进行了解，清楚我的立场，并在两者夹缝间工作。我实在理解不了基金会里经常发生的一些事情。这是一个独特的视角和环境，让我发现我的价值观正面临着挑战。这种情形始终环绕着我，使我筋疲力尽，我甚至意识不到接下来会发生什么。因为那只存在于我的潜意识里。

被多个寻求资助移民和农业工人辩护者组织推销，与他的副主席一起以一种董事会可接受的方式设计计划，西布利（Sibley）建议基金会支持中央山谷的一项试验性移民公民参与倡议。经过精心设计和与我刚才所说的领导团队的反复协商，资助获得了批准。这是一个正确的时机，对捐赠的产出性要求在不断增加，新的社会资本思想也将呼之欲出。董事会批准了（由基金会主席命名的）移民参与合作（the Immigrant Participation Collaborative）计划。

根据西布利（Sibley）的说法，在新的金尼基金会（Kinney Foundation）战略规划将少数几个地区性合作计划付诸实施之后，他们再也没有资助"像第三世界组织中心（the Center for Third Word Organizing）那样的个体性垃圾机构"。按照西布利（Sibley）的说法，他向 IPC 的"推销"是成功的，因为它更多的是关注公民学习与社会融合，而不是"垃圾"组织或者有关直接行动的组织。在里根时代反社区组织遗产（anti-community-organizing legacy）、复活的福利改革自助思想的背景下，在反对反移民的 187 提案的组织的余波中①，西布利（Sibley）从让移民参加公民社会的角度而不是将移民和农业工人组织起来的角度进行阐述，是十分重要的。西布利（Sibley）解释道，基金会领导和董事会乐意读到新的问题报告就像这样：

在这样一个多样化的地方，前进的方向是建立多元化民主——董事会就像这样买东西——在建设社区的同时建设民主。这是我说话的方式，但我也对此深信不疑。你可以选择探讨直接行动组织，也可以选择探讨解决问题的方式。关键是不要用你为董事会做贡献的方式来框定一些事情。CEO 表态，永远不会让董事会探讨决定任何具体问题，一旦董事会与项目官员意见不合，项目官员就会被迫离职。

无论他的董事会是否赞成，西布利（Sibley）与此保持一致，

---

① 在前一章中有更详细的讨论。

但是，基于他在中央山谷小镇伍德维尔（Woodville）参观农业劳工营地时所看到的情况，他也相信新方法是可行的。在西布利（Sibley）的建议下，一些寻求资助的组织的领导者设计了一次旅行以使他了解他们在谷地中的工作。在伍德维尔，他发现了一个活动中心——农业工人的孩子和家长一起参加娱乐项目，男人和女人休息一天来学习公民课程，委员会计划为零散的移民社区建立公共基础设施，组织领导者要与当地政府官员协商一起处理营地里的农药中毒事件（有趣的是，柯克·威尔逊（Kirke Wilson）和下一章将要提到的西方基金会（the Western Foundation）的一个项目官员都把他们的董事会带到这同一个移民营地，两者相隔了8年）。当西布利（Sibley）塑造他对移民参与合作计划（IPC）的愿景时，他就一直青睐伍德维尔移民中心的做法。

　　西布利（Sibley）呼吁农业工人运动中的"互助"哲学，他指出，"只有移民自己才能改善移民社区的生活条件——关系构建、教育和共同行动是实现持久变革的关键"。移民参与合作计划（IPC）解决农业工人和其他移民面临的长期问题的方式，被进一步描述为"建立一个广泛的、强大的、多样化的关系网络以促进公民问题解决和移民参与公共生活"。移民参与合作计划（IPC）的合作伙伴（包括在早期农业工人运动中建立的组织、社会服务组织，以及诞生于反贫困战争时期的法律援助中心）最初是响应基金会工作人员的号召而加入，并被要求突出强调移民参与可以改善山谷地区的贫困现状以及学会如何帮助别人。他们不需要对问题进行分析，也不需要把握山谷地区政治、社会和经济之间的关系。公民参与、相互学习、关系构建才是那些合作伙伴的工作目标。移民参与合作计划（IPC）的合作伙伴被鼓励进行自我管理，并且为赢得基金会的支持而安排一系列的项目和活动。

1996 年，在合作愿景被两个受邀组织讨论且其"变革理论"在基金会受到赞许之后，IPC 正式启动。除了自己的变革理论之外，西布利（Sibley）还将移民参与合作计划（IPC）的工作方法解释为在金尼基金会（Kinney Foundation）的柯克·威尔逊（Kirke Wilson）发起的工作的基础上建设。西布利（Sibley）说服罗森伯格基金会（Rosenberg Foundation）每年在移民参与合作计划（IPC）的项目上投资 300 多万美元。从 1996 年到 2002 年，移民参与合作计划（IPC）的合作伙伴从 4 个增加到 21 个，其中包括社区组织、法律援助组织、人口教育组织、社会服务组织、宗教慈善机构和非营利应用型研究机构——有的组织曾在农业工人运动时期协同工作，有的没有合作过也没有预期要共同工作。在移民参与合作计划（IPC）的框架下，合作伙伴共同设计了新的项目（如领导能力培训、再授权项目、青年组织和文化节），并发起了针对各种问题的组织审查运动，包括对美国人口普查中漏查的人口数量进行统计、审查参议院 245 法案（the Senate Bill 245i），该法案提议为没有登记的居民提供合法的组建家庭的权利。从 1996 年到 2002 年，移民参与合作计划（IPC）每年收到超过 100 万美元的团体捐款以及私人合同和项目支持。本章的剩余部分将讨论移民参与合作计划（IPC）的合作组织如何受到限制，同时也会介绍移民参与合作计划（IPC）如何发挥慈善合作倡议的优势。

不坚守的思想：商议公民参与框架

不是草根非营利部门被新自由主义议程所拉拢，而是如同目前在主要的慈善与发展文献中经常报告的,我发现移民参与合作计划(IPC)的合作伙伴并没有自然而然地采纳基金会所倡导的框架。相反,我发现,公民参与在通常相互矛盾的多个框架内被阐述、接受和重新表述。有时,公民参与计划会对农业工人和移民的贫困问题进行模糊化处理;有时,它会分裂而不是联合合作伙伴;有时,它提供了在该地区组织活动的新机会。

"移民公民参与"框架所呈现的限制性规定,部分归因于西布利(Sibley)遭受的政治性约束,他有责任在不同的情况下以不同的方式代表移民参与合作计划(IPC)。对于所有听众,他建议,解决农业工人和其他山谷移民面临的长期问题的办法是:在领导人、组织、社区和盟友之间建立一个多元化的关系网络,以促进移民和农业工人推动问题的解决和参与公共生活。在西布利(Sibley)与山谷的移民参与合作计划(IPC)合作伙伴以及联盟成员进行交谈时,他扩展了"参与计划"的目标,以应对农业劳动体系的结构性问题,以及减轻对无登记移民的日益严重的迫害。在与金尼基金会(Kinney Foundation)的领导或慈善网络负责人进行交谈时,他只谈到了"参与"和"信任关系"的内在能力以改善社会和经济生活。例如,移民参与合作计划(IPC)的基金会的年度报告中屡次提到了文化交流节,但是,一个由合作组织建立的新移民权力联盟并没有出现在移民参与合作计划(IPC)当中。本章开头的花絮,其中大多数合伙人认识到没有任何基金会会公开支持真正的组织工作,在讲述在基金圈内仍然广受欢迎的"公民参与"语言体系所面临的大规模困境。

因此,在内部,移民参与合作计划(IPC)的目标是建立社会资本来对抗资本主义所造成的不平等[与皮埃尔·布尔迪厄(Pierre Bourdieu）的社会资本原始理论保持一致]①。然而，在公开场合，移民参与合作计划（IPC）的目标却被转变为要在当前的系统中促进主流融合和社会流动性——这为我们提供了一个信息，即有一部分人并非完全拒绝移民参与合作计划（IPC）的理念，而是认为其含糊其辞或不完整。移民参与合作计划（IPC）的很多合作伙伴都尊重项目官员对于不平等问题的口头承诺，但却认为，被当众和在所有的基金会正式文件中吹捧的"参与"方法掩饰了利害攸关的实际问题，并最终服务于剩下的"政治中立"。为了符合葛兰西（Gramscian）对慈善的理解②，基金会通过在常识性主流意识形态内识别并吸收激进立场来维持现状。项目官员指出该项目的目的是保护组织者，因为组织者的工作曾一度被董事会认为具有对抗性，其结果类似于葛兰西主义（Gramscian）社会政治学家琼·雷洛夫斯（Joan Reolofs）所提出的"多重面具"（the mask of pluralism）。通过将组织议程转化为无风险的公民参与语言体系，项目官员能够使外部官员相信他们在处理棘手问题的同时也可以控制组织者的行为。尽管西布利（Sibley）对在与移民参与合作计划（IPC）同事的共同工作中所观察到的不公正现象有自己的分析、期望和真诚的个人承诺，但他仍然无法通过基金会面对利益攸关的真实问题，更不用说名字。

尽管合作伙伴为了获得资金而将自己组织在"移民公民参与"

---

① Pierre Bourdieu, "The Forms of Capital", in *Social Capital: Critical Perspectives*, ed. Stephen Baron, John Field, and Tom Schuller (Oxford: Oxford University Press, 1986).

② 参见本书第一章，讨论了葛兰西（Gramscian）对慈善事业和控制权的理解。另见 Joan Roelofs, *Foundations and Public Policy: The Mask of Pluralism* (Albany: State University of New York Press, 2003)。

的旗帜下，但是他们并不同意这两个术语的连接。对于西布利（Sibley）来说，对"公民参与"和"移民"的讨论包含了这样一个概念：通过建立人力资本（个人技能、声音、态度和行为）、社会资本（关系网络）和制度资本（会员制组织），移民能够成为有意义和有贡献的民主社会成员，并能促进其生活条件的改善。虽然许多合作伙伴都同意建立表达渠道、网络和移民组织的重要性，但他们对这些术语表示失望，并不断地发问："公民参与的目的是什么？"① 一些合作伙伴提出，这种语言避开了他们的选民的物质条件和忧虑；另一些合作伙伴提出，合作伙伴就参与如下事务表明立场：在移民和归化服务局（Immigration and Naturalization Service）[后改为移民与海关执法局（Immigration and Customs Enforcement）]于"9·11事件"后增加的搜捕行动的情况下的移民权利、2006年移民动员之前的大赦、对那些从农业工人联合会（UFW）运动中出来的人的"联盟"的强化。

通过分解"移民公民参与"（immigrant civic participation）的措辞，合作伙伴也揭示了其相互矛盾的含义。一些合伙人认为，"公民身份"框架将无证移民与获得正式公开身份的居民分开，这与移民参与合作计划（IPC）公开承诺的民主参与背道而驰。有些人认为，"移民"一词泛化了一群具有不同身份的人，包括移民农业工人、东南亚难民，以及来自不同母国、有着不同需求、利益和身份的美国公民。当西布利（Sibley）招募并资助了东南亚和土著移民伙伴，与产生于运动中的传统的墨西哥农业工人服务组织一起工作时，这就变成了一个具有争议性的问题。以下是一个不愿接受难民和土著居民的长期农业工人运动领导人的经验，它说

---

① 2006年和2007年对ICP合作伙伴进行了访谈。

明了在移民这一概念框架下形成合作关系所面临的困难：

> 我是（由两个合作组织召开）一个会议的发言者，建议（他们）应该将米斯特克人组织吸纳进来，因为土著居民的数量快速增长，而且是当今最受虐待的农业工人。但是两个合作组织都否定了我的提议。我甚至将数名墨西哥组织领导者带进会场，探讨他们社区的需求。一个从运动时期就在那里的（工作人员）站了起来，针对新来的土著工人说："这些人会为任何事情工作，他们在压低工资和标准。"我认为，这些运动人士和（已经建立组织）的管理者都有专业工作，他们没有觉察到在他们面前更多的事情正在发生，也没有觉察到他们如何变成了种族主义者。

在这种情况下，老牌运动机构拒绝将"移民"的概念作为组织框架，因为他们更关心移民时间和劳工状况。在他们看来，加入合作伙伴组织，资助更多的移民，这将会违背他们的最大利益，然而，在移民参与合作计划（IPC）会议上，他们仍然使用移民公民参与的语言体系。其他成员也有类似的评论，即东南亚难民组织因其与公共福利制度的历史关系而享有特权，因此，这个组织不应该再被基金会优先考虑；另一些人则质疑以信仰为组织基础的白人福音派（white evangelical）领导者是否有兴趣加入合作伙伴关系组织。具有合作关系的各个组织之间的历史性竞争和地盘之争是极其难以克服的——尤其在缺乏统一的分析或议程的情况下。对许多人来说，新的语言体系只服务于掩盖或压制一些合作伙伴已经参与了很多年的更广泛的农业工人斗争。

"移民"和"公民参与"的结合也创造了重要的组织机会。例如，移民参与合作计划（IPC）的数个合作伙伴联合通过了一项州法案，允许无证移民获得州驾照。与其他支持者一道，这些合作伙伴把这次竞选演变成了公共安全问题。在"移民公民参与"的语言体系下，移民参与合作计划（IPC）的合作伙伴指出，由于缺乏公共交通，许多移民在无驾照的情况下开车上班、接送孩子上学或者去教堂祷告，这给行人和其他司机造成了重大安全隐患。这些移民所在的组织公开称，为了保护公共安全，必须为移民提供法律许可的官方证件以便他们能成为负责任的公民。作为一个合格司机，"移民"必须像"我们"一样安全地驾驶汽车，并且有责任携带适当的身份证明以便说明公民的权利和责任。在州长选举竞争激烈的背景下，依托横跨移民参与合作计划（IPC）网络的紧张的组织活动，法案得以通过。

然而，由于政治措辞不是固定不变的，而且随时都有可能被重新解读，新当选的州长阿诺德·施瓦辛格（Arnold Schwarzenegger）的团队将公共安全概念抛诸脑后，并声称我们必须担心的不是不安全的驾驶环境，而是移民本身。在我进行研究的时候，不断演进的"反恐战争"、移民与海关执法局（Immigration and Customs Enforcement）不断增加的搜捕行动以及隐藏在申请驾照的无证移民背后的恐怖分子肖像，有助于这种重新解读获得暂时的支持，然后这个法案被废除了。驾照立法的下一次转弯时保守派议员提出的带有一个新条款的法案，转折点是保守派议员提出的一项新条款，该条款规定，无证居民的（驾照）卡上要有特殊标记或者颜色标记，标志持卡人与众不同，易于执法部门识别。

在过去几年为移民参与合作计划（IPC）提供资金的过程中，

合作伙伴开始围绕着新兴的移民改革联合起来，该改革最终于 2006 年开始在主要城市实施。早在获得国家认可之前，许多合作组织就深入参与了领导力发展培训，并为没有经验的"梦想行动"（DREAM ACT）组织者或"梦想者"（Dreamers）——为移民改革和获得高等教育及工作而奋斗的无证大学生——向政策制定者游说。移民参与合作计划（IPC）的一小群合作伙伴成立了一个环境正义联盟，仍然致力于该地区空气质量和杀虫剂使用方面的行动研究。然而，当合作伙伴试图通过移民公民参与框架找到组织方式时，西布利（Sibley）继续将社区组织工作"隐藏"起来，不让董事会知晓。

西布利（Sibley）说服董事会继续投资于草根组织（基层组织）的方法之一是提高他们的专业人员的管理能力，而不是重新规划合作伙伴的工作语言。西布利（Sibley）的密切合作伙伴——地方基金会的一个项目负责人安娜·罗莎·桑切斯（Anna Rose Sanchez）曾说过："最终的目标是建立更多的组织，让大型基金会为他们在山谷地区的倡议提供资金。"实际上，在山谷的一些地方，几乎没有人具备专业能力——但许多小团体都在做好事。因此，我们现在需要帮助他们成为可资助的组织，从贝克斯菲尔德（Bakersfield）到沙斯塔（Shasta）。桑切斯这样描述她的主要工作：

> 告知人们在申请时使用哪种语言，如何制订工作计划、工作目标和工作活动，如何进行大规模的金融管理工作、会计工作等，以便他们自己可以处理大规模捐赠。例如，一个基金会告诉我们，如果投入时间建设墨西哥土著居民组织的能力框架，那么基金会就会投资这个组织。因此，我帮助他们学习大

规模管理的技能，向他们提供一些小额资助，甚至还提名了一位当地组织者去角逐福特基金会奖项，最终这位被提名者中奖了。现在他们是可以被资助的。

项目官员使用的能力建设技术的性质揭示了矛盾的二重性。虽然，"能力建设"实际上为小型组织团体提供了更多的资源和权力，如上文提到的墨西哥土著居民团体，但它也改变了组织的工作性质。该组织的一名员工对"被困在办公桌前工作而没有组织能力"的工作性质表示失望。她很高兴她的组织现在有了更多的资金和合法性，但也担心它不再为土著农业工人社区的不断变化的需求服务。

一个长期的农业工人组织者，同时也是移民参与合作计划（IPC）成员组织的领导者对他所看到的变化表达了类似的观点：

在我离开农业工人联合会（UFW）之后，我在经济机会办公室（the Office of Economic Opportunity）找到了一份工作。他们向农业工人组织者支付很高的薪水，因此，大多数组织者都留在了农场。但是，他们要求我们不能罢工，所以我离开了，以便有更多的时间偷偷溜出去进行真正的组织工作。后来，基金会也加入进来，他们同样要求不能罢工，只是方式不同罢了。此后，该办公室变成了提供扫盲服务的机构并且毫无组织性。现在，人们被束缚在电脑上计划项目和撰写报告。我们需要对社区、人民和他们的计划负责，而不是对我们的会议和基金会最后期限负责。我们只能看到发生戏剧性事件时造成的伤害，就像那年冬天的严寒导致突然间没有农场可以顺利进行生产工作。我们可以形象地说："让英语课程或者公民课程见鬼去吧，这些人需要填饱肚子！"

另外一个组织者这样描述道：

对于我们目前的工作，令人沮丧的是没有人在真正地进行组织。所有这种公民参与都着眼于计划和培训，而没有组织。如果我们通过新的（西方基金会）农业工人项目获得资金，我希望将资金用于组织。你不可能在一夜之间训练一名组织者。你必须在泥泞中行走，像其他人一样被农药污染。

作为组织工具的资金

除了专业化的组织程序和专业探讨之外，合作倡议还以新的方式将个人和组织联合起来。移民参与合作计划（IPC）通常是在其中一个合作伙伴的家乡［通常包括萨克拉曼多（Sacramento）、马普斯特罗（Mpdesto）、弗雷斯托（Fresto）］通过季度会议的形式组织。在刚开始的几年，合作会议最初关注的问题是彼此间的相互学习以及建立合作关系。合作伙伴季度会议是一个讨论各种问题的场所，包括个人组织接受有关媒体运用的培训、草根阶层筹集资金、有关山谷移民的人口问题以及个人组织或者众多合作伙伴组织所关心的其他主题。第一个共同努力实现的目标是更新1994年到期的一项法律条款，该条款允许美国公民的非公民家庭成员重新申请他们的居民身份，而不必在获准返回美国之前返回母国并等候通常所需要的那么长时间，这大大缩短了申请的时间。这项法案被称为245（i），它使得拥有合法成员和无证成员的移民家庭能够在一起生活。245（i）运动促使移民参与合作计划（IPC）的成员，以及整个国家的其他移民倡导团体积极采取行动。这是移民参与合作计划（IPC）的第一次（据一些人的说法，也是最后一次）成功地联合组织工作。

在西布利（Sibley）的建议和额外赠款的支持下，合作伙伴也设计和管理合作项目，包括重新授权的项目、领导奖学金项目和文化交流节项目。尽管这些项目在许多方面具有价值，但同时也是问题最多的。许多人认为，尽管这些努力非常重要，但他们还是对项目工作团队进行了重组，不再花时间制定跨越合作关系的共同议程。尽管这些项目都为山谷移民社区带来了新的资源，但它们也加剧了竞争，甚至引发了合作伙伴之间新的地盘争夺战。下一节展示了一旦参与移民参与合作计划（IPC）的合作项目，时间和资源是如何在组织联盟的过程中被消耗殆尽的。

公众参与网络和文化节

在西布利（Sibley）最初的建议下，移民参与合作计划（IPC）为山谷地区的新兴移民团体制订并实施了一项小额捐赠计划。来自合作伙伴组织的员工代表组成委员会，制定捐助金标准，交流提案，并在金尼基金会（Kinney Foundation）的额外资助下为149个小型公民和社区团体提供了228笔赠款。这一小额捐赠计划最初被称为移民参与合作计划（IPC）捐赠项目，后来又更名为公众参与网络（PEN）①。这些资助项目都是地域性的并由移民主导，包括文化继承、教育、致力于培训当地董事会政治代表的社区组织、环境正义、农药意识以及青年领导等领域。除了向小型的、新兴的组织提供资源以外，资助项目的目标是提高移民参与合作计划（IPC）的组织能力并且将其工作网络一直延伸到基层。西布利（Sibley）解释道："移民参与合作计划（IPC）的合作伙伴实际上就是我所说的草根组织，他们已经存在并且建立了相当成熟的机构。通过公众参与网络（PEN）项目，我们现在可以到达基层。"

开展小额捐赠对移民参与合作计划（IPC）的合作伙伴是有益的，因为他们也可以观察到少量的支持给基层组织带来的巨大的帮助。但是，围绕捐赠组织一个网络的行动工，被证明会带来难以预料的后果。一名合伙人解释了如何通过捐赠计划建立移民参与合作计划（IPC）合作伙伴和受捐赠者之间的层级动态关系：

> 我们曾经做这样的事情，我们把受助者带到工作会议上了解在捐赠周期结束时他们所获得的资助。有时，这是一场彻底的灾难。有一圈椅子围绕在会议室的周围，向内逐渐有层层的椅子围绕。受助者必须坐在那里，和我们一起向外观察并进行交谈。对他们来说，我们是评判权威，看着他们就像他们在展示"哦，看看这里来自克恩（Kern）或者马德拉（Madera）的可爱的小团体"。然后，一些移民参与合作计划（IPC）的合作伙伴会自顾自地进行交谈，而不听受助者的讲述，这是非常可怕的。

---

① 为了与整个章节中虚构的名称保持一致，这些项目名称不是实际名称，而是近似概念的一般表达。

通过公众参与网络（PEN）项目，移民参与合作计划（IPC）的合作伙伴开始尝试成为慈善家。因为，在设置报告与评估要求的情况下，他们向合作伙伴推荐了新的移民领导者、青年和初出茅庐的公民组织，作为移民参与合作计划（IPC）的受助者。这样，一个基于货币关系的等级制度马上就建立起来。由 21 个组织构成的移民参与合作计划（IPC）网络，已经延伸到差不多 150 个新兴草根移民组织，如果出现恰当的时机或共同的事业，这些草根组织将会爆发出令人难以置信的组织潜力。然而，随着"9·11 事件"后《爱国者法案》被通过，而且移民与海关执法局（Immigration and Customs Enforcement）的搜捕行动将本已孤立的移民社区逐入隐蔽状态，尽管对移民的攻击加剧，但移民参与合作计划（IPC）/公众参与网络（PEN）的网络仍然无法运转。移民参与合作计划（IPC）的受助者在融资上彼此竞争而不是建立合作联盟。移民参与合作计划（IPC）的合作伙伴成为小型慈善家之后彼此间开始相互竞争，现在又与公众参与网络（PEN）组织为征得基金会的关注而相互竞争。

无意将更多资金投入战略组织联盟的公众参与网络（PEN）的另一个方面是项目的技术性援助部分。作为获得赠款的前提条件，受助者必须参加由移民参与合作计划（IPC）的一个组织举办的技术援助和网络聚会。山谷移民中心（VIC）接受了金尼基金会（Kinney Foundation）的捐赠和咨询服务，从而组织所要求的公众参与网络（PEN）退出并为之提供便利。该中心的主任玛丽亚·苏亚雷斯（Maria Suarez）最初认为，这是一个很好的机会，能够立即向整个山谷地区的新兴团体提供帮助，并且能够加强移民参与合作计划（IPC）的网络和她私人组织的发展。但是，她很快就

发现,"培训受助者"的本质特征注定了这种方法会失败。反思慈善关系的分裂性质,苏亚雷斯描述了围绕金钱进行组织的一个后果:

> 我们负责将所有受助者组织起来,并举办了一个40人的研讨会,但是,其实20个人的研讨会才是进行人口教育的最佳环境。这些研讨会在基金会的合同中是强制性的,这意味着受助者是为了资金前来而并非出自个人意愿。对大多数而言,这只是一个必要的非参加不可的会议。很难让许多受助者改变为资金而参加会议的态度。最主要的问题是,人们把山谷移民中心(VIC)看作金尼基金会(Kinney Foundation),总是向我们索要资金和资源,并对我们抱有某种期望,这使我们对想做的工作不感兴趣。人们通常只想了解我们能为他们做些什么,而不是我们可以一起做些什么。

在这个脚本中,为使再次捐赠过程更便捷而雇用的组织和受助者自己都从组织或教育关系转入捐赠者/受助者关系。组织在寻求基金会的批准和未来的资助时,有可能变得具有竞争力以对他们的工作进行某种意义上的保护,这是通过山谷移民中心(VIC)可以监控到的。在参加公众参与网络(PEN)委员会会议时,移民参与合作计划(IPC)的合伙伙伴代表很清楚上述问题,并不断地反问自己:"我们需要做什么才能不把公众参与网络(PEN)的成员称为受助者,即使我们没有当面用这种称谓称呼对方,但实际上我们仍把他们视为受助者。对此,我们必须找到一种新的思考方式。"由于资金是主要的组织工具,公众参与网络(PEN)的合作伙伴需要进行很多工作才能摆脱慈善框架的限制。

通过 IPC-PEN 网络将移民团体集合起来的另一种尝试是移民参与合作计划（IPC）的文化交流节。在"9·11事件"的影响下，国内许多地区的反移民倾向有所增加。加利福尼亚州的中央山谷也不例外。在 2001 年年末的一次公众参与网络（PEN）会议上，一种观点成为主流，即在当前的政治环境下，随着恐怖袭击和家庭袭击的增加，移民开始"躲藏"起来，不敢公开表达他们的担忧或者进行文化活动。这次会议提出了举办一年一度的节日的想法，在这种节日上，移民会表演他们的本地舞蹈、歌曲，讲本地故事，并与普通民众在有关移民社区的问题上进行交流讨论。山谷移民中心（VIC），移民参与合作计划（IPC）和公众参与网络（PEN）的一群合作伙伴，以及金尼基金会（Kinney Foundation）许多顾问，努力使这种想法变成现实。首先，他们召集了来自苗族（Hmong）、米斯特科（Mixteco）、墨西哥（Mexico）、柬埔寨（Cambodian）和巴基斯坦（Pakistani）社区的青年、妇女和组织领导人；接下来，他们成立一个委员会，采访每个社区的人们，提出一系列他们感兴趣的想法，并设计一个为期 3 天的活动，将中央山谷移民的问题、担忧和文化传统呈现给公众。这项活动吸引了 3000 多个中央山谷的居民。虽然文化交流节是一场鼓舞人心的活动，并且对有些人来说是一次变革性的体验，但它也无法避免将金钱作为组织工具所带来的影响。金尼基金会（Kinney Foundation）的工作人员和顾问团队选择了山谷移民中心（VIC）作为文化交流节的主要召集者，并提供了一笔 350000 美元的初始赠款用以文化交流节的筹备费用支出。可是，2 名通过奇卡诺人和农业工人运动而拥有悠久文化艺术历史的 IPC 合作伙伴对山谷移民中心（VIC）接受上述赠款表示不满,并拒绝在北谷地区(the North Valley)组织他们的成员加入文化交流节。另外一些合伙人则表示质疑,既然是山谷移民中心(VIC)接受了组织文化交流节的所有资金,那么为什么他们还要参与该项活动。另外一些合作者直接向山谷移民中心(VIC)索要资金,因为山谷移民中心(VIC)获得了来自基金会的大量资金,用于公众参与网络(PEN)会议和文化交流节。

个人文化展示团体,包括泰克族和苗族舞者、墨西哥班达乐队、农业工人运动风格的剧、柬埔寨歌剧团,都意识到在他们居住的社区之外拥有一个公共舞台的重要意义。在文化交流节上,那种被接受的感觉和自豪感,跨越文化界线交朋友的感觉,在费雷斯诺共享公共空间3天的感觉,打破了许多移民社区所经历的孤立化和边缘化。但是,当山谷移民中心(VIC)向文化交流节的表演团队提供津贴时,有流言传出——山谷移民中心(VIC)从基金会获取了大笔捐款,而且,他们被控亲自挑选去表演的文化团队。山谷移民中心(VIC)第一次收到了众多社区团体和个人的申诉,他们要求共享津贴或者抱怨别的表演团队获得更多的资金和关注。当地的专业人士竞相签订合同,从而为文化交流节提供照明、电力和表演舞台等服务,而山谷移民中心(VIC)则发现自己承担了一个大型制作公司的角色。移民参与合作计划(IPC)的合作伙伴逐渐不再参与文化交流节,因为他们意识到他们不会因为参与而获得额外的资助。举办了3次文化交流节之后,山谷移民中心(VIC)的负责人发现,自己被组织交流节的职责所压垮,为争夺资助而与当地社团的关系发生变化,该项组织活动也日益偏离他们的任务目标,即该项活动的主旨转变为号召整个地区的移民领导者商议人口教育和组织运动问题。

具有讽刺意味的是，尽管文化交流节项目出人意料地引发了分歧，但是在基金会网络的积极宣传下，该项目成为山谷移民中心（VIC）吸引新资金的最有成效的活动之一。"多元文化"的艺术表达框架比最初的移民权力更受到主流关注。正如琼·罗洛夫斯（Joan Roelofs）在她的畅销书《基金会与公共政策：多元主义的面具》(Foundations and Public Polioy: The Mask of Pluralism) 中所提出的那样——批判性慈善学术资料的读者很容易得出这样的结论：文化项目代表了一种典型的新自由主义举措，即通过身份政治来组织联盟。在琼·罗洛夫斯（Joan Roelofs）的批评中，私人基金会日益促进多元文化项目的发展，并将其作为分化团体，将注意力从20世纪90年代反对资本主义的呼声中转移出来。

然而，就像对自助的过于简单的批判一样，即其未能认识到激进的自主决定变体（如黑豹运动和早期的农业工人运动），上述批判性分析忽略了文化性组织的悠久历史和根本潜力。创造性的表达方式、文化艺术、基于身份认同的组织也被用来建立跨种族的团结关系和组织运动，例如，黑人女性主义（the Black feminist）对集体意识和团结意识[①]的理解，或者20世纪60年代黑人和墨西哥裔美国人之间建立联盟的壁画运动（the mural movement）。利用艺术和文化作为建立联盟的手段已经逐渐成熟，其表现是"文化组织"一词在各种各样的从业者中被广泛使用，包括工会组织成员、基层社区发展倡议和国际人权运动的成员。[②] 山谷移民中心

---

① Patricia Hill Collins, *Black Feminist Thought: Knowledge, Consciousness, and the Politics of Empowerment* (New York: Routledge, 2000).

② 有关文化组织领域的更多信息，请参阅 the Arts and Democracy Project, http://artsanddemocracy.org.

（VIC）的许多参与者将他们的文化工作描述为组织运动所必须的开放性表达方式，并继续举办旨在加强中央山谷移民权力和提高领导能力的文化交流节。无论山谷移民中心（VIC）的参与者能否借助基金会的资金支持而引发激进性的变革，时间密集型的项目已经出现。

结果：泡沫破灭与合作伙伴散伙

2001年，加利福尼亚州网络泡沫破灭。金尼基金会（Kinney Foundation）的捐赠逐渐萎缩，而且，"9·11事件"使得对移民组织的资助越来越不受欢迎。就像1995年该基金会曾经启动一个战略规划程序将资金转向合作项目时一样，该基金会在2002年至2003年进行了彻底变革。鉴于完全不再关注移民组织问题，基金会的领导层为移民参与合作计划（IPC）新建了一个大规模裁员和重组的主要目标。在金尼基金会（Kinney Foundation）决定终止资助移民参与合作计划（IPC）以及完全退休的项目负责人（这里指解雇）时，西布利（Sibley）预言道："我感觉我在铁轨上，一列火车全速向我袭来，除了眼睁睁地看着它撞向我之外，我别无选择。这列火车已经冲击我一段时间了。现在随着基金会财富的变化，为移民团体提供资金也越来越不受欢迎，基金会领导也已经有了自己的其他选择。"

金尼基金会（Kinney Foundation）用于终止对移民参与合作计划（IPC）的资助并裁员的工具是目前仍然流行的"成效评估"模型。具有讽刺意味的是，金尼基金会（Kinney Foundation）董事要求为西布利（Sibley）展示公民参与愿景的量化测量结果。西布利

(Sibley)聘请了顾问，同时也采访了合作伙伴。西布利（Sibley）做了一个演示文稿，展示了成功的3个主要衡量指标：新的移民志愿者、对公共活动和论坛的参与，以及服务于公民与教育课程的移民。这些"参与式"成果对金尼基金会（Kinney Foundation）董事和移民参与合作计划（IPC）试图吸引的外部资助者都不够具体。就像早期合作伙伴曾问过他们自己的问题一样，董事会和潜在的资助者问西布利（Sibley）和移民参与合作计划（IPC）："公民参与的目的是什么？"

移民参与合作计划（IPC）与20世纪90年代的许多合作计划有着相同的宿命。它将成功建立在社会关系的基础之上，而不是量化了的"可测量的结果"；在21世纪初经济衰退期间面向业务的方法被确立为评估慈善投资的基本方法，这个"可测量的结果"就变成了标准[①]。遗憾的是，由于移民参与合作计划（IPC）的伙伴是通过金钱组织在一起的，而不是通过对移民问题和集体组织战略的共同分析形成的，因此，他们在吸引新的投资方面存在分歧，并最终走向解散。幸运的是，潜在的投资者发现了这个组织缺乏统一的愿景和合作战略，并在一封长长的电子邮件中就这个发现进行了解释和沟通：

> 我不得不说，从我的角度来看，这个组织的领导处于边缘地位。在各种各样的组织成员之间，每一种牵引力量和推动力

---

① 关于采用新公共管理运动的非营利组织的趋势摘要，见 Bill E. Landsberg, "The Nonprofit Paradox: For-profit Business Models in the Third Sector", *International Journal for Nonprofit Law* 6, no. 2 (2004), www.icnl.org/research/journal/vol6iss2/special-7.htmhttp://www.icnl.org/research/journal/vol6iss2/special_7.htm。

量都将组织推向不同的发展方向［这使得移民参与合作计划（IPC）看起来像一阵龙卷风，它的漏斗不断出现和消失，没有一个明显的中心，也不能在任何特定时刻阻止龙卷风的风向转移］，而不是像飓风一样有明确的中心、明确的方向、集中爆发的力量和明确的前进动力，即使飓风转变方向，这些指标也会随之改变，但一直保持明确而稳定。我不想在这个类比中进行过多的描述，因为我清楚地认识到移民参与合作计划（IPC）的能量是创造性的，而不是破坏性的，但我仍然希望你们能明白我的观点，即让这个组织拥有一个清晰可见的，引人注目的或者具有驱动力量的中心。第二点实际上，做出有关优先权的某些艰难决策的整个问题以及移民参与合作计划（IPC）的最重要的工作……我认为，如果不能在这两个问题上取得一些实质性的进展，有关资金的讨论可能会变得更加艰难。

这封邮件的作者（即上述的潜在投资者）继续建议，在获得金尼（Kinney）基金会的5年资助之后，合作伙伴会会从单一基金会范式中"解脱"出来，而如果没有建立一个"合作中心"，单个成员组织就不应该通过移民参与合作计划（IPC）获得支持。金尼基金会（the Kinney Foundation）在2003年停止了对移民参与合作计划（IPC）的资助，但移民参与合作计划（IPC）的合作伙伴发现自己患了"金尼依赖症"（Kinney-dependent），因为围绕着临时货币联盟而进行多年的机构重组使他们筋疲力尽。当其他基金会——如西方基金会（the Western Foundation）——建议移民参与合作计划（IPC）围绕自己的协作倡议绘制一系列新的目标时，这种动态过程会更为复杂（下一章所探讨）。在最近的一次采访中，一个移民参与合作计划（IPC）合作伙伴组织的负责人胡安妮塔·冈萨雷斯（Juanita Gonzales）表示，看上去就像是"所有合作伙伴现在都想从西方基金会（the Western Foundation）获得资助"。我有一种感觉，现在我们正要做的都是为了解决农业工人身体健康问题，而全部都彻底放弃了移民组织问题。

　　回到本章开始时提出的三个困境中的第一个，慈善组织所能接受的"变革理论"（theories of change）能否与社会运动领袖和社会运动组织的斗争相匹配？金尼基金会（Kinney Foundation）的"移民公民参与"计划能否真正赋予农业工人和移民权力，而不与导致不平等加剧的农业体系和移民监控相对抗。回顾上一章，菲尔德基金会（Field Foundation）所信奉的"社区联盟"（community union）神话，能否满足塞萨尔·查韦斯（Cesar Chavez）所提出在整个农业部门建立统一、受尊重的劳动力的要求？在这个案例中，当工人罢工、抵制和工会使私人资助者不再感到害怕，并重新改变塞萨尔·查韦斯（Cesar Chavez）的方向时，这个神话就破灭了，社区联合的概念也随之瓦解。IPC的研究表明，如果没有对导致不作为的结构性不平等的深入分析，那么，通过公民参与改善贫困农业工人和贫困移民的生活处境仍然是一个理性化的自助神话。

　　最终，IPC的资助者对阿梅利奥评级（amelio）感兴趣，但并没有解决地区贫困问题。虽然西布利（Sibley）可能对组织农业工人感兴趣，但是移民参与合作计划（IPC）的主席和董事会永远不会对此感兴趣。西布利（Sibley）能够为移民和农业工人创造一个开放的组织环境，因为他在塑造多元民主领域的理想化愿景方面有着非凡的能力。但是，用迈克尔·戈德曼（Micheal Goldman）

的话说,"只要我们永远断言南方贫困加剧与北方财富积累增加之间没有关系……我们就只不过是在复述帝国现代化的神话"①。如果不将贫穷与富有、低工资无证移民劳工与全球化的农业联系起来,就可以做出正在复述美国"参与"神话的断言。

回到本章开始时提出的第二个问题,即:能否在以货币为驱动力量的伙伴组织中建立起战略联盟?研究表明,金钱或者货币最终被证明是一种无效的、有时是破坏性的组织工具。在移民参与合作计划(IPC)的案例中,我发现了一些组织方式,通过资助者阻止解决山谷地区长期存在的移民和农业工人贫困问题的集体战略的形成。长期农业工人组织者绝望地呼吁要采取行动,并指责其他合作伙伴浪费时间、金钱以及政治联盟,而这些本可以被利用和组织成"运动年代"的那种集体政治战略②。诸如"我们到底在等什么""你是在做长远打算还是仅仅为了金尼(Kinney)的薪水"的问题,以及类似于"我们只需要一个分享的角度"的表述都不是普遍现象。尽管采取联合行动的呼吁十分引人注目,但除了要求别的合作组织提供具体的资助项目和报告外,③ 很少有人花时间分析共同关心的问题,了解彼此在社区组织和策略形成中所使用的方法。

如果就合作伙伴所确认的问题已经采取了战略行动,那么基金会可能会因为担心组织者太"激进"而退出。大多数合伙人都知道西布利(Sibley)在他自己的基金会内部受到了紧密监视,因为

---

① Goldman, *Imperial Nature*.
② 当然,如第一章和第二章所示,在农业工人运动期间机构冲突和竞争并非完全没有。
③ 鉴于所述方法和组成部分的多样性,这并非易事。

董事会怀疑他努力"潜入"社区组织。在近几年所提出的倡议的巨大压力下，西布利（Sibley）所提出的跨越董事会和合作伙伴之间巨大鸿沟的策略之一就是简单地"将钱砸在能量所在的地方"，希望追加的资源会赋予"真正"的合作伙伴驱动的努力以新生命。其实，金钱并不是用来刺激新的组织，也并不是手段，而是目的。合作伙伴如此专注于保持资源的流入，以至于他们所有能量都被花在如何留在游戏中。当资金趋于枯竭，合作伙伴努力维持项目的运行，在某些情况下，也为了使他们的组织逃脱破产的厄运时，他们意识到合作的成本太高了。在西布利（Sibley）任职于基金会的最后艰难时光中，他曾表示"或许资金是一种非常愚钝的组织工具"。

最后，从基金会工作人员的选拔和合作伙伴"匹配"的程序中能得出什么结论？当基金会专业人员招募不同的组织参与合作时，他们最想看到的实际效果是什么？他们最期盼的又是什么？什么是真正的草根组织？移民和农业工人组织实际上代表什么利益团体？一个组织需要具备什么样的能力来动员和吸引选民？尽管所有问题都通过基金会资助结构和所需的制度得以介绍，但我采访过的合作伙伴中很少有人愿意解决的一个问题是，无论有没有基金会资助，基金会招募的合作伙伴组织实际上在做什么。移民参与合作计划（IPC）的合伙人丹尼尔·奥尔特加（Daniel Ortega）透露：

> 我认为项目官员混淆了移民组织与移民。他所面对的组织并不总是听取他们的选民的意见，而是时常在他们代表谁以及谁得到最多的资助和认可上相互竞争。通常情况下，组织不代

表任何人，但是资助者认为组织确实代表了某部分人的利益。例如，一个动员土著墨西哥人的组织只代表瓦哈卡人的一小部分。有些组织只由2—3个人组成。

非营利组织框架本身就对合作伙伴提出了限制，即合作伙伴最终要对他们的董事会和资助者负责。反过来，资助者不对任何人负责，除了他们的投资者和市场。在这种结构中，选民或者人民最终不会共同被代表。在缺乏共同身份、共同敌人和共同目标（大多数社会运动的核心部分）的情况下①，很难想象这种伙伴关系能够组建起他们的"合作中心"，或者制定出一套组织原则。城市理论家曼纽尔·卡斯泰尔斯（Manuel Castells）②认为，基于社区的制度化组织无法产生真正的社会运动或者社会变革。同样的，皮文（Pivenh）和克洛沃德（Cloward）在他们的历史性研究著作《穷人运动》（*Poor People's Movements*）③中指出，社会运动组织不可避免地会固化为僵化的官僚政治，无法与他们最初代表的人们的利益保持一致。还有一些人进一步认为，大多数发展与社会服务组织都为基金会所维持的资本主义国家计划做出了"贡献"④。

与20世纪60年代出现的许多社会运动相似⑤，运动组织的成长、专业化、官僚化和远离运动组织的成员（通常与公共和私人

---

① Manuel Castells, "The Other Face of the Earth: Social Movements against the New Global Order", chapter 2 in *The Power of Identity* (Cambridge: Black well, 1997).

② Castells, "Other Face of the Earth".

③ Frances Fox Piven and Richard Cloward, Poor People's Movements: Why They Succeed, How They Fail (New York: Vintage Books, 1978).

④ Gordon Macleod and Mark Goodwin, Space, Scale and State Strategy: Rethinking Urban ang Regional Govenance", Progress in Human Geography 23 (1999): 503–27.

⑤ INCITE!, *The Revolution Will Not Be Funded*.

资助的要求有关）已经严重改变了整个中央山谷的组织面貌。由于历史悠久的老牌机构吸引了大部分资助，很少有新兴团体能够参与竞争。如果没有地区性或全国性运动，在建立制度边界的背景下，资助者就会感到他们更有权对设计倡议的方式提出建议。在中央山谷这样的资源匮乏而需求巨大的地区，老牌组织的领导人不太可能拒绝从慈善倡议中获得基金会的资助，也不太可能图谋新的领域。

"合作倡议"的模式尤其有助于洞察主流慈善事业框架内社会变革的局限性和可能性。它有助于解释主流基金会通过最终要求穷人自己帮助自己的项目规划、货币联盟以及基金会选择的非营利组织领导去重塑组织的方法，主流基金会不愿意直接与市场力量及其所依赖的经济关系打交道。通过发现那些受资助者并不总是"买进"（buy into）却能够利用慈善关系和理论获利的地方，我们也可以看到协作如何打开并战略性地操控可能性的空间。

下一章是关于一个雄心勃勃的项目官员设计的倡议计划的案例研究，该项目官员希望能从移民参与合作计划（IPC）的错误中吸取教训。菲利普·科德罗（Filipe Cordero）认识到，移民参与合作计划（IPC）的公民与关系方法能使更为多样化的利益相关者加入其中。西布利（Sibley）认为公民参与是一种基础广泛的草根组织（或者基层组织），而菲利普·科德罗（Filipe Cordero）则把这一公民参与框架视为一个明确的转折机会，从抗议性政治转向农民服务组织与农业之间的互惠关系或者"共赢"关系。一次，当农业工人联合会（UFW）和行业利益相关者围绕着农业友好型移民改革形成前所未有的联盟时，科德罗（Cordero）认为移民参与合作计划（IPC）模式符合"慈善资本主义"的中心信条：通过资助行业发展,我们可以帮助穷人。正如早期慈善自助的努力中一直存在的情况,通过与主流利益相关者建立广泛的伙伴关系,穷人的参与可以是政治行为,也可以是合并行为。科德罗(Cordero)的项目采纳了移民参与合作计划(IPC)合作伙伴的许多建议,包括更多的治理、培训、规划和资产建设。然而,由于他想取得令工业界和移民参与合作计划(IPC)员工都满意的结果,这个项目显然没有移民参与合作计划(IPC)成功,移民参与合作计划(IPC)在其短暂的存续时间里至少发起了两次成功的运动和几次富有成效的项目。①

---

① IPC 最终合并为 501(c)(3)组织,董事会和资金非常有限,在我采访的合作伙伴中,有两个仍然参与 IPC 的有限活动。

第 四 章

资本下的共同繁荣：工人与种植者之间的伙伴关系和"双赢"模式

在热闹的加利福尼亚州萨克拉曼多（Sacramento, California）的希尔顿酒店（Hilton hotel）宴会厅，不时传出水杯和刀叉的叮当声。在一间灯光暗淡的房间里，农业工人辩护者、农业代表、各州的政客以及基金会员工聚集于此，学习西部基金会发起的新倡议[①]。农业工人社区建设倡议（FWCBI）旨在通过农业工人辩护者、农民以及公共服务提供者之间的首次合作改善加利福尼亚农业区的恶劣生活条件。其中，一位政客引出了座谈会的话题，他感谢基金会对农民的关注，国家的新鲜水果和蔬菜都由农民提供，但农民却在健康卫生条件方面得不到平等的权利。农业局（Farm Bureau）的一位代表谈到了自己为向杏仁农业工人提供医疗服务和住房所做出的努力。来自农业工人运动的一位有权威的领导人也对基金会表示赞赏，激起了参会者的热情，他伴随着运动所特有

---

① 如前一章所述，本研究的所有个人和组织名称均根据加州大学伯克利分校的《人类研究对象协议》进行匿名。采访了具有更广泛背景的工人、附属的教育和领导力发展农业工作者研究所，以及 Roots of Change 同意被命名。

的"统一鼓掌"和吟唱圣普埃德（St, se puede）赞美诗。西方基金会主席总结了会议内容，并督促参会者利用身边的资源，抓住机会解决困扰美国长达一个多世纪的农业贫困问题。

一个年轻的拉丁美洲移民权利组织者打破了热情洋溢的氛围，他突然从光线昏暗的房间后排喊出声来。他在会议小组中反问道："冒着孩子因农药生病的危险，你们怎么能和种植者一起工作呢？农业工人正睡在车里，躲避联邦移民局的搜寻。这就像其他活动计划，虽然有效，但并不能改变任何事情。"当我听到激烈的反驳声时，我就预料到会议小组中存在不同意见。然而，一个现在已经与新计划签约的前农业工人转移了人们关注的重心。在神经紧张的参会人面前，他在房间里喊道："我并不担心我们移民——我们农业工人，我们是坚强的人，我们会幸存下来。我担心你们这些种植者，如果我们（无证移民野外工人）都被迫离开，你们将遭受毁灭性的打击。如果你们能在墨西哥做得更好，那你们怎么会来加利福尼亚的农场？我们怎么才能帮你们赢得这场斗争的胜利呢？"

这一议程转变的时刻在 2007 年到来，刚好 10 年之后，美国领导的北美自由贸易协定（North American Free Trade Agreement）积极推进了对全球农业贸易的放松管制，摧毁了墨西哥（Mexico）的贫困农村。[①] 美国种植的获得了税收补贴的转基因谷物像洪水一样涌入，墨西哥的自给自足的农场因无法与之竞争而纷纷倒闭，尤其是在瓦哈卡的土著地区。面对日益加剧的贫困和不安全局面，这些农业区的许多

---

① 有关北美自由贸易协定与墨西哥和美国农业贫困之间关系的更多详细信息，请参见第三章。关于新自由主义贸易政策对墨西哥移民影响的民族志研究，另见 Judith Adler Hellman, *The World of Mexican Migrants: The Rock and the Hard Place* (New York: New Press, 2008); Seth Holmes, *Fresh Fruit, Broken Bodies: Migrant Farmworker in the United State* (Berkeley: University of California Press, 2013)。

家庭为了生存而苦苦挣扎,被迫去北方找工作的农民数量史无前例。经历了10年的贸易自由化,中央山谷农场在全球化市场中遇到了竞争,墨西哥(Mexico)自给农业大幅缩减,流离失所的移民农业工人比以往任何时候都更需要彼此。通过国土安全部(Homeland Security)实行边境军事化,并加强对移民社区的监控,确保需要低薪劳动力的农家和害怕穿过危险边境的移民都可以留在加利福尼亚更长的时间。

通过研究最近社会对解决加利福尼亚中央山谷地区的贫困问题而进行的慈善投资,我发现,尽管农业工人的生活条件日益恶化,土著瓦哈卡人遭受了新的种族歧视,倡导者仍然认为与种植者建立伙伴关系是改善农业工人生活条件的唯一可行策略。起初,农业工人组织策略包括保护加利福尼亚农业免受全球竞争的威胁,并通过新的外来工人计划以确保劳动力的可持续性。为了与减贫中目前的霸权"双赢"或"双重底线发展"的倾向——该倾向认为凡是对资本有利的也是对穷人有利的——保持一致,农业工人社区建设倡议(FWCBI)寻求在减贫的同时也使农业受益。

菲利普·科德罗(Filipe Cordero)是农业工人社区建设倡议(FWCBI)的立项官员,他部分是受到农业工人联合会—种植者联盟双赢策略的启发,该联盟是在为了解决当前的移民危机而起草农业工作法案(AgJOBS)的过程中形成的[①]。除农业工作法案

[①] 有关AgJOBS的摘要,请参阅www.immigrationpolicy.org/issues/AGJOBS,其中包括这些内容:AgJOBS,《农业就业机会、福利和安全法》是一项拟议的移民法,旨在为农业雇主提供稳定的合法劳动力,同时保护农业工人免受剥削性工作条件的影响。2000年,美国国会和劳工管理部门发生了多年冲突,导致美国农业工人联合会(UFW)、主要农业雇主和主要联邦立法者之间的艰难谈判,最终达成了农业就业协议。2007年1月10日,参议员Senators Kennedy(D-Mass,Feinstein(D-Cali)和Craig(R-Idaho)和Reps。Cannon(R-Urah)和Berman(d-cal)在第110届国会中介绍了AGJOBS。

（AgJOBS）之外，由农业工人联合会的非营利组织所成立的新的工人—产业伙伴关系旨在改善生产战略并提高产业效率，增加农民的利润和竞争力，同时提高工人的产出水平（理论上是工资）。正如那些在农业工人社区建设倡议（FWCBI）会议上不太看好议程的农业工人所暗示的那样，新理论也不会带来任何改变。在农业快速全球化的背景下，加利福尼亚州的经营成本（例如土地、水、设备、劳动力和管理成本）高于南半球国家，人工是提升竞争力的唯一的可塑性投入。种植者需要保持竞争力，因此他们无法承担成本变动的风险。另外，在改善自己生活条件的同时，工人可以通过学习新技能并在工作场所和农业社区中发挥领导作用来提高生产力。从理论上讲，这是一种双赢策略，能够增加农场利润，提高工人收入，改善工人生活条件。然而，在这种情况下，出现了一种非常奇怪的现象，穷人不仅要为自己负责，还要为拯救这个行业负责。

双重底线策略在慈善领域特别受欢迎。在美国国内，这种倾向通常被称为"慈善资本主义"，表现在基金会对商业导向型惯例——例如基于成果的惯例——的拥护，也表现在基金会对投资于传统慈善的影响[1]。在全球范围内，有很多像比尔盖茨这样的慈善资本家，他们提出，创业项目下的创新资本主义应该在做好企业的同时还要参与慈善事业，这有利于解决日益严重的不平等和全球贫困问题。[2] 一些双重底线资本家在最为贫困的人群中寻求利润，实施"金字塔计划"，让南半球贫民窟居民出售价格实惠的一

---

[1] Michael Edwards, *Just Another Emperor: The Myths and Realities of Philanthrocapitalism* (London: Demos, 2008).

[2] Bill Clinton, *Giving: How Each of Us Can Change the World* (New York: Knopf, 2007); Michael Kinsley, ed. *Creative Capitalism: A Covesation with Bill Gates, Warren Buffet, and Other Economic Leaders* (New York: Simon and Schuster, 2008).

次性量的洗发水瓶①或参与能够创造新的金融市场（和债务结构）的小额信贷计划。②

在本章，我拷问了农业工人社区建设倡议（FWCBI）的明确"双赢"策略。通过分析2007—2009年的大量访谈和观察报告，我发现，有一个1000万美元的项目创建了制度性治理结构与专业性项目框架，禁止各组织解决一直让农业工人生活在不健康和不公正条件下的积习。高度关注组织的社区"资产"以及过于顾虑多个利益相关者达成共识，使草根组织灰心，他们已经受到悲观的政治经济环境挑战。该框架内的一些项目确实提出了一些使产业变得更环保的激烈措施。一些计划还提出了提高工人生产率和工资的方法。但是，并没有人认为该行业应该对持续的种族歧视负责，对没有实施在加利福尼亚州农业工人运动领导下已经通过的健康和安全立法负责。显然，没有人提及工人所有权、合作社、腐败的劳工合同制、低于最低标准的工资、国际市场自由化以及使农业富有成为可能的相关移民模式③。虽然如今我采访到的大多数人都觉得不可思议，但这些替代策略几十年前就已经在农业工人运动中被设想出来了。

尽管农业工人并没有找到彻底加入农业工人社区建设倡议（FWCBI）的理由，但是，基金会仍然担心对农业工人（及其他主

---

① 关于"最底层十亿"方法的理论化和例子，参见 C K. Prahaland, *The Fortune at the Bottom of the Pyramid* (Upper Saddle River, NJ): Wharton School Publishing, 2005)。

② 关于全球南方小额信贷计划的批判性发展研究，见 Ananya Roy, *Poverty Capital: Microfinance and the making of development* (New York: Routledge, 2010); Lamia Karim, "Demystifying micro-credit: The Grameen Bank, NGOS, and Neoliberalism in Bangladesh", *Cultural Dynamics* 20 (2008), 5–29。

③ 第三章介绍了整个20世纪80年代和90年代农业劳动系统的其他结构变化。

流利益相关者）让步会损害甚至最终毁掉倡议。本章拷问了"双赢"框架以及农业工人社区建设倡议（FWCBI）试图让各种利益相关者参与改善山谷贫困农业社区的方法。我首先分析了一个基金会如何任命多方利益相关者"特别小组"，"特别小组"将有关农业工人条件的经验研究转化为政策建议，这些政策建议要求工人对他们自己的幸福负责，并排除那些要种植者负责的问题。在描述该项目的实施情况之前，我追溯了它的"双赢"方案的血统，不是要在农业领域进行新自由主义改革，而是受商业管理顾问的启发去构建工人—产业伙伴关系，而这些顾问，包括彼得·德鲁克（Peter Drucker）和帕特里克·贝洛（Patrick Below），是被塞萨尔·查韦斯（Cesar Chavez）招募到农业工人联合会的内部圈子的。

在描述该模式的历史维度之后，我说明了农业工人社区建设倡议（FWCBI）中的 Campesino Rising，这是农业工人社区建设倡议（FWCBI）的一个本地站点。我分析了"基于资产的社区发展"模式如何让伙伴组织参与专业化过程，记录自身优势和资源，但禁止鉴别集体问题。除了资产模式的限制之外，该倡议的每个组织合作伙伴都需要将真正的农业工人领导者带到谈判桌上，这加剧了区域性非营利组织之间的已有竞争。

通过分析农业工人社区建设倡议（FWCBI）的故事，本章表明，新自由主义框架并不总是在充满阴谋的议程中提出来的，而是通过把运动战略修订到工人和产业均可接受的项目之中来巩固的。[①] 在双

[①] 通过运用流行的"常识"框架，对新自由主义和权力关系进行细致入微的理解，请参阅 Stuart Hals discussion of the rise of Thatcherism in the 1980s, *The Hard Road to Renewal*: *Thatcherism and the Crisis of the Left*（New York：Verso，1988）。

赢模式下，人们在农业社区以另外一种方式谈论贫困问题。这种模式压制了抱有旧观念的敌对组织，还产生了缺乏激进社会想象力的新框架。而人们并不能完全接受这种新观念，没有入境文件的工人和种植者被迫接受这种观念，因为他们担心经济没保障并可能被驱逐出境。回顾早期农业工人运动期间的资金关系，慈善力量在两个方面发挥了同样大的作用：一是它要求穷人为他们自己干事；二是它把一些事务排除在外。

从阴影中的劳动到丰富的食物：通过利益相关者特别小组进行的稀释研究

西方基金会（the Western Foundation）是一个比较新的基金会，它向服务提供型非营利组织和科研机构提供捐赠，通常特别关注地区的社会、经济和环境健康问题。当意识到西方基金会对中央山谷感兴趣时，一些在慈善网络中有联系的长期农业工人辩护者（前一章节提到的移民参与协作计划的一些成员）游说并最终说服了西方基金会（WE）项目官员，使该官员明确承诺会尽力解决加利福尼亚农业工人所关心的问题。在本章中，我将探讨西方基金会领导的特别小组将基金会对解决农业工人贫困问题的最初承诺大打折扣并使其非政治化的原因。

1998年，与加利福尼亚研究中心（California Research Center）关联的一组农业研究人员与西方基金会接洽，想看看该基金会是否会资助加利福尼亚农业工人人种研究项目。西方基金会同意并资助了该中心进行的大量研究工作，并出版了《阴影中的劳动：持久的农业工人贫困》（*Laboring in the Shadows：Enduring Farm*

Worker Poverty)①，记录了加利福尼亚农业工人极其恶劣的健康和生活条件。该报告得到了广泛的支持，并为西方基金会制订农业工人计划提供了依据。西方基金会的项目官员菲利普·科德罗（Felipe Cordero）解释说："我们会资助需要资助的每个人。所有人，合作伙伴或者顾问，阅读本报告是为了了解这项工作的真正意义。"以下是这个报告中来自该基金会主席的对采取行动的激动人心的呼吁：

> 就像我们在报告《阴影中的劳动》（Laboring in the Shadows）中所讲的那样，我们向那些努力带给加利福尼亚农业工人尊严和权利的人表示敬意。在本报告中，我们提倡所有加利福尼亚人深入观察 100 多万加州农业工人隐匿的生活状况。由于农业工人低廉的劳动力及非法入境的身份，他们面临的困难比美国其他任何工人群体都要多。他们继续在我们的田地里劳作，经常在阴影中沉默，这种现象一直存在。矛盾是不可避免的，他们的劳动为我们国家和这个世界提供了丰富的食物，但他们仍然忍受着大多数美国人永远忍受不了的痛苦。

该报告的主要发现如下：
- 在患慢性疾病的 3 种危险因素中，1/5 的研究对象有至少 2 种患病危险因素。
- 绝大多数研究对象都患有缺铁性贫血，患病程度明显高于大多数美国成年人——主要是由严重的粮食紧缺和饥饿造成的。

---

① 所有报告标题都是伪装的，以便根据《人类研究对象协议》来保证匿名研究对象的身份。报告中引用的段落被重新描述，但保留所有原始含义，以保护作者。

- 近70%的研究对象没有医疗保险。
- 18.5%的研究对象有工伤。
- 41%的研究对象表示1处或多处身体部位疼痛持续至少1周。
- 6种最常见的健康问题包括牙齿问题、背部疼痛、眼睛发痒、膝盖疼痛、足部疼痛及手部疼痛。
- 3种最常见的心理健康问题是激动或烦躁、沮丧或愤怒以及抑郁。许多人还报告了这些领域的财务滥用与身体、心理虐待问题。
- 当被问及工作场所的卫生条件时,23%的研究对象抱怨眼睛发痒和头痛。在另一个调查地点,60%的研究对象表示他们要通过吃未清洗的葡萄来确定葡萄是否够甜以便采摘。
- 只有7%的研究对象加入了服务于低收入者的政府项目,只有1/6的研究对象表示他们的雇主为他们提供任何形式的健康保险。

利用这些严肃甚至令人吃惊的发现,科德罗(Cordero)开展了一项劝导董事会出资的运动,进行了一场大规模的农业工人倡议活动。正如移民参与协作计划的约翰·西布利(John Sibley)(第三章)一样,他安排董事们到农业工人社区了解情况,以让董事会相信农业工人组织的需要与潜力:

> 我们把感兴趣的董事会成员带到山谷去亲身感受这种需要的真实性,其中许多人从未走出过洛杉矶或加利福尼亚湾区。他们被带到大树上(Tall Trees)观察环境的破坏情况、混乱的土地体制以及恶劣的生活条件。随后,他们去了卡特勒—奥

罗西（Cutler-Orosi），查看住宅开发模型的建设情况。然后，加利福尼亚研究中心介绍了《阴影中的劳动》（*Laboring in the Shadows*）的调查结果。这足以让董事会拿出5000万美元来解决农业工人的健康问题。

2001年，科德罗（Cordero）负责将这5000万美元分配到全州的农业工人计划中。该基金会并没有立即向区域组织投资来解决《阴影中的劳动》（*Laboring in the Shadows*）中所揭示的恶劣的健康、生活和工作环境问题，而是召集了一个由多个多利益相关者组成的工作组。在专业人士、大型沟通机构、策划团队和一批技术顾问的协助下，该工作组的22名成员讨论了《阴影中的劳动》（*Laboring in the Shadows*）中的发现，目的是让多个部门就该计划达成共识，并为基金会提供政策建议。小组成员包括学者、医疗卫生专业人士、种植者、民选官员和农业工人辩护者。在工作小组的最终报告《农业工人和丰富的食物》中，小组组长，一位退休的国会议员，以一封致西部基金会主席的公开信开场。信中指出，"最令人惊讶的发现是，我们实际上可以在短时间内就这些棘手的问题达成共识"。那么，种植者、工人辩护者、医疗卫生提供者和公职官员都会同意吗？报告表明，"每个人都对以下这两个问题毫无异议：首先，工作组认为农业区普遍缺乏具有专业素质的医疗保健人员；其次，他们认为农业区的总体卫生基础设施薄弱，特别是在综合医疗设施方面"。

为促使西方基金会（WF）提供资金而提出的具体商定计划和政策建议包括：增加农业工人服务者以及具有文化能力的医疗服务者的人数；通过加强对健康卫生教育与疾病预防的资助，改善农业工人生活区域的医疗保健服务；分析现有保险覆盖面计划，以增加农业工人家庭的参与度；加强政府资助力度，增加农业工人参与公共计划活动的机会；开发一个程序以储存工人健康保险计划的缴费；建立美国与墨西哥（Mexico）的双边关系，以解决健康教育问题。该报告还提议建立一个州级农业工人健康委员会，以制定有关改善和监控农业区健康和安全法律的政策和计划，并制定针对经常违反职业健康和安全法律的雇主行为的政策。

  初看，工作组似乎解决了《阴影中的劳动》（*Laboring in the Shadows*）中所揭示的紧急问题。种植者甚至同意针对不执行现行劳动保护法的行为制定新政策。然而，与《阴影中的劳动》（*Laboring in the Shadows*）的最初发现结果相比，需要改变农业体系运作方式这一问题已被忽略、淡化或者伪装。工作组就解决农业区饮食不足和粮食极端缺乏的问题提出的建议根本没有地方听取。虽然《阴影中的劳动》（*Laboring in the Shadows*）中对他们进行过介绍，但工作组的报告并没有提到农业工人为了养家糊口需要无偿加班，也没有提及越来越多的无证工人的工资经常低于最低工资标准，并且一年中有好几个月都无法满足自己家庭生活的基本需要。

  该工作组提出了许多政策建议，以改善医疗卫生条件并扩大保险范围，但并未提及在农业工人生活和工作区域内继续使用农药喷洒并进行地面抽水的问题，也没有提到种植者让农业工人冒着安全危险试吃水果的情况。工作日与休息日安排以及慢性背痛、膝盖痛、脚痛和手痛的原因也都没有提及。由于在田地里遭受虐待或被操控，农业工人经常出现严重的心理健康问题，这虽然在《阴影中的劳动》（*Laboring in the Shadows*）中有所描述，但并没有出现在工作小组的报告中。众所周知，田野工作本身就是非常辛苦的工作，但是该报告忽略了《阴影中的劳动》（Laboring in the Shadows）中对农业工人在田地里遭受虐待而产生烦乱、愤怒和压抑心理状况的描述。

除了"开发政策和项目"以改进（不是直接执行和控制）工人安全规定的最终建议外，工作组的所有政策建议都要求医疗卫生提供者（更多服务）、州政府（提供更多住房保险和计划）、当地市政府（改变农业区基础设施的代码）、农业工人自身（健康教育和参与计划）采取行动并实施改革[1]。然而，没有一项建议要求种植者做出改变。所有提议都非常重要，如果这些提议付诸实践，很多农业工人及家庭的生活条件会得到改善。但是，提议中并没有涉及农场劳动体系的结构，人们还会继续使用有毒的杀虫技术，不合法的工资和工时问题继续存在，或者西方基金会（WF）曾在资助的研究中所提到的问题依旧存在，工人仍然会在经济、性别、身体及心理方面受到困扰。在消除可能加剧各利益相关者之间对抗的所有因素的过程中，过程掩盖了问题，而从长远来看，如果解决了这些问题，农业区的条件更有可能得到改善。

一位了解加利福尼亚（California）农业史并为改善农业工人状况付出了努力的读者可能会认为，改变农业系统结构从目前来看是不可能的。这是双赢实现的时刻，当下政治经济气候的融合巩固了体制关系，而双重底线方法受到人们的普遍欢迎，这改变了

---

[1] 我的研究结果表明，违反工人健康、安全和工资法的不仅仅是少数"不良行为"农民，大多数大农场主的农业工人辩护者透露，目前的工人权利和安全立法不起作用，是因为对于种植者来说，违反法律（被捕时）的罚款比对农业实践进行必要的改变更容易也更具成本效益。在这方面，针对"不良行为"的工作组建议未能解决广泛的执法问题。

人们对可能出现变化持有的常识性思维。将重要的研究成果完全变成政策建议（由种植者、政治家、倡导者和医疗健康专业人员同意），就对农业社区滋生贫困的系统的分析转化为一组离散的"可解决问题"。个体行动者，主要是健康照顾提供者和工人自己，被要求通过自己的努力改善生活条件。并不存在与滋生并维持贫困的关键结构性安排的对抗：举几个例子，全球贸易自由化、劳务承包商体制及虐待无证移民。

基金会资助的研究中的效力缺乏并不能算是失败，因为我在山谷中采访的许多人已经见证了多年的仍然不得不说明当地回报的外部研究。一位心理健康服务提供者解释道：

> 我们已经看到很多人进来并问我们问题，但我们从未看到经费或者甚至成果。[西方基金会（WF）]的调查人员只是问我们问题，但是并没提供什么帮助。他（即西方基金会的调查人员）痛哭起来，不知所措。我想他是在了解了我们所有问题和需求后感到震惊。但是，他没有任何权利，他只是一个采访者。我们一直谈论的重点问题是要处理田地里的繁重工作、隔离状况以及虐待问题，而不是妇女在田地里受到性虐待，也不是某个移民农业工人艰苦的生活状况。我没有拿到报告的副本。值得庆幸的是，我留下了调查人员的名片，并打电话向他要1份。他告诉我，报告只不过是一些繁文缛节，他很快就会发送过来。然而，3年后我们才看到这份报告，但报告并不符合现在我们正在面临的问题，而这些问题，我们之前也谈论过。最终，人们只不过来这里做份调查，并没有拿出实际行动。他们正在实施那个（Campesino Rising）计划，并为各

种会议做出了很多努力，但我宁愿看到直接拿出资金来解决农业区的这些现实问题。

安妮塔·吉梅内斯（Anita Jimenez）是圣华金山谷县（San Joaquin Valley County）南部一个农业劳动力中心的农业工人辩护者，她分享了以下感受：

> 我真想知道他们是否正在对我们进行另一项研究。他们应该已经知道这里发生的一切，那就带些新项目来。他们没跟当地人谈话吗？他们几年前没有读过《阴影中的劳动》（*Laboring in the Shadows*）吗？做完调查之后，并不着手处理现实问题，而是举行毫无意义的会议。参与者基本上都被贿赂了，从西方基金会（WF）那里得到了好处。

就像世界银行资助的研究一样，评论家抱怨该研究并没有考虑参与者的声音[1]，科德罗（Cordero）并没有将当地的现实情况融入自己的计划中来吸引不同的利益相关者。玛丽亚·查康（Maria Chacon）是一位农业工人辩护者和农业经济学专业的研究生，她向我解释了长期农业工人组织者耐心参与基金会资助的种植者友好型研究和项目的原因。她提出，如果我们想在加利福尼亚继续经营农场或在农场工作，那就很难在当下改变这一行业状况。农

---

[1] 关于贫困与发展研究中数据所有权和当地知识的讨论，请参阅 James Petras, "NGOS: In the Service of Imperialism", *Journal of Contemporary Asia* 29 (1999): 439. 另见 Giles Mohan, "Beyond Participation: Strategies for Deeper Empowerment, in Participaron: The New Tyranny? ed. *Bill Cooke and Uma Kothhari* (London: Zed Books, 2001).

业是一个具有竞争力的出口型经济体，正如她所描述的那样（在干旱最严重的年份之前），相比其他地区，加州拥有更好的天气和土壤，能够种植其他地区无法种植的作物。查康（Chacon）得出结论，在竞争激烈的全球出口市场中很难解决当地有关劳动执法的问题。

这一体制诞生了一切——我们所获得的好处与我们所面临的所有问题。它要永远鼓励种植者加入农业工作法案（Ag-Jobs）。而我们赞同所有的妥协，除了对一项新的客籍工人项目的可能的滥用。但是，与移民改革相比，这一体制只不过促进了农民和农业工人的统一。

农业全球化的特殊情况与农业工人对被驱逐的恐惧一起促成了前所未有的共识。无法或不愿采取移民改革政策或加州式产业化农业结构①，西方基金会（WF）的菲利普·科德罗（Felipe Cordero）努力寻找解决农业工人贫困的方法，而这一方法又需要让董事会、种植者、政治家、医疗卫生提供者以及长期农业工人组织者和倡导者所接受。在与多方利益相关者进行了4年的规划和讨论之后，一项全州范围内的计划开始实施。在通过它的当地站点Campesino Rising分析农业工人社区建设倡议（FWCBI）之前，我追溯了该模式的起源，不是追溯农业生产，而是追溯农业工人运动本身。

---

① 显而易见，本章中已经显示，由公司财富创建的私人基金会根本不承担公司或产业结构安排。前面还讨论过，虽然许多基金会为移民社区和移民改革教育提供资金，但他们通常不直接参与这一领域的立法改革。

双赢范式：农业工人联合会的领域

有人可能会认为，目前的双赢方法是随着产业在贸易自由化与对移民社区加强监控的新自由主义时代为了控制劳动力而采取的直接策略而出现的。当他在全州各地拜访农业工人组织者及服务提供者并聆听他们的声音时，菲利普·科德罗（Felipe Cordero）所获得的启示之一就是农业工人联合会的农业工人教育与领导力发展组织（FIELD）的"新双赢范式"。农业工人教育与领导力发展组织（FIELD）的双赢模式受到了晚期的塞萨尔·查韦斯（Cesar Chavez）的启发，塞萨尔·查韦斯自己不太认真地考虑过工人—产业伙伴关系思想。在20世纪90年代初，由于农业工人联合会同卡车司机工会之间的竞争日益加剧，1979年及整个20世纪80年代领导阶层遗产受到清洗，以及通常难以将成员组织起来，农业工人联合会一直在争取保留合同。在此期间，查韦斯变得对"管理学理论"非常感兴趣，该理论提出了改善工人条件的同时为所有者谋利的方法。这一新发现的兴趣，受到他同著名管理大师彼得·德鲁克（Peter Drucker）和另外一位管理顾问兼作家帕特里克·贝洛（Patrick Below）的友谊的激发，并不总是受到欢迎。对于许多工会领导人来说，管理是一个不得体的词。一些作家甚至声称是由于他们对企业管理的痴迷导致了运动的消亡①。

---

① 关于工会领导和工人领域代表如何接受塞萨尔·查韦斯（Cesar chavez）关于管理学理论的想法以及这如何导致组织内部严重分歧的讨论，见 Miriam Pawel, *The Crusader of Cesar Chavez: A Biography* (New York: Bloomsbury Press, 2014), 416-447。

虽然查韦斯（Chavez）已经开始尝试管理学理论，但在他去世后，该理论在熊溪玫瑰农庄（Bear Creek Roses）也没有得到充分的实践。1994年，也就是在查韦斯（Chavez）去世之前，他招募了一个小圈子内的农业工人联合会创始人的"家庭成员"。这些新的"家庭领导"受查韦斯（Chavez）培训去管理多家活动机构。他们接受的训练内容主要是查韦斯（Chavez）从德鲁克（Drucker）和贝洛那里学到的东西。1994年，也就是查韦斯去世一年后，农业工人联合会从中央山谷沃斯科镇同熊溪玫瑰农庄获得了一个合同。一开始，工会就提出了大量的抱怨，造成了工会与种植者之间的冲突。大卫·维拉里诺（David Villarino）是接受管理培训的工会组织者之一，后来担任了农业工人教育与领导力发展组织（FIELD）的董事。他认为失去该合同对工会来说是一个沉重的甚至是致命的打击[①]。为了挽救这种关系，工会邀请了帕特里克·贝洛（Patrick Below）来帮助解决熊溪（Bear Creek）玫瑰农庄的工人管理问题。同当下流行的经典管理学理论一样，贝洛（Below）提出，人们必须从整体上去看一个组织的观点，一个组织并不是其各个部分的总和。成功的战略变革不仅涉及工人和所有者各自的忧虑和不满，还要涉及为改善商业和产业合作关系做出的努力。根据维拉里诺（Villarino）的说法，贝洛（Below）在熊溪（Bear Creek）做的最重要的事情就是促进工会工人与所有者一起践行共同繁荣和相互尊重的使命，以及为改善公司状

---

① 大卫·维拉里诺（David Villarino）2008年对作者的采访，维拉里诺（Villarino）先生同意在本研究中以他的真名来识别。

况提出的创新思维方式①。维拉里诺（Villarino）回忆道：

> 这真是天才的想法，因为在这种共同繁荣的大背景下，我们不需要经常与种植者一起共事。在对他们种植的两种玫瑰实施增产计划后，我们创造了150万美元的利润，这实在是太明智了。工人受过良好的教育，也受过很多训练。最后，工人们一起做决定，甚至不再需要工头了。这有助于提高零碎工作的工资，并使休息时间翻倍。当年12月正常损失的工作日减少了1000%。这是一个巨大的典范转变，因为公司正在利用农业工人的知识，利用它来使企业受益。公司承诺分享公司收益并保障工人就业。在我们看来，这对工会来说是革命性的一课②。

---

① 根据2000年农村移民新闻6月4日的一篇文章：
农业工人联合会（UFW）表示，它与加州沃斯科（Wasco）的熊溪（Bear Creek）（*Jackson Perkins Rose*）生产公司的协议就是"新UFW"如何在增加工人的工资和福利的同时愿意并且能够与农场雇主合作以提高雇主盈利能力的一个例子……1994年12月16日，UFW赢得选举代表熊溪（Bear Creek）工人，并于1995年3月17日签署了一份为期3年的合同，在合同期内增加了工资和22%的福利……UFW-Bear Creek有一个艰难的开始，在合同开始的18个月中，有36起不满情绪发生了。1996年7月，熊溪（Bear Creek）由于麻烦的关系联系了农业工人联合会（UFW），并于1996年9月举行了为期两天的会议，以解决悬而未决的不满；由此产生了作为UFW-bear Creek伙伴关系共同努力的承诺。根据合作伙伴关系，监管人员和工会代表接受了再培训，使他们能够在纠纷升级为冤情之前解决纠纷。熊溪（Bear Creek）工人在不必担心裁员的情况下被要求提高生产力。因此，熊溪（Bear Creek）生产的裸根玫瑰的质量显著提高，从1996年的40%溢价到1999年的54%溢价……根据农业工人联合会（UFW），平均每小时收入从1997年的7.62美元上升到1999年的8.02美元，工头数量减少，工人赔偿申诉减少一半。

② 大卫·维拉里诺（David Villarino），2007年接受作者的采访。

虽然计划显然已经遵循了种植者的意愿，并得到了工人的帮助，但熊溪（Bear Creek）计划最终还是失败了。维拉里诺（Villarino）认为，当管理层公开展示他们在该项目中获得的功劳时，他们就失去了工人的信任，并阻碍了熊溪（Bear Creek）未来的合作①。尽管没有给予工人平等的发言权和认可，但是"双赢"计划的思想还是成了农业工人联合会新方法的核心。2000年，在熊溪（Bear Creek）计划实施了近10年之后，农业工人联合会推动它全部的各种机构（工会和8个非营利"运动办公室"组织）和领导者参与了一个战略规划过程。在这次会议上，人们一致认为"所有人都让农业工人失望"。种植者没有做出任何改变，教育机构正让农业工人的孩子们失望，培训和劳动力开发工作也没有给农业工人带来任何好处……而且工会也失败了，整个行业的98%没有签订合同。② 在这次会议上，工会将不再把重点放在合同和管理组织上，而是更加关注贫困问题、农业工人的生活状况以及将农业工作变成舒适职业的方法。提出实施该新想法的方法之一是，通过与工会相关的非营利组织即农业工人教育与领导力发展组织（FIELD）合作，共同利用熊溪（Bear Creek）模式帮助农业工人。大卫·维拉里诺（David Villarino）受任命领导这项工作。

有人建议我利用现有的工会非营利组织教育与农业工人教育与领导力发展组织（FIELD）在该行业实施熊溪玫瑰模式。塞萨尔于1979年创立了农业工人教育与领导力发展组织（FIELD），当时还得到了卡特和布朗政府的支持。起初，他做了大量的劳动

---

① 大卫·维拉里诺（David Villarino），2007年接受作者的采访。
② 2000年实地规划文件。

力开发工作，比如汽车技工培训、文字处理和烹饪职业培训等。20世纪70年代，塞萨尔非常认真地意识到需要把农业发展成为一种有尊严的职业，这是他劳动力开发运动的一部分。复兴的农业工人教育与领导力发展组织（FIELD）最初从克林顿政府劳工部那里获得的资金，以填补劳动力开发与行业需求之间的技能缺口。我们在熊溪农庄运用了该理论，如果我们交叉培训玫瑰园和葡萄园的工人，那么，我们就可以增加产量和每周工作的平均时间①。

农业工人教育与领导力发展组织（FIELD）召集了一个研究联盟，对农业劳动力进行首次深入研究，绘制了工人技术技能表及人口统计数据表。这项研究表明，农艺技术显然从未被各州、各联邦或其他劳动机构确认过。20世纪50年代的万宝盛华（Manpower）劳动力开发项目运行期间，人们几乎忽略了这一行业。政策制定者没有投资开发农业劳动力，而是认为一切都将迅速机械化，农场工作将变得没有价值。然而，那时低廉的工资及劳动密集型作物促进了经济增长。虽然加利福尼亚的作物、杀虫剂和土地利用技术曾使美国在全球范围内具有竞争优势，但如今其他国家已经具备了这些前端优势，这些国家有墨西哥，西班牙和中国。农业实业家很快意识到，他们从未充分发展过的一个充满竞争力的领域，那就是劳动力②。

---

① 大卫·维拉里诺（David Villarino），2007年接受作者的采访。
② 虽然FIELD工作人员没有讨论过，使用工资低于最低工资标准的非法移民，对于进行大量劳动密集型作物种植的农民来说，是降低成本并保持竞争优势的一种方式。关于移民改革的工会—种植者联盟通过客籍工人计划确保低工资（临时合法）移民劳工的安全未来，以实现"双赢"模式。在美国农业工人联合会档案馆中发现了档案文件，韦恩州立大学（Wayne State University），沃特·P.鲁瑟图书馆（Walter P. Reuther Library）专栏28 UFW办公室总统组织结构文件夹，专栏27UFW总统农场工作者教育和领导发展研究所办公室文件夹。

根据这些调查结果显示，农业工人教育与领导力发展组织（FIELD）制订了提高员工生产率、改善员工与管理人关系以及提升行业利润的计划。通过农业工人教育与领导力发展组织（FIELD）促进的与加利福尼亚主要农场的"产业伙伴关系"，熊溪（Bear Creek）理念得以巩固。在着手建立与大型种植者和农业部门的合作关系时，农业工人教育与领导力发展组织（FIELD）员工意识到，他们一开始面临的问题是他们被看作工会。为了反击这一身份，他们来到工人身边，以证实他们没有抱怨也没有反抗。尽管工会主席及其他工会领导人都是该组织的董事会成员，尽管该组织被称为农业工人联合会的运动办公室，但组织人员依旧称它与工会的关系是无关紧要的。

在进行这项研究时，"产业合作伙伴"首席协调员华金·加尔萨（Joaquin Garza）特别擅长同种植者建立伙伴关系，并用非对抗性的商业用语解释农业工人教育与领导力发展组织（FIELD）模式。华金·加尔萨（Joaquin Garza）是前田地工作人员、福斯特农场（Foster Farms）经理和商学院的毕业生。正如在该组织培训和小册子中所传达的信息那样，主要目标是找到工人和种植者的共同点，从而通过劳动—管理联盟维持加利福尼亚的农场并促进农业发展。按照加尔萨的说法，该组织的领导力培训很少训练工人的组织能力，而是将重点放在了开发商业及解决冲突方面，最终目的是培养更为出色的工人并改善工人与雇主之间的关系。他指出，合作通常意味着工人和雇主在确定项目计划和改进方案上达成了一致，但种植者对解决工人所关心的问题的兴趣不大，主要关心他们作为产业的底线需要。为了保障参会种植者的利益，加尔萨优先考虑了那些他可以令人信服地描述为提升种植者底线的项目。他的"双赢"领导力计划以妥协性文化培训员工，重点关注他们能够通过领导力发展计划提高自身技能和生产率、改善生活状况及社区状况的方法。

农业工人社区建设倡议（FWCBI）的提倡者菲利普·科德罗（Felipe Cordero）称，农业工人教育与领导力发展组织（FIELD）中的"新双赢范式"是他的主要灵感来源之一，他还提出想要激发为农业工人争取权利的激进运动，而这在近半个世纪前曾被激起的。然而，正如地方项目网站 Campesino Rising 描述的那样，对共识和社区资产的过度关注使被资助的社区组织合作伙伴感到失望，并最终令农业工人社区建设倡议（FWCBI）陷入瘫痪。

西方基金会的 CAMPESINO RISING 项目

目前，Campesino Rising 是山谷里的一项巨大投资。项目官员是一个敢于承担风险的人，他希望支持农业工人组织，但他目前的努力是为了证明基金会的成功，并没有关注人们面临的问题。他们很担心农业工人对该项目的态度，因为该项目不会在短时间内带来效益，部分原因还因为他试图取悦所有人，他穿梭于基金会董事和员工之间，社区组织、种植者和雇佣顾问之间以及医疗服务机构之间。我担心我们会一起创造基金会能够解决这些问题的神话。我担心在所有这些团体之间的谈判中，我们就像他们的声音和愤怒一样毫无意义。

——采访农业工人社区建设倡议（FWCBI）WF 的评估顾问，约翰·杰弗里斯（John Jeffries）

2007年春天，我开始观察农业工人社区建设倡议（FWCBI）的 Campesino Rising（CR）项目。该项目位于中央山谷圣华金河的农业产区，此前冬季寒潮造成农作物减产，田地农业工人也为此停工数周，许多家庭在竭力维持生计。美国各地开展动员抗议反移民的杉司勃伦纳移民法案（HR 4437）活动已经一年了，该法案提议对非法入境的移民加重处罚并增加刑期。在这些动员活动开展后不久，移民与海关执法局（前移民归化局，根据"9·11事件"后爱国者法案重新制定）加强了对无证移民家园的搜捕，这加剧了农业工人的恐惧感。中央山谷农业工人辩护者苏菲亚·格雷罗（Sophia Guerrero）描述了圣华金河谷的情况，该地区是加利福尼亚州最大的移民农业工人聚集地：

> 现在情况非常糟糕。人们已经秘密地建立了地下避难所，我曾经见过，但是发誓要保守秘密。那就像一个防空洞，移民担心被搜寻到，还为此委派了站岗人员并安装了警报系统。冰冻让事情变得更加艰难，因为如果人们不加紧工作的话，就无法养活自己的孩子。然而，冰冻危机正转变成干旱危机。移民不敢出去寻求帮助，甚至不敢去诊所。所以，移民都躲藏起来了。

在大规模动员之前，移民海关执法局进行了移民搜捕，而且还发生了冰冻及随后的干旱，广阔的圣华金河谷中的一个小地方被选为 CR 项目的实施地，因为那里有大量农业工人和根深蒂固的贫困。据估计，至少有 57000 名农业工人居住在选定的项目区。真实数字会更大，因为农业区遍布整个县，并且许多农业工人没有证件①。农业工人家庭居住在农场之间的许多非建制市镇,这些市镇缺乏饮用水、住房和社会服务等基础设施。虽然地处美国具有最大农业生产价值的县之一,但从农药使用、地面抽水、喷洒等方面看,CR项目所在地却是最差的生活和工作场所。该地区的农场主要种植使用农药比较多的作物,如柑橘类水果和葡萄。除了农药中毒外,农业工人还提出了对很多方面的担心,如卫生和安全条件差,农场承包商和田地管理者的虐待,经济剥削,身体虐待,心理操控以及在住、行、饮食等方面的非法收费和贿赂问题。他们还提出了不公平解雇、恐吓,以及年龄、种族和性别歧视问题②。

尽管存在CR项目本应解决的一些关键问题,但该项目在专业培训和规划流程方面很快就陷入了困境。按照我采访过的几位受赠合作伙伴的说法,CR项目并没有参加2006年或2007年为争取移民权利而组织的活动,也没有"为改善农业工人生活条件而挑战任何东西"。那么,从2005年年末当地项目开始启动到2009年之间,CR项目及其合作组织都做出了哪些努力?根据受薪员工称,他们将大部分时间花在了"顶着压力实施资产模式"上。

从一开始,获得5000万美元资助的农业工人社区建设倡议(FWCBI)就因矛盾而烦恼,表现为要资助问题导向型组织者去参与一个复杂、多层次的基于资产的流程。在工作组将《阴影中的劳动》(*Laboring in the Shadows*)中的发现转化为建议及西部基金

---

① 根据保护研究对象和项目识别的承诺,不使用该网站的名称,并提供综合统计数据来描述该区域。

② California Institute for Rural Studies, *In Their Own Words: Farmworker Access to Health Care in Four Califomia Regions*(洛杉矶:加利福尼亚州捐赠基金会和加利福尼亚州获取服务计划,2004年5月)。

董事会批准的全州项目之后,科德罗(Cordero)开始设计该倡议。正如他从历史运动组织者、种植者和服务提供者那里学到的那样,他在一些充满冲突的情况下设想了解决农业工人贫困问题的多种方法。在一次采访中,他一开始就告诉我,自从工会成立以来,我们没有看到农业工人的生活条件发生变化,也没有看到任何负责任的组织。所以,我们真的想鼓励人们组织农业工人复兴社会运动。然而,科德罗(Cordero)只是提出在倡导者、种植者和服务提供者之间建立共识的方法,而没有提出进行生活运动、制定社区组织策略的建议,如问题分析、问题导向运动、针对特定目标的行动主义战略联盟、立法变革以及罢工和抵制策略等一系列的问题。他的想法是:让农业企业领导者认识到工人是他们最宝贵的资源,因此,为了他们自身的利益,他们应该照顾好工人。这种方法被描述为资产导向模式或者双赢模式,旨在帮助种植者和工人改变他们对农业工人社区的看法:工人在工作中获得尊严和自豪感;种植者努力保障农业工人和他们家人的健康、安全和工作机会。为了达到这一目的,科德罗(Cordero)建议:"我们需要动员资源就农业工作的重要性及其崇高性做出一致性声明,就像地方层面的农业工作法案(AgJOBS)。"

虽然 CR 项目扬言要振兴社会运动,却要求受资助的组织只关注资产,并禁止其对已经出现的个人或集体问题采取行动。CR 项目的许多合作伙伴是问题导向和行动导向型机构,他们发现该项目混乱不清,没有目标,令人很失望。本章的其余部分介绍了 CR 项目的愿景与设计。接下来的部分将讨论问题导向型组织者与资产导向模式之间存在的矛盾,并揭示双赢方法的内在矛盾。

对广泛的农业工人社区建设倡议(FWCBI)的第一笔捐款被

拨给了那些被项目官员确认为"优胜者"的组织，包括与农业工人运动有关的非营利组织、法律援助机构和一个西班牙语广播电台。这些拨款是开放式的；其目的是把历史上著名的农业工人机构拉上船，使他们能够在改善农业工人生活条件上做更多的工作。科德罗（Cordero）回忆说，"在初期，我们向这些机构中的几个机构提供了金额为60万美元的三年期拨款"。一些人相信，正如一位评估顾问所说，"菲利普·科德罗（Felipe Cordero）想要基于政治原因进行拨款，以便与农业工人联合会交往，而且允许他们提交根本没有任何内容的骨瘦如柴的申请书。但是，如果你看一下实际的投资情况，大部分投资将用于解决移民问题。这真的很糟糕，但菲利普（Felipe）任由他们做他们想做的任何事，并让他的助手记下带有目标和对象的内容与合同"。实质上，科德罗（Cordero）同意，提供这些拨款是为了显示基金会对历史性农业工人运动的支持，并允许他们为建立工人—产业伙伴关系"提升他们已经采取的行动"。

在资助"优胜者"组织一年之后，两处选址被公布。科德罗（Cordero）回忆称，在圣华金河谷被选为CR项目实施地点后，服务提供商就像苍蝇见了蜜蜂一样一拥而上，所有的非营利组织也蜂拥而至，但那里根本就没有农民。我们那么早发声是个错误，机密已经被泄露出去了。那我们就不得不大声说明这个项目的性质，它不是关于服务的，而是关于长期的社区建设。重要的是我们使用了恰当的语言，因为我们已经挑选出想要做这项工作的人。科德罗（Cordero）花了一年的时间决定并联系需要邀请的组织，而没有公开征集建议。我采访了来自全部19个合作组织的工作人员，其中3/4的人说科德罗（Cordero）个人曾向他们的组织献殷勤。长期的农业工人倡导组织并没有受到邀请,他们称,西方基金会(WF)的新合作伙伴是根据他们谁有最好的漫天空话来选择的。这涉及语言、建议、你呈现意见的方式,以及你的人脉。在采访合作伙伴时,他们表示,之所以被选中,是由于三方面的原因:一是他们的社会运动历史和人际关系;二是他们有利于促进社区建设理论的传播;三是最近成功地组织了农业工人群体。

受到"经验教训"——来自移民参与协作计划(见第三章)和有关区域合作伙伴关系的几份慈善报告的启发,科德罗(Cordero)详细阐述了3个基本的"社区建设"理念,以指导多利益相关者区域伙伴关系的详细构造。首先,他建议必须把人民(农业工人)的声音放在首要位置。其次,在基金会资助之后,农业区扶持工作应该继续做下去。最后,该项目将采用资金导向模式,并借鉴可妮莉娅·巴特勒·弗洛拉(Cornelia Butler Flora)[1]和罗伯特·普特南(Robert Putnam)的工作经验[2]。正如前一章所述,弗洛拉(Flora)和普特南(Putnam)的社会资本理论提出,社会和经济上最具活力的社区是那些鼓励并调动内部力量、信任内部关

---

[1] 最引人注目的是 Aspen Institute Roundtable's *Voices from the Field*: *Learning from the Early Work of Comprehensive Community Initiatives* (Washington, DC: Aspen Institute 1997)和 Cornelia Butler Flora (2003) 的社会资本理论。

[2] M. Emery, S. Fey, and C. B. Flora, "Using Community Capitals to Build Assets for Positive Community Change", *CD Practice* 13 (2006); M. Emery and C. B. Flora, "Spiraling-Up: Mapping Community Transformation with Community Capitals Framework", *Community Development* 37 (2006): 19–35; Cornelia Butler Flora, *Rural Community Economic Development Case Review* (Pittsburgh, PA: Claude Worthington Benedum Foundation, 2003–2004); Cornelia Butler Flora. *Developing indicators to Refine and Test a Theory of Equitable Change for Communities of Interest and of Place* (Dallas, TX: National Rural Funders Collaborative, 2003–2004); Robert Putnam, *Bowling Alone*: *The Collapse and Revival of American Community* (New York Simon and Schuster, 2000)。

系的社区。基于弗洛拉（Flora）的工作，5 种资产（或社区资本形式）被调动起来，以改善农业工人的健康和生活条件。这 5 种资产包括公共资本、环境资本、社区资本、社会资本和经济资本。该项目基于确定和加强社区资产来推动实施，而不是着重分析问题。不同的利益相关者可以建立互信和共同利益，实现互惠的持久变革。实现这些伙伴关系的计划分为 3 个阶段：建立伙伴关系、资产映射和最终行动计划。包括农业产业在内的多种利益相关者将被包含在内。

该项目将通过一个复杂制度结构进行运作。在伞式结构下，西方基金会（WF）及配套的顾问和员工将想象、指导并支持整个项目。在这一领导层下，也被称为战略合作伙伴的"优胜者"将为其他合作组织提供技术援助和支持。在基金会和战略合作伙伴的帮助下，一家大型国家慈善机构的当地分支机构将被作为召集伙伴受到资助。该合作伙伴通过一个受聘的主管和一些项目协调员来配备人员，召开并管理整个倡议。其他受助者，包括地方和区域社区组织机构和服务提供者，将负责招募农业工人以推动建立伙伴关系，实施资产映射和行动计划。

理事们将被社区组织伙伴机构组织起来。这些理事将会是将当地农业工人领导者组织起来的社区居民组织。农业工人大会将会提供培训，以保障委员会级别的农业工人参与能力。当计划者断定在转入委员会级别之前农业工人需要接受更多的训练时，大会级别被认为是事后的想法。委员会将在市镇层次运行（项目区域内的 3 个城镇被选中参加），而且拥有来自学校、社会服务业、商界、农业综合企业以及医疗卫生服务业的农业工人代表与委员。该组织被赋予的任务是绘制当地资产地图，并将他们与解决当地和区域问题的战略相匹配。最后，有人建议来自每个地方委员会的代表可以组成区域联盟。该小组将在更广泛的层面上进行规划，并听取农业工人的声音以保障农业工人的利益。

可以把区域联盟想象成一把伞，伞下是三级委员会，议会下是农业工人大会，农业工人大会下是居民委员会。总之，各项目组致力于围绕人口健康问题（例如，减少工伤、改善心理健康）、社区健康（例如，改善住房和加强社会支持）及体制变化（例如，改善工人及雇主关系、保障就业、制定响应性公共政策）进行区域决策。

理事会由社区组织的受助机构组织和配备人员。召集伙伴中的带薪员工为农业工人大会和议会提供服务。1000万美元补助金被投入了当地的 CR 项目中，还资助了 19 个伙伴组织，包括优胜者组织、其他社区和医疗卫生组织。据项目的员工主管爱丽丝·理查兹（Alice Richards）——她与召集伙伴组织住在一起——所说："基本想法是，一个由农业工人、种植者、服务提供者、政策制定者构成的区域主体将会提出一个广泛而统一的蓝图，改进农业工人健康状况，并制定和实施行动方案或者获得产生影响所需要的资源。"

多利益相关者模式中所存在的障碍很快就被暴露出来了。实施 CR 项目一年后，农业工人代表还没有准备好在强大的合作伙伴面前平等地为自己的关切发声，而这由召集合作伙伴的工作人员来决定。为了实现这一目标，项目资源被用来训练农业工人大会的地方农业工人代表的领导能力。正如前文所述，农业工人训练的大会层级是事后才提出来的。此时，多利益相关者委员会已经形成，但他们缺少农业工人代表，因为那时农业工人正在苦苦训练，还没有达到大会层级。决策机构仍然缺乏农业工人的声音。担负召集职责的合作伙伴意识到，如果不解决工人与种植者之间，甚至工人与地方官员和服务提供者之间的权力失衡问题，那么，将无法建立真正的多方利益相关者共识。因为农业工人参与者在协作会议上经常保持沉默。接下来的部分将着重探讨资产映射及达成共识模式如何继续忽视农业工人关切的声音，以及让社区组织受助者感到失望的原因。

像油和水：专业性的"女孩"，资产而不是问题，以及成员竞争

CR 广泛的目标极其远大：既要重振社会运动，又要在工人、种植者和服务提供者之间建立区域决策伙伴关系，以改善农业社区的条件。对于以问题为基础的组织者和以成员为基础的组织者，问题很快就出现了，他们对压倒性地关注资产模型和共识达成过程几乎没有耐心。除了对项目实施的缓慢进度感到失望外，作为组织者的机构还为争夺成员而相互争斗。大会努力留住员工和参与者。委员会仍然深陷资产映射的泥潭，而种植者没有找到加入该活动的理由。在资金枯竭及合作伙伴转向处理其他事情之前，区域联盟并没有形成。

最终，由于没有共同的目的或身份、具体问题或确定的目标将大家招致麾下，该项目最终将会变成流程，合作伙伴也散伙了。该基金会试图通过支持当地农药组织将精力投入项目上，但为时已晚。由于对基金会来说没有"可衡量的成果"，基金资助被迫中断，合作伙伴也由于个人授权合同终止而退出机构。在我的研究

中，我观察（并在下面作了描述）了 CR 项目推进的 3 种特定方法破坏项目目标的方式。第一，人们偏爱年轻的专业人士，而对经验丰富的组织者不感兴趣。第二，关注社区资产而忽略问题，这最终促使项目官员在面对受助者和基金会的批评的同时不得不重新评估项目。第三，有问题的方法是项目强调机构的成员资格，这与现有的成员组织战略相冲突。

专业性"女孩"，而非经验丰富的组织者

> 看到他们雇用了这些年轻女孩，我感到很吃惊。她们并不像我们这些老人一样有社区工作经验。她们不知道如何同农业工人合作，她们在会议上穿着漂亮的衣服，说着漂亮的语言，但她们真的什么都不懂。
>
> ——接受采访者，格蕾茜·何蒙莎（Gracie Hermosa），历史农业工人组织的领导，2007 年

在 Campesino Rising 项目实施的早期，该基金会要求合作伙伴聘请"职业女孩"担任项目协调员。其想法是：经验丰富的组织者无法促进基于资产和广泛的利益相关者协议的程序，因为它与对抗性问题截然相反。工作人员应该是"中立而专业的"，接受过教育培训，从而理解多层次的项目设计及具备促进与不同人群体会见的技能。新聘请的 4 名协调员都是弗雷斯诺州立大学或斯托克顿的太平洋大学刚毕业的学生。他们拥有社会学、社会福利学或者公共卫生学士学位。其中 2 人还是农业工人的女儿。所有人都在中央山谷长大。每个人都在社会服务办公室工作过，具备行政管理能力。但他们都不具备处理社区组织事务、发展事务、公共及

政治事务的经验。

从一开始，授权合作伙伴组织的工作人员就不信任也不尊重这些年轻的女协调员。这样一来，协调员们变得很沮丧，因为她们缺乏与老练的、有时候暴躁的合作伙伴组织领导人一起工作的经验。在2007年至2008年，我多次采访了4位处于"第二轮"的协调员。由于缺乏指导，与合作伙伴组织一起工作面临问题和（或）"个人原因"，前4位已经退出。"与前面的协调员相比，我采访的那些协调员在经验上比没有好多少。在我的研究结束时，只剩下1个协调员还留在该项目中。"

协调员面临的主要问题是，如何将他们所理解的创建共识模型传达给对行动感兴趣的授权组织，以及如何体现中立促进者的作用。西方基金会（WF）要求每位协调员都要参加旧金山的一家咨询机构的促进培训活动，参加与基金会工作人员一起召开的一次会议以评估那个模型，还要参加在大型公共卫生机构召开的一次会议以了解广泛而综合的健康理念。他们还被要求阅读来自合作伙伴组织和西方基金会（WF）的报告，包括《阴影中的劳动》（*Laboring in the Shadows*）。在接受培训后，协调员有望通过前一节中所描述的各种制度结构和程序在现实中建立伙伴关系。虽然协调员有理论性项目设计方案，并接受过专业培训，但他们随即发现他们并没有准备好与合作伙伴组织一起工作，因为其中许多组织之间长期存在着地盘战和竞争[1]。卢佩·维嘉（Lupe Vega）是一名协调员，她这样描述了他的经历：

---

[1] 其中一些组织是在20世纪60年代农业工人运动期间成立的，有些人是第三章所述的移民参与协作（ICP）的合作伙伴。

我被送去接受了一周的培训。学习了项目模式，当时我有很多问题，不过现在我明白了。它是以资产为导向的，而不是以行动为导向。他们要求我们不能说"我"或"我的"，所以，我的任务是解释和推动该模式。由于我们专注于资产导向的方法，我不知道组织合作伙伴正在做什么，反正我也没有什么意见。我面临的主要挑战是人们不相信我，并且反问，"你到底要为组织做什么？"

桑德拉·弗兰克（Sandra Frank），一位稍精明的协调员，他这样描述了他的经历：

同不想与你们合作的组织合作很难。他们与我们有矛盾的原因是因为项目模式问题。从一开始，项目官员就犹豫不决。现在已经3年了，作为项目一部分的组织仍然在问："那又是什么？"我们现在应该做什么？都害怕参加基金会组织的会议，因为它们一直在改动计划。当科德罗（Cordero）有了新想法，他就会提议"我们改了这个部分吧"。之后，我们又要接受培训，又得讨论该项目模式的新内容。例如，我们在一开始并没有工农大会，后来他们意识到在农业工人参加其他会议前需要提升参会农业工人的能力。这就像是，我们正在告诉那些与农业工人一起工作的人：我们认为农场工作人员现在还没有为参加会议做准备。而且，面对所有这些已经与农业工人打交道很多年的人，告诉他们我们正是要负责培训他们的人。

第二位协调员的话清楚地描述了她所面临的状况：一个不断变

化的复杂的理论模型、一种阻止社区组织者进行组织的方法、解散长期嵌入领导者的专业化过程，以及防止协调员针对项目参与者的忧虑采取行动的促进模式。虽然所有的协调员都是在中央山谷出生和长大的——3个来自当地项目区，2个是农业工人的孩子，但他们被要求所发挥的专业化作用却引起了几乎所有合作伙伴的不信任和不尊重。他们经常被这样描述：

> 格蕾西·何蒙莎（Gracie Hermosa）是CR的受助者和农业工人组织的领导人，她表示："戴着珠宝、穿着连裤袜的女孩走进穷人的家里，就像她们不想把自己弄脏一样。因为她们不像组织者那样不怕脏、能和工人在田里交流，所以，我们常见的老样子结束了：外面的人从移民那里得到了反馈，但并没有做任何与此相关的事情。"
>
> 丹妮娜·托雷斯（Daniella Tores）是CR的受助者和社区组织人，她表示："他们只是看门人并且阻止事情发生。他们的立场是'人们还没有准备好'，所以，他们把很多时间花在合作伙伴会议上，试图把资产语言记录下来。"
>
> 苏珊·卡茨（Susan Katz）是CR的受助者和健康教育者，她表示："他们正在努力建立社区联系。事实上，我们已经建立了良好的联系，我们与各机构合作。为什么还要采取新活动计划呢？"

在招聘那些没有与农业工人组织者一起工作的经验的应届大学生之后，CR将协调员扔进了狮子窝。每个合作伙伴组织都采用不同的社区组织方法论，从行动研究方法到工业区基金会式（Industrial Areas Foundation-style）组织方法（被定义为通过一对一和家庭会议来进行问题识别和制度构建），再到流行教育方与服务中心方法。他们也有自己（通常是竞争性的，下一章节将进行详述）的选区及地方领导力。要求这些团体协同合作是第一个挑战。要求他们按照没有明确的目标并经常变动的模式采取行动是一个更大的挑战，更何况该模式对行动来说是一个障碍。具有讽刺意味的是，由于合作伙伴对所提供的专业化过程和理论十分反感，专业"中立"的促进者比"老式组织者"经历了更多的冲突和对抗。

尽管存在着内在挑战——资助社区组织者以使其不去成立组织，但受助者格蕾西·何蒙莎（Gracie Hermosa）建议，如果雇用"具有组织能力的移民领导者而不是年轻女孩"，那么，该项目可能还有一半的成功机会。何蒙莎（Hermosa）推荐了玛利亚·洛佩兹（Maria Lopez），她是一个米斯特克（Mixteco）女人，我通过弗雷斯诺（Freso）的一位朋友认识她的，在我接受采访和参加会议期间，我雇用她照看我当时 8 个月大的女儿。

> 我会聘请玛丽亚。她作为移民来到这里，表现很出色，是一个很好的典范，她希望改善自己家人和自己民族人民的生活。看看她如何将人们组织起来反抗搜捕并保护马德拉（Madera）的米斯特克（Mixteco）文化的。如果除了厨师、清洁工和照顾我们孩子的保姆以外，我们不能雇用像玛利亚·洛佩兹这样的人，那么我们将停滞不前。这是需要被接收的那一类女性。但是，像玛丽亚这样的女性中的许多女性也受到了我们大男子主义文化的影响，在她们做事之前必须征求阿尔弗雷多（一位米斯特克首领）的意见或与自己的丈夫商量。

贯穿于我对 CR 项目的研究，可以看到一种假定的性别化政治，其中，受过大学教育的年轻女性被认为是中立且专业的，而被称为"老式女性"的组织者被视为过于具有对抗性且深陷地方政治和地盘争夺战。来自土著瓦哈卡（Oaxacan）（米斯特克、特里克及萨巴特克）（Mixteco, Trique, Zapotec）社区的新兴女领导人常常因其传统文化所规定的性别角色而受到冷落。我还发现，聘用协调员只是成功地为该项目招聘了女性。协调员安娜·马丁内斯（Anna Martinez）解释说："有一天，我注意到有几个女人离开，她们的丈夫在车里等着她们。我说，'现在为什么你们不进来'！但它是墨西哥文化的一部分。他们只是不做社区事务。"因为该项目被传达为一个"社区改进"努力，而不是为了解决工人们的不满（由于害怕疏远种植者，这被回避了），墨西哥男人认为它是为了传统社区服务提供者所设计的"女人的事情"。

最终，为了创造一种中立的"双赢"政治，专业化和性别化的招聘决策限制了该项目成功雇用历史上著名的社区组织机构和男性农业工人的能力。正如在国际发展扶贫计划中所观察到的那样，战略上性别化的专业主义可以使当地积极分子的方法和网络非政治化，并使其"驯服"[1]。在这种情况下，它也代表了慈善自助的混合或双重努力：在贫困的中央山谷社区长大的妇女有权通过自己的专业能力领导组织，但却要将时间和资源用于官僚主义

---

[1] 对于在发展和扶贫计划中分析性别职业化的研究，请参阅 Wendy Larner and David Craig, "After Neoliberalism? Community Activism and Local Partnerships in Aotearoa New Zealand", *Antipode* 37, *no.* 3（2005）403 – 24; Kathryn Moeller, "Proving 'The Girl Effect': Corporate Knowledge Production and Educational Intervention", *International Journal of International Development* 33（2013）: 612 – 21; Karim, "Demystifying Micro-Credit"。

运作,而不是关注农业工人社区所关心的问题。

从容但也要赶快:拥有直接行动组织者的以资产为基础的社区发展

从理论上讲,所有授权的合作伙伴都通过将农业工人领导者吸引到居委会、指派农业工人代表接受集会培训并参加市议会来实施 CR 模式。实际上,合作伙伴并不了解该模式,并且还存有抵触心理。

格蕾西·何蒙莎(Gracie Hermosa)是一家米斯特克人服务提供者和组织机构的 CR 合伙人兼项目主任,她说:"不清楚他们的期望是什么或者他们想要看到哪些结果。它起步非常缓慢。对于组织伙伴来讲尤其如此,因为,在(理事会、大会和董事会)成立之前,我们估计不会关注任何问题。我们已经拥有了这方面资金,却没有什么事情可做。"

杰弗里·科恩(Jefferey Cohen)是 CR 合伙人兼法律援助人员,他说:"我认为 CR 真正想要做的只是创建一种模式,最终创造非对抗性问题,就像制订工作计划一样。我认为他们希望我们做的是帮他们将这个模式运用到可以发挥作用的地方。"

弗朗辛·多恩兹(Francine Donez)是 CR 合伙人兼社区组织者,她说:"当人们首次提出它时,那确实是空想。我不清楚他们想要什么。就像气候变化和社会变革,完全是无法掌控的事情。我在很多方面都不知道自己应该做什么。"

从一开始，合作伙伴就拒绝了专业人员并否定了项目设计。令组织者感到失望的是，虽然他们是作为"组织伙伴"而获得资助的，但被禁止允许他们的成员去识别问题，例如杀虫剂、水权以及田间虐待工人问题。服务提供商对该项目非常谨慎，该项目要求要举办多次会议，但并不包括有关服务提供的计划和资源。市政府官员也不希望将时间花在对其选民没有直接影响的程序上。协调员描述了大会和董事会层面发生的事情，并激发了如此广泛的批评：

> 农业工人大会协调员艾丽西亚·佩雷斯（Alicia Perez）说："我们需要从基础做起。这里的一些人甚至不知道议程是什么，所以，我们从解释议程内容以及如何使用罗伯特议事规则开始。我们有18个月的资助时间，所以我们需要让人们了解最新情况。我们还在努力为我们的会议及基本规则等建立框架结构。此后，我们将讨论他们想对社区做哪些改变，以及他们希望利用哪些资金来改善生活状况的问题。"
>
> 董事会协调员安雅·沃克（Anya Walker）说："我会这样描述我们的会议，它是让每个受过足够训练的人为他们自己做这项工作。因此，我们花时间记录相同的资产语言、如何创作使命说明书、如何创建工作指南。我必须再次回顾该模式，它基于资产，而不是行动。今晚的会议，我们将讨论董事会的模式及其运作方式，然后将充分讨论我们的使命和愿景，进行资产培训，然后规划我们的首次庆祝活动。"

在6个月的时间里，我参加了几次董事会会议和强制性的月度合作伙伴会议。在每次会议上，都有一名带薪工作人员就5个社区卫生资产进行临时测验，而参与者和伙伴关系组织的员工则自言自语，支支吾吾，就像顽固的小学生：公众—环境—社区—社会—经济。当我建议项目协调员将话题转向讨论董事会或大会参与者想要接下来做什么的时候，一些具体问题确实就出现了。但是，立即得到确定的是"还不是采取行动的时候"，因为应该首先推动共识建立的过程。这里有一个例子。

艾丽卡（Erica）说：曾经在会议上出现过人们想着手解决的关键问题吗？

据大会协调员称，在一次会议上，一位现场监督员来了，听了每个人的话之后，他表示："哇，我真不知道这些事情竟然发生在工作中。"其余的工人都在谈论水有多脏、田地里没有厕所、女人被占便宜和谩骂。这种情况仍在发生，在很多情况下，对于女性来说，这是获得成功的唯一途径。

艾丽卡（Erica）说："像田野性虐待及其他虐待行为这样的问题，董事会会优先研究这些问题吗？"

大会协调员还表示："嗯，这些不是我们要向董事会提出的问题。我们要研究的是资产映射和健康计划。我们面临的挑战是我们需要等待大会代表培训好工人代表，然后他们就可以加入董事会。没有代表在董事会，他们就什么都做不了。而且，现在董事会根本无法听到农业领域的声音，无论是工人的声音还是种植者的声音，而这被假定为是以社区为基础的，所以，如果他们不参加会议，我们就无法做任何事情。"

这是另一个关于采访者和董事会协调员的例子。

艾丽卡（Erica）说："那么，当你问人们他们希望看到有什么改进的时候，那到目前为止都有哪些改进呢？"

董事会协调员说："一位女士谈到她的后院长满了高高的草丛，每天都有毒贩和妓女出现在那里。这是一个没有建制的地区，所以，他们没有警察可以寻求帮助。"然后，我转过身说："我们怎么能把这种地方视为资产呢？"她回答了我的问题，并设想了一处干净的院子，还有孩子在那里玩耍。因此，我们可以将这些问题转化为资产。

艾丽卡（Erica）说："这是他们现在要研究的事情吗？"

董事会协调员说：不，我们并不打算现在就着手解决这些问题。也许这是他们未来可能想要做的事情，但很多人只是因为看问题的角度不同才受到了不同的影响。目标是为他们培养准备好首先为他们自己做事情的能力——举行会议，了解计划，看见资产而不仅仅是问题，我们还将在他们处理问题之前提供框架结构。

在我 2007 年春季开始研究之前，这个规划过程已经进行一年了。当我完成大部分的实地工作时，该计划仍然在实施中。农业工人和服务提供者一次又一次地被督促要学习新技能，说新语言，并在工作中体现专业性。在这个新的自助循环中，人们被要求通过识别自己已经拥有的微薄资源来改善自己的生活条件，但绝不在言语和行动上反对行业或主流机构。然而，在 20 世纪 60 年代社会运动时期，自助慈善事业只有在穷人的参与超过了基金会和主流机构可接受的程度时才施加一下限制；而新的自助通过禁止与资产和产业关系有关的所有交战将问题识别和抗议排除在外。

在成员制机构之间培育竞争

由于受资助的组织合作伙伴拒绝了这种缓慢，对他们而言又虚伪的程序，他们很快就犹豫要不要带他们的"最佳领导者"去大会或者去委员会，因为担心他们会被 CR 项目挖过去。胡安妮塔·奥尔莫斯（Juanita Olmos）是一个 CR 资助的社区组织类合作伙伴的组织领导者，他的说法是：

> 在我们的（理事）中，我们负责训练组织和行动能力。但在董事会层面，我们甚至没有发言权。在董事会，我们不得不静静地坐着学习"资产"。被我负责送到董事会上的领导者们对我说："我们厌倦了被哺乳，我们正在成长，并且需要更多的物质。他们每次都谈论同样的事情，从来没有采取过任何行动。"领导者们继续说："不要把我送到那里去。"如果他们为开了这么多次会议而没有采取行动而担忧的话，那我就不得不小心会失去我们自己组织成员的领导者了。

尽管组织合作伙伴对农业工人大会和董事会程序感到失望，但他们仍然需要按照授权合同的要求将农业工人代表送到这些会议上去，以终止他们之间为争夺当地真正领导人的身份进行的竞争。这种动态引起了激烈竞争，甚至是组织受助者之间的诽谤。这里存录少许 3 个不同合作伙伴的组织者的话语，供大家分享。

戴安娜·赫雷罗（Diana Herrero），PICO训练的授权合作伙伴。她说："我不确定其他组织合作伙伴是否真的像我们一样设有委员会。你已经看到了，并没有人真正想探讨他们在CR会议上做的事情。我们有计划，并一直在建立真正的领导力。"

格雷西·何蒙莎（Gracie Hermosa），来自一个历史悠久的移民组织，她是授权的伙伴组织者之一。她说："胡安妮塔（Juanita）也是一位组织者，她在社区中一点也不开心。人们都知道，他们并没有真正组织多少活动，只是给工人起坏名字，所以，现在他们为了得到自己那部分会员配额通过走后门来伪装自己。"

亚伯·弗尔南德斯（Abel Fernandez），来自历史悠久的农业工人运动机构，是合作伙伴组织的组织者之一。他说："我们参加会议，他们就像操控者一样。"他们会问："所以你带来了多少人？你的领导人是谁？"我们声称这些人都是，因为其他人都没有带来人。对于他们想要带来的人，我得从很久以前我在社区的岁月里找到了解他们的方法，而那些人并不是那些想要干些什么事的人——就像任何事情都参加的老常客一样。但那些家伙（其他组织者）并不了解，因为他们只是加入组织并重新开始做以前做过的事情。无论如何，他们只有1个人，而我有4个人。"

除了组织者之间的竞争和不信任之外，他们还与其他出资者就义务问题产生了冲突。许多人在第一个5年儿童早期教育计划下从加利福尼亚州获得了大笔补助金，该计划要求受资助的组织制作教育材料并提供培训。一些会员制组织选择保留成员而不是将其丢给 CR 委员会。其他人被指控只召集人员提供其他资助者规定的服务，如帮助第一个 5 年儿童早期教育计划和其他私人基金会，而没有协助组织 CR 委员会。

社区组织者并不是唯一的在将代表带到会议桌前上遇到困难的人。尽管存在着工人和种植者双赢的谈判，所有董事会也都没能吸引到农业经营者代表。种植者代表没有找到与工人倡导者合作的理由，并且在繁忙的种植和收获季节期间，他们没有时间参加各种会议和商议制订计划进程。

当资本撞在墙上：农药组织最后的努力

项目协调员建议在工人和种植者来参加会议之前"坚持资本映射"，因此该项目没有什么进展。在这种停滞不前的情况下，在基金会的董事会发出最后通牒，要求继续提供资金以展示可衡量的成果的情况下，他们决定打破这个模式并鼓励合作伙伴开展反农药组织活动。然而，由于合作伙伴有背叛的感觉——科德罗（Cordero）一边正在议题上发挥领导作用，一边又声称是参与性的，所以，这最后一次试图团结合作伙伴的努力没有奏效。合作伙伴还批评基金会缺乏实施反农药战略的知识，以及它对与种植者发生冲突的坚定的恐惧。科德罗（Cordero）说：

> 我建议他们可以从针对农药漂移采取特定法案的活动开始合作。去年，州长签署了一份法案，但是几乎没有人支持。这是一份关于农药漂移的紧急警报法案，但它有缺陷。通常，公共卫生官员是处理漂移紧急情况的重要人员。但在这项法案

中，却是农业监理员。所以，我告诉所有人，他们可以在CR项目实施地上帮助人们学习该法案，培训人们识别农药漂移，理解文件报告以及使用警报系统的方法。然后，当领导人员没有出来处理紧急情况时，他们动员大家一起抗议并去立法机构修改该法案。但是，组织领导人因为我而感到生气。因为是来自基金会的我带来了问题，而我还一直说这是人们的问题。这很难，因为在基金会上，我不断被迫展示已经取到的进展。董事会说他们相信长期的社区建设方法，但与此同时，他们仍在努力寻求可衡量的结果。我甚至不确定这个项目未来的资金是否有保障。我需要弄清楚如何证明状况得到了改善。我想要做一些类似于环境公正方法的事情……而且，因为我的项目是有关农业工人而不仅仅是服务提供者的，所以它更具争议性，此外，我正在接受更严格的审查，结果很快会出来。

我对合作伙伴的访谈证实，虽然一些人支持围绕农药漂移警报系统进行组织活动，但他们厌恶在科德罗（Cordero）坚持参与性社区驱动模式之后被基金会告知要重点关注什么。正如国际发展学者乌马·克萨利（Uma Kothari）所描述的那样，出资机构所雇用的参与性"主持人"和"促进者"，如科德罗（Cordero）和年轻的专业协调员，经常感到困惑，他们不能与"基金会其他工作人员"就促进参与性合作交流想法，因为，为了展现并保持他们的专业性，他们需要像权威一样保持一个的距离。由于对参与性和权威性的双重要求，这可能会带给他们紧张的矛盾心理。[1] 在此

---

[1] Uma Kothari, "Authority and Expertise: The Professionalization of International Development and the Ordering of Dissent", *Antipode* 37 (2005): 442.

情况下，科德罗（Cordero）受到了广泛的批评，因为他没有扮演好沉默的参与性权威的角色。

但是，对基金会最后试图实施农药漂移警报系统的更致命的评价来自一位在此领域经验丰富的合作伙伴。艾米·詹宁斯（Amy Jennings）是一名农药行动小组的工作人员，CR聘请她作为技术援助合作伙伴，她发现基金会驱动的农药组织甚至更令人失望。

我参加政策委员会（Policy Committee）会议，（菲利普·科德罗）组织该会议仅仅是为了通过倡议解决那些已经完成的事情。我感到非常沮丧……我们都被要求谈论如果资金到位，问题会不会有所改善的问题。科德罗（Cordero）和一位聘请的顾问希望将SB391作为假设进行研究。但令人失望的是，我们农药组织已经有了这方面的战略，而SB391非常适合于（CR）合作伙伴的集体行动。我本应该选择缓冲区问题，因为人们可以在他们的社区中通过分析必要的缓冲区来进行工作。但SB391已经被运用到已开发的区域指南上，为此，我们接下来需要做的是提出谈话要点并邀请人们来参加听证会。但这不是一个广泛而富有创意的问题。我们是农药组织的合作伙伴，为什么不跟我们谈谈哪些杀虫剂问题会导致集体行动？那么我想问的是，这是一个假设练习还是我们真的会研究这个问题？［科德罗（Cordero）］兴奋地回应："让我们着手研究这个问题！让我们开始工作！"然后我想，"天哪，这些人什么也不懂"。但他们表现得很激动。然后第二天，所有合作伙伴都在着手处理这项问题，后来，召集合作伙伴推迟了该计划。他们对我们有点失望，因为我们试图做些有价值的事情而这违背了该模式。此外，每个合作伙伴都有一份单独的拨款协议，现在突然之间，要求他们一起工作。所以，他们都在质问，那么我们现在应该做些什么呢？算谁的功劳呢？我还必须告诉评估顾问该模式阻碍了问题的解决。召集合作伙伴正在阻止此类事情发生，这是我们第一次与评估顾问讨论有关是提供间接服务还是组织活动的问题，而我们正在做的事情永远不会关系到社会资本。我还告诉她，SB391不好，缓冲区比较好。她反应道："哎呀！"

具有组织反对农药活动的历史的3个伙伴组织也都意识到可能会面临更大的困境，通过"双赢"框架解决农药中毒是不可能的。组织者大卫·斯威特（David Sweet）说：

> 问题在于，这种模式没有说明资本什么时候发生变化，我们无法通过对话解决这些问题。我真的很想知道［科德罗（Cordero）］是否理解这一点？想从该议程获得金钱的山谷民众在公共场合对该项目表现得很友善。但旧金山的农药活动家们却在问："当资本破产时，会发生什么呢？"

同样，组织者大卫·维嘉（David Vega）提出：

> 我们对于实际发生的任何事情都需要提出要求、抗议，当然这不符合该模式的要求。我们根本没有在那里，这就是他们要说的。当地县监事会由所有共和党人、保守派种植者组成。在通过协作共同讨论农药问题时，我们却不能让种植者和监督

人员参加，这真是很可笑。我们与当权者相距甚远。我们需要做出改变，但基金会不会允许我们采取任何行动。

科德罗（Cordero）的农药组织尝试失败了，表明双赢方法存在缺陷，并且妨碍了社区组织活动取得进展。在更大的层面上，它揭示了在农业工业化及其根深蒂固的政治支持体系的背景下，不平等的各群体之间是不可能达成共识的，有时这是很不明智的。真正改善工人的生活、工作及健康状况的措施会引发太多问题，并且会让种植者望而却步。"双赢"发展是双重的，一些利益相关者拒绝参加会议，因为他们的利益基于贫苦者为改变生活所做出的努力。该倡议在处理农药组织问题上的失败，成为一系列陷入困境的历史案例中的一个，这些案例从黑人权力运动（the Black Power movement）对灰色地带计划（the Gray Areas Program）的参与到南半球的参与性发展项目，其中，解决结构性不平等的努力被基金会所提出的意识形态和政治上的限制所破坏。

结　论

使农业工人社区建设倡议（FWCBI）模式在基本结构上的局限性复杂化的是如下不幸的事实：许多社区组织机构也没有在解决农业工人最关心的问题。在对移民家庭进行突击搜查的背景下，未加入工会的多数劳动者不仅面临着失业的危险，还需要面对金融危机以及当下威胁丰收的干旱所带来的问题，但组织者已经开始着手解决安全问题，例如在农业工人街区设置停车标志和路灯。我采访的每个合作伙伴都批评其他所有合作伙伴，只是为了获得机构会员资格和基金会的资助。竞争性及项目导向性筹资文化甚至使建立农业工人权力基础变得更加困难。这是很难想象的场景，农业工人都害怕面对种植者，农业工人与行业建立友好关系是帮助自己的最佳方式，这已经成为常识。

甚至，以共识为基础的模式的拥护者也提出该模式并不总是切实可行。例如，迈克尔·迪莫克（Michael Dimock），他负责管理一个名为"变革之根（Roots of Change）"的全州性可持续农业项目，该项目旨在让不同的利益相关者参加有关加利福尼亚可持续农业系统的会议。

> 中央山谷的处境更加艰难。我们试图在默塞德（Merced）开设一个 AFA（合作委员会），但是失败了。我们有一些农业工人辩护者和种植者，但他们在默塞德（Merced）案例中表现得非常极端，该组织中有太多的极端人群。你可以看到，我们可以管理文图拉（Ventura）和我们合作的许多小型有机农场。我们需要将持不同意见的人聚在一起，形成共同的理念。我们的理念和组织方法受到狄伊·霍克（Dee Hock）[①]著作的启发——持不同意见的人阻碍了活动的进程。极端思想控制着活动的进程，所以总是陷入僵局。政治家不会担任领导，因为风险太大。但是在中央山谷，我们没有"中心"，没有真正的方法可以帮助我们从极端思想中走出来[②]。

[①] 迪伊·霍克（Dee Hock）是一位管理型领导者，其著作《浑序时代的诞生》（*Birth of the Chaordic Age*）（旧金山，加利福尼亚州：Berrett-Koehler，1999）经常被迈克尔·迪莫克（Michael Dimock）引用。

[②] Roots of Change 的导演迈克尔·迪莫克（Michael Dimock）2007 年接受作者采访。迪莫克（Dimock）先生同意在这项研究中不用匿名。

虽然"双赢"或"新中心"议程建议同时拯救工作和产业，对于迪莫克（Dimock）来说还要改善环境（三重底线），但是，什么是不可能通过一致同意或合作而制造出来的？它排除、隐藏了什么，或者使什么不可想象？鉴于目前工人和种植者都陷入了绝望，我的访谈对象中很少有人质疑双方共同的目标是让加利福尼亚工业化农场更容易获利。由于在贫穷的墨西哥印第安村落与加利福尼亚州农业区之间存在着错综复杂的关系，倡导者越来越乐于为种植者的经营活动提供便利，以保障就业，保持围绕该行业建立的两国合作关系，并保护家在边境两边且依赖农业劳动的移民。如果没有中央山谷农场的工作，就会有更多的移民家庭开始流浪，在收割季节，穿越国家边境。面对金融危机和干旱，这已经发生了。

另外，如果加利福尼亚州的大型工业化农场被迫变革或迁移，农业工人社区中日益加重的贫困问题、边缘化及虐待问题可能会得到缓解。然而，在整整两年的实地考察过程中，只有一位受采访者问了这个问题——"我们为什么要把时间花在这些大农场上呢？"瑞贝卡·罗萨多（Rebecca Rosado）是一位来自图莱里（Tulare）县的长期农业工人，也是最近刚接受训练的社区组织者，她提议说：

说要帮助我们发展这里的大农场，就像是说，你们要去看你们的棒球队，然后最后竭力为该团队聘请一些明星运动员，他们给举办人赚了我们从未见过的大笔利润。另外，我们还不得不支付150美元的门票支持这些运动员，并且所有的建设和车辆还污染了我们的城镇。最后我们到底得到了什么？我认为应该是帮助工人,否则就什么都不做。我们应该清楚这一点。我们需要搞清楚我们是否真的想与这里的农场合作。田野工作人员说我们已经来不及反抗了,因为他们已经长大了,找到了好工作,开着好车,并组建了像农业工人教育与领导力发展组织(FIELD)或农业工人联合会(UFW)这样的大型组织。他们就在那,而且非常舒服地生活着。

只有这个农业工人组织者建议,迫使工业化的农场变革或迁移是一个可行的解决方案。少数人正——不公开——批评《农业工作法案》(AgJOBS)的合作伙伴关系,并正在为客籍工人自由移民改革而斗争。业内人士和农业工人支持者都不确定农业工人是否会从奥巴马总统最近提出的移民改革建议中受益[1]。在当前的金融危机中,人们的安全暂时受到了威胁,"拯救产业以保障就业"的呼声同样出现在其他领域。诸如"社会企业家精神""底线发展""慈善资本主义"等词也经常出现。虽然独特而前所未有的跨部门合作关系正在出现,例如美国汽车工人联合会的工人所有权安排以及在佛罗里达州农业工人组织者(伊莫卡利工人联盟,Coalition of Immokalee Workers)与像汉堡王(Burger King)和墨西哥速食店(Chipotle)这样的食品连锁店之间最近达成的协议,但许多不在讨论的范围之内。特定的政治经济背景、根深蒂固的移民和劳工模式、社会运动组织的成熟化及加利福尼亚中央山谷区域内计划者、促进者及资助人的特定管理思想之间存在着复杂的关

---

[1] 关于最近移民改革政策对加州农业工人的影响的报道,见 Carolyn Lochhead, "Immigration Reform: Farmworkers, Agribusiness Feel Left Out", *San Francisco Chronicle*, *November* 21, 2014。

系，这为社会变革提供了可能性。

德洛丽丝·韦尔塔（Dolores Huerta）是农业工人联合会的联合创始人，她正在回头做最基本的事情，组织农业工人社区，并通过她的德洛丽丝·韦尔塔基金会建立基层农业工人和移民的领导力。韦尔塔考虑了农业工人运动最初的互助动机，她依旧相信，当移民、农业工人及低收入群众获得权力时，他们可以为社区发展做出贡献。例如，我们看到威德·派奇（Weed Patch）的人们为了学区而发行地方债券，建立一座体育馆和一个游泳池——这里天气变得很热——还为整个社区建造人行道和排水沟。不过，作为经验丰富的组织者，韦尔塔也发现了当前的挑战。用她的话来说："当我们发现种植者真想与我们合作时，确实让事情变得更容易了，这将有利于社区组织的建设。但不幸的是，情况并非如此，而那只是个例外。"

中央山谷是世界上最大的粮食生产地区之一，它的发展取决于低收入、季节性、劳累至极的劳动者。在这样的地区同时解决农业工人贫困问题并促进农业发展有可能吗？美国最边缘化的工人是否应该为改善自己的生活和拯救这一行业负责？正如一位 CR 的农药合作伙伴所说："问题在于，这种模式没有反映出资本的动向——我们无法通过对话取得成功的事情……当资本撞在墙上时会发生什么呢？"私人基金会、专业化的倡导组织和其他区域利益相关者之间的关系已经固化了对在解决长期贫困和不平等问题方面可能实现的事情的理解的局限性。然而，正如最后一章将要探讨的那样，新的思想和运动正在中央山谷之外形成。

第 五 章

结　　论

区域放弃和新的自助

真正的贫困是认为生命的意义在于获取财富并拥有一切。真正的富有不是拥有财富,而是承认人类最深切的需要是坚持发展我们与其他人相关的天生的和后天的力量。

格雷斯·李·博格斯（Grace Lee Boggs）①

历史评判社会、政府和机构组织的依据不是他们的规模有多大或者他们如何为富人和强者服务,而是他们如何有效地回应穷人和无助者的需要。

塞萨尔·查韦斯（Cesar Chavez）②

每年夏天和冬天,我都会带着我的女儿艾米莉亚（Emilia）以

---

① Grace Lee Boggs, *The Next American Revolution: Sustainable Activism for the Twenty-First Century* (Berkeley: University of California Press, 2012), 60.
② 李察·格列斯伍德·德尔卡斯蒂略（Richard Griswold del Castillo）和李察·A. 加西亚（Richard A. Garcia）引用的, *Cesar Chavez: A Triumph of Spirit* (Norman: University of Oklahoma Press, 1997), 116。

及丈夫约瑟（Jose）一起回到加利福尼亚州的中央山谷。约瑟（Jose）的母亲索莱达（Soledad）是一名农业工人，她在迁移于墨西哥与加利福尼亚之间时勇敢地养育了7个孩子。离开墨西哥的农村是为了寻找更好的生活，她先到农场工作，最后在加利福尼亚的罐头厂工作。众所周知，索莱达（Soledad）比她当时的丈夫工作更努力，她收获了水果、蔬菜和坚果，有时年长的孩子也在她身边。过了圣马特奥县（San Mateo County）水果园采摘桃子、李子的季节后，索莱达（Soledad）在圣约瑟（San Jose）的一家罐头厂找到了工作。在罐头厂受了重伤并与丈夫分离后，她搬到了中央山谷靠近教堂社区的洛迪（Lodi）小镇，这里有一个来自墨西哥的友善家庭为她提供了所需的支持。索莱达（Soledad）的家总是向她的7个孩子、他们成长中的家庭以及她通过教堂和女裁缝工作遇到的许多有需要帮助的人敞开大门。最终，繁重的体力劳动影响了索莱达（Soledad）的健康。在她过世后，这个家庭承诺每年都要聚一次以共同缅怀回忆她的一生。

为了年度团聚，我们与家人一起留在斯托克顿（Stockton）市，这里位于圣华金县（San Joaquin County）北部，临近洛迪（Lodi）镇。斯托克顿市长期被持续贫困所困，迫使大多数城镇都因农业而建，该市最近宣布破产，一股不安全感和绝望感在逐步蔓延。我的侄子们经常渴望在皇家影院综合大楼看最新大片，最近却警告我们不要在晚上冒险去斯托克顿市中心。他们说，在加油站停车时，请记得锁车。我被告知中央山谷小镇经常发生抢劫、汽车盗窃和谋杀事件。在就业机会很少、居所不稳定、学校资金不足和社会服务匮乏的环境下，越来越多的年轻人正转向帮派和街头。

然而，许多生活在山谷小镇中的人所面对的日常挑战对于过路人来说并不明显，但快速驾车绕过斯托克顿（Stockton）、莫德斯托（Modesto）、默塞德（Merced）或弗雷斯诺（Fresno），就会发现许多丧失赎回权的房屋和空荡荡的店面。房地产繁荣时期占据耕地而建的房屋，最近由于全球农业竞争和持续干旱而被抛弃。①斯托克顿（Stockton）连续3年在福布斯公布的"美国最悲惨城市"名单上位列前5位，它是美国失业最严重和房屋丧失赎回权率、暴力犯罪率最高的城市。当然，这些情况并非加利福尼亚的中央山谷独有。从奥克兰（Oakland）到克利夫兰（Cleveland）到南布朗克斯（South Bronx）再到底特律（Detroit），那些遭受区域工业全球化并在后来被废弃的地方，经济衰退的影响最为深重。由于失业率徘徊在14%左右（更不用说越来越多地依赖兼职和低于生活工资的工作，以及对无证、最近的移民的少计），对公立学校和社会服务、老年人、不宜居住或无法进入的住宅的预算被削减，像斯托克顿（Stockton）和南布朗克斯（South Bronx）这样的地方的居民生活在一种不安全的状态中，他们无法居住或无法进入住房。②他们也在从事多项工作，照顾老人和儿童，维持社会网络和支持系统，以及建设社区。

即使是金融危机和随后的经济衰退（或萧条）对贫困地区产生了严重影响，它也打开了新的大门。随着2008年房地产和股市崩溃，人们认识到市场失灵——自由市场资本主义无形的手并不总

---

① 对于荒废的农田、房地产泡沫和农民贫困有直接感触，请参见肯（Ken）和梅兰妮·光（Melanie light）的照片纪录片，*Valley Shadows and Dreams*（Berkeley, CA: Heyday, 2012）。

② 南布朗克斯是纽约市失业率最高的地区。2012年6月，布朗克斯县的比率为14%，而曼哈顿仅为8.8%。在加利福尼亚州斯托克顿市，2012年6月的失业率为17.9%（美国劳工部统计局，www.bls.gov/lau）。

是那么稳定或那么自由。自20世纪80年代霸权主义崛起以来，核心观点在于盲目促进市场放松管制、私有化、国家精简，以及私营部门在纠正所有社会弊病方面发挥作用的新自由主义思想首次受到了普遍挑战。体制上的漏洞为公共知识分子中的新骨干开辟了空间，他们质疑自由放任资本主义的作用，以及以牺牲他人为代价保护精英的政治制度。① 关于这个主题的书籍、博客、论文和电影已经拥有了数量不断增长的受众。自称为"民主社会主义者"（democratic socialist）的伯尼·桑德斯（Bernie Sanders）对于民主党在2016年总统选举的提名而言是可行的候选人。

当贫困被认为是结构性废弃的结果时，霸权体系的矛盾就暴露出来了。在当前这个时候，时刻，有一种力量正在沿着安东尼奥·葛兰西（Anton-io Gramsci）所称的"共生地带"（the terrain of the conjunctural）进行谈判。它这种力量既要维护占主导地位的"自助"扶贫框架，又要去挑战它。② 新的"企业家"项目要求穷人更加努力地在完全私有化的学区中竞争（例如威斯康星州、费城和华盛顿特区），代表了维护自由市场合法性的力量。其他形式的自助也已经生根发芽。"占领华尔街运动"呼吁关注"1%"和"99%"之间的关系，吸引了长期积极分子和心怀不满的青年集体

---

① Joseph E. Stiglitz, *The Price of Inequality*: *How Today's Divided Society Endangers Our Future*（New York：W. W. Norton, 2012）; Jeffrey D. Sachs, *The Price of Civilization Reawakening American Virtue and Prosperity*（New York：Random House, 2011）; Jacob Kornbluth, director, *Inequality for All*（2013）—a film produced Robert Reich, author and former secretary of labor in the Clinton administration（http：//inequalityforall.com）; Matt Taibbi, *The Divide American Injustice in the Age of the Wealth Gap*（New York：Speigel and Grau, 2014）.

② Antonio Gramsci, *Selections from the Prison Notebooks of Antonio Gramsci*, ed. Quintin Hoare and Geoffrey Nowell Smith（New York：International, 1971）.

露营、做饭、打扫卫生、寻求对话以及抗议。许多人已经离开祖科蒂（Zuccotti）公园，启动或加入全国各地的反警察暴行、佃户权利和创造性艺术运动。最近，反对警察暴行和大规模监禁的"十五项最低工资"运动（15minimum-wage campaign）以及"黑人的命也是命"（#Black Lives Matter）运动斗争势头正猛，激励越来越多的人挑战我们社会、政治和经济系统内的结构性不平等。

带着与"占领"运动（Occupy movement）类似的观点，100岁的著名社会运动领袖兼学者格雷斯·李·博格斯（Grace Lee Boggs）指出底特律（Detroit）正为酝酿"下一场美国革命"（the next American Revolution）奠定基础。她相信，面对不可避免的城市废弃和类似监狱—工业联合体这样的主要社会机构滥用权力的现象，对抗性抗议和基于需求或改革主义的政治受到了限制。相反，她呼吁文化复兴。博格斯（Boggs）和自助式"解决方案"的成长中的网络花费更少的时间来反对那些已证明辜负了穷人的制度，而是更多地站在个人满意和集体受益的角度重新考量工作、教育和安全的概念。他们通过人与人之间的互助关系来实现这一目标，例如邻里经营的花园、社区警务和与学校合作。有趣的是，这种方法与塞萨尔·查韦斯（Cesar Chavez）最早的动机并没有什么不同。与博格斯（Boggs）一样，查韦斯（Chavez）的最初设想是带来教育、自豪感、意义、相互支持的制度和奖励那些潜力被艰苦工作和不把他们视为完整的人的文化所限制的人。在开始阶段和面对困境时，与工会组织相比，查韦斯（Chavez）更感兴趣的是创立由农民经营和为农民服务的替代性合作机构，以及使农业工作成为受人尊敬和可持续的职业。另一些人，如亚利桑那州（Arizona）的普恩特人权运动（Puente Human Rights Movement），认为无论是采取保守的手段（抗议和要求）还是采取激进的手段（创造新的替代方案），都是保护移民的人权并为他们创造积极未来的必要条件。在底特律（Detroit）和亚利桑那州（Arizona）等地，草根阶层社会运动正在回收自助方法中人的尊严、互助和自我决策等方面，从而为贫困、边缘化的社区赋权，而这通常是已经被慈善事业所否决的。

商议慈善政治和自助神话

我对解决加利福尼亚中央山谷移民贫困问题的慈善投资的研究的调查结果显示，私人资助的自助合伙企业如何避开了他们声称要解决的问题。我发现，这3个案例研究中的基金会、社会运动和倡导组织之间的伙伴关系最终是无法维持的。他们没有制定解决地区贫困问题的长期战略，而是让地方领导人、工作人员和选民忙于那些禁止呈现财富创造的项目，而区域贫困和私人基金会正是产生于财富创造。我的研究发现，在20世纪60年代的社会运动期间寻求私人资助的领导者和专业人员、20世纪90年代的公民参与倡议以及当今的企业家"双重底线"发展项目如何不得不推动那些要求穷人自助而又同时回避贫困和不平等的根源的项目。我发现，随着时间的推移，基金会投资不仅改变了农业工人组织的结构，而且促使他们提升了理论框架、制度安排和专业化实践，但这束缚了组织者围绕发展和整合移民领导阶层——但不罢工、组织或挑战农业生产的任何方面，也不创造主导系统的替代品——的理念而开展的工作。

我还发现，这些项目并不总是自上而下的帝国主义、新自由主义议程的结果。更常见的是,富有同情心的基金会与被所在机构捆绑(和忙碌)的非营利组织工作人员谈判失败的结果。这3个案例记录了基金会倡议和慈善专家被要求将优先事项伪装、隐藏或转移以远离贫困根源的各种方法。第二章所述的菲尔德基金会(Field Foundation)项目官员莱斯利·邓巴(Leslie Dunbar)与塞萨尔·查韦斯(Cesar Chavez)之间通常激烈的通信表明,基金会员工将自己视为社会运动的重要参与者。如此众多的资助者会对基于工人权利和尊严的农业工人运动表达高度赞赏,但却拒绝为组织、抵制、罢工和工会法律案件提供任何资金,这揭示了通过私人财富组织活动的更深层次困境。

我对农业工人运动的档案研究给我了一个关于走钢丝和趟地雷的深刻教训:当他们为获得各自所需要的资源而斗争时,基金会工作人员和运动领导人必须谈判,但同时又不能让人民和财富机构的利益和看法改变斗争的本质。最终,在捐助者和查韦斯(Chavez)看来,创建新的非营利组织从而将经济与社会正义(从运动联盟中)分离是一项成功甚至是具有创新性的战略。然而,这一战略最终使该运动失败了。今天这些分歧是明显存在的。那些试图改革公立学校、改进少年司法体系,或解决美国及全球穷人的食品不安全、失业和健康状况不佳等问题的资助者往往根据种族、阶级和移民身份,回避对工业废弃、扩大的不平等和历史性机会不公平进行结构分析。

在农业工人运动年代,金尼基金会(Kinney Foundation)的项目官员约翰·西布利(John Sibley)有一份比农业基金会的工作人员更难的翻译工作。在一个远离基金组织和移民的慈善紧缩时代,更不用说公民,西布利(Sibley)试图推行一种良性的公民参与

"变革理论"（theory of change），以确保为移民参与合作计划（IPC）提供资金。他在他所信仰的组织和需要安抚的董事会之间不断地斡旋，给他带来沉重的情感负担。在他离开基金会之前，西布利（Sibley）凭借他在移民参与合作计划（IPC）的工作赢得了一个备受瞩目的国家基金会奖项。他觉得这种赞誉似乎是代表外界认可的一个标志——基金会通常是寻求让边缘社区参与进来，同时从他自己的基金会那里获得对他的解雇权。西布利（Sibley）的分析反映了基金会在维护文化霸权（cultural hegemon）方面所起的作用——基金会看上去是要解决紧迫的问题，但却使那些准备解决这些问题的人无法行动。

"西方基金会"的菲力普·科德罗（Felipe Cordero）将他的工作定义为对西布利（Sibley）IPC 的改进。像西布利（Sibley）一样，他坚定不移地要重新点燃农业工人运动。然而，他对复杂的、多层次项目的愿景被证明是更有问题的。最初，科德罗（Cordero）以模式的复杂性来定义他的成功，但他犯了一个错误，忽视了资助合作伙伴的现有关系、才能、策略和智慧。没有合作或买入，就没有进步；对于所有的过程，没有采取行动。科德罗（Cordero）还相信，他可以在美国最贫穷的人和一些世界上最富有的农民之间实现可行的双赢。科德罗（Cordero）对这些挑战感到不知所措，他意识到他热心推动的建立共识的方法并不容易实现，或者说仅对一些人是可取的。同金尼基金会（Kinney Foundation）和移民参与合作计划（IPC）一样，西方基金会决定放弃这个项目。科德罗（Cordero）也离开了基金会。他的情况是另一个伤亡例子，涉及通过私营机构资助长期减贫工作的政治学，而这些私营机构要求取得非政治性的、非对抗性的、短期的、可衡量的结果。

在本书所描述的3个案例中，因为在他们的基金会可以接受的范围内工作，项目官员被视为一个完美的神话制造者。在社会运动时期，他们将以下问题理论化：开发农业工人领导力和细化自助基础设施发展方法将如何改善农业社区的条件。但他们不会承认罢工、抵制或工会组织。在"9·11"之后的反移民时刻，有兴趣资助移民和农业工人组织的基金会专业人员强调了负责任、勤奋和能够进行公民参与的移民。但是，这种公民参与不能包括组织新兴的移民权利动员或努力解决持续滥用农业劳动力的问题。通过开发可资助的自助变革理论的程序，项目官员既保证了基金会对倡议和组织团体的资助，又限制了他们被资助时可以实现的目标。

专业化"能力建设"（capacity building）使基层移民组织资金充足，同时限制了他们的组织能力。正如安东尼奥·葛兰西（Antonio Gramsci）所说，培训和开发既可以用来定位"工人阶级的人在智力上变得自主，这样他们就可以领导自己的运动，而不必将决策权委托给职业知识分子"，也可以类似于"技术学校，这些技术学校变成了为工作岗位而尖刻训练小怪物的孵化器，没有普通的观点，没有大众的文化，没有智力的激励[①]"。基金会计划官员在确定如何引入可接受的计划框架和专业管理要求陷入了两难困境——既要保留利益策略又要保留当地组织者和居民的智慧，这揭示了非营利性专业人士的内部伦理。大多数情况下，耗时且短期的赠款报告、评估和合作伙伴项目要求会分散组织者对构建区域性问题的集体理解和形成使农业工人和移民真正参与、赋予他们

---

① Carmel Borg, *Joseph Buttigieg*, and Peter Mayo, eds., *Gramsci and Education* (*Oxford, UK: Rowman& Littlefield*: 2002), 147–78.

权力并使他们受益的创造性战略的注意力。

我采访的一些项目官员能够以这种中介角色看待自己。他们接受重新塑造的美国自助意识形态,并帮助员工学习新的专业技能,作为潜入社会和经济正义组织的一种方式。其他人在这个过程中迷失了自己,或者因为坚持原则而被解雇。基于本人目前对自我描述为"激进"(radical)或"社会公正"(social justice)的项目官员的研究,他们过去或目前在纽约市的主要基金会工作,我正在了解他们如何在资助项目工作中协商这些方面。到目前为止,主流"自助"神话的主旨似乎仍然是"创新"。一位项目官员告诉我,即使是最激进的社区组织项目,如果被称为"创新",它就有更好的机会获得批准。

通过这项研究,我也敏锐地意识到基金会专业人士所经历的专业、个人甚至情感上的挑战,他们不断地在基层组织者的斗争和议程与忸怩对抗的董事会之间进行"语码转换"(code switch)。在我的新研究中进行的初步采访表明,对于有色人种来说,代价是最大的,因为他们试图在白人和富裕的董事会中占据主导地位,不断地以非威胁性、非政治性和理性主义的方式表现自己。[①] 一位资深拉丁裔项目官员说:"如果你被察觉是有政治议程的有色人种,那你就出局了。你必须找到一种在各方面保持中立的方式——你说话的方式,你穿什么,你表达想法的方式……最终,这些富有的董事会成员害怕大规模的动乱——你会让人们追逐他们的钱和

---

① 关于负责扶贫的专业人员冲突身份的讨论,请参阅 Ananya Roy's analysis of "double agents" in *Poverty Capital Microfinance and the Making of Development*(New York: Routledge, 2010),191 - 208. 另请参阅我对基金会计划谈判的初步分析:Erica Kohl, *The Program Oficer Negotiating the Politics of Pbilantbropy*(working paper, Institute for the study of Social Change, University of California, Berkeley, 2007)。

他们的孩子——所以他们会看着你。"

一些项目官员把他们的角色简单地看作，做那些你为了获得资金以提供给需要资金的人而必须做的事情。其他人则更加矛盾，他们问自己全球贫困学者阿尼亚·罗伊（Ananya Roy）对发展实践者和规划者的要求是什么："是否有可能将无辜的专业人士与其工作的政治体制分开？"① 运用欧文·戈夫曼（Erving Goffman）的《自我生活的呈现》(The Presentation of Self in Everyday Life)② 一书所提出的框架，我正通过调查基金会工作人员在他们自己的机构内进行谈判的专业角色、身份和权力关系，从而探讨这个问题。陷于矛盾的网络中，这些项目官员奋力提出仁慈的慈善家的机构阵线，同时产生戈夫曼（Goffman）所描述的在寻求资助的基层组织与试图赢得支持的富有董事之间达成政治上妥协的"工作共识"。

作为一个当前讲授非营利组织管理并帮助我仍在中央山谷一起工作的盟友吸引基金会资助的人，我个人在这些矛盾和难题上是同谋。当我们说服基金会通过参与新计划来解决农业工人和移民的斗争时，我们暗自以为这些资金不能更好地用于直接支持已经在艰苦逆境中为自己和家人努力建立未来的人们。对于领导力发展资源的研究，我们暗示本土领导不存在，或者即使存在，也是不可接受或无效的。当我们同意参与基础协作时，我们会在现有网络和联盟之间工作。虽然这些说法不是故意的或总是准确的，

---

① Ananya Roy, "*Praxis in the Time of Empire*, *Planning Theory* 5, no. 1 (2005): 13.

② Erving Goffman, *The Presentation of Self in Everyday Life* (New York: Anchor Books, 1959).

但它们可能会复制本书中描述的令人不安的慈善干预模式。

作为至少40年通过私人资助的非营利组织模式操作的结果，与我交谈过的许多农业工人和移民组织者和倡导者最终都会表达"停滞不前"和无望的感觉：任何能够应对贫困和边缘化问题的受资助项目都只有通过工业化的农业才得以维持。他们希望下一个"重大举措"能够带来新的机会，以帮助他们每天看到的痛苦的人，但他们对此并不抱有期望。他们不得不在"基础计划指南"和"不断增长的管理要求"这一"游戏"中工作。很少有人谈到在没有基金资助的情况下完成这项工作。考虑到既要维持制度结构又要服务选民，还要支付工资，这仅是完成组织工作的一种方式，尽管效率低下。在金融危机和目前干旱的背景下，他们也看不到改变种植者和移民已经慢慢依赖的基本不受监督的农业系统的方法。

即使我发现我的研究非常清醒，我仍然还有希望。我的希望来自我对自助会发生根本变化的持久信念，这激励我自己作为一个受欢迎的教育者和组织者而工作，如本书前言所述；我的希望还来自今天正在形成的新运动。提高个人努力程度可能会掩盖或神秘化对更具侵略性的集体政治的需要，对此的谨慎性担忧使我的观点得以缓和，因此我还受到中央山谷当地人民的激进自我决策的启发，包括那些与我一直一起工作的人和我在研究中遇到的人。他们中的大多数不为非营利组织或基金会工作。他们是母亲、足球教练、长期农业工人、直接服务提供者和照护者。就像格雷斯·李·博格斯（Grace Lee Boggs）在底特律进行的复兴运动一样，他们是年轻人、父母、邻居和当地领导人，他们致力于改变条件，为那些在经济不安全方面苦苦挣扎的人建立支持系统。

我为整个中央山谷的农村农业社区的人们找到了希望，而且也仍然在关心他们。他们在资源匮乏和法律地位经常受到威胁的境况下互相帮助，照顾孩子，并且每天将人们组织起来。我的灵感来自我在伍德莱克镇遇到的一位妇女。她告诉我，她一直在当地一家诊所为移民服务，因为每当一位老人或妇女进门时，她就会想起她的农民父亲，尽管他患有水果采摘者常见的慢性病健康问题，但为了支付她的大学学费一直工作到年迈。我的灵感来自罗萨（Rosa）——她在我进行采访和出席会议的时候照顾我新生的女儿，同时还在组织青年集会、文化活动，以及反对在马德拉（Madera）土著米斯特科（Mixteco）社区进行搜捕的抗议活动。我受到了巴勃罗·埃斯皮诺萨（Pablo Espinoza）的启发——他告诉我他的故事：他作为一名青年移民工人来到山谷，并被招募去组织反对锡屋顶的抗议活动，该抗议活动点燃了1964年的运动。他呼吁农业工人组织远离他们的办公桌和文书工作，返回田野和自助洗衣店，去构建新的组织基础，每次听他讲话时，我都会感到充满活力和希望。

　　如果不聆听那些仍然有激情、梦想和希望的人，以及那些没有被捐赠报告义务与随后的融资趋势所吞噬的人，我们就不会知道什么是可能的。尽管他们经常在正式的倡导角色之外工作，这些人并非没有领导技能、网络、组织和社区发展实践。相反，他们已经继承了"自助"和"互助"的深厚传统，并继续在此基础上进行建设。当然，有时候草根领导者和志愿者会被正式机构成功招募，并发现向成为专业倡导者转变十分困难。其他人从事多种低薪工作。还有些人通过保险、转账、手机和针对移民的信贷计划等方式进入私营部门，支持他们的志愿工作。

　　然而，个人社区志愿者并不是灵丹妙药。虽然非营利组织模式的刚性或依赖性常常扼杀新租住或改变其方向，但没有强大的组织，个人也只能到此为止。工业化农业企业有自己的游说机构，与国家和联邦政策制定者有着深厚的联系，而且在某些情况下会有慷慨的公共补贴项目。如果没有同样强大的机构，认为弱势群体、移民农业工人或其他贫困社区可能会变得更好是天真的。相反，我认为，是时候让长期社会运动组织重新评估他们真正代表的是谁，什么样的想法可能点燃大众的支持，以及需要做哪些工作才能更好地联系、服务于他们的选民。我还认为，现在是时候建立新的组织和草根社区发展机构（已经有了一些，如下文所述），以及关心消除贫困的联邦和国际发展机构，以关注像中央山谷这样的没有希望的地方——处于国家内部，通常被认为是机会之地，许多人受苦却没有得到承认。

农业工人组织和新食品正义运动

有关创造性地应对农业工人贫困和农业虐待的组织的一个例子是佛罗里达州的伊莫卡利工人联盟（the Coalition of Immokalee Workers，简称 CIW）。① 与 UFW 方法相反，伊莫卡利工人联盟（CIW）把他的工作看成是有关"反奴隶制"（anti-slavery）和"公平食品"（fair food）的组织活动。没有种族驱动型事业（La Causa）、产业联合或与种植者合作的历史，伊莫卡利工人联盟（CIW）是一个以基层社区为基础的由拉丁裔（Latino）、玛雅人

---

① 关于佛罗里达州伊莫卡利的农业劳动力的详细民族志案例研究，以及伊莫卡利工人（*Immokalee Workers*）联盟的工作，参见 Sylvia Giagnoni, *Fields of Resistance: The Struggle of Florida's Farmworkers for Justice* (Chicago, IL: Haymarket Books, 2011)。

(Mayan)和海地野外工人（Haitian field workers）组成的组织。它还包括来自佛罗里达州其他部门的低薪工人。与农业工人运动一样，伊莫卡利工人联盟（CIW）的目标是争取公平的工资、更强有力的劳动保护以及更好的住房和社区基础设施。然而，伊莫卡利工人联盟（CIW）战略性地阐述了其在契约奴役制的全球背景下的许多工作。他们解决农业中仍然存在的时常扣发工资、性虐待、骚扰、恶劣条件和文字奴役的方法，也体现在当前流行的"公平食品"（fair food）和"食品正义"（food justice）的消费者环境中。

通过刻画对农业经济的绝望和就移民改革与种植者形成的伙伴关系，中央山谷的农业工人组织者已经描绘出了一幅将依赖低工资移民劳工的农业企业视作不可避免的现实的图景。与此相对照，通过刻画奴役和虐待的形象，伊莫卡利工人联盟所组织的运动破坏了工业化农业的被普遍接受的总图景。就像农业工人运动高峰时的乡村剧院（Teatro Campesino）一样，伊莫卡利工人联盟（CIW）通过多媒体活动和公众示范来提供新的形象和戏剧性表现。通过使用社交媒体、瞄准特定受众以及以中肯的新方式揭露旧问题，伊莫卡利工人联盟（CIW）成功地赢得了针对快餐店的法律案件，例如向滥用工人的种植者那里购买西红柿的麦当劳（Mcdonald）和墨西哥风味快餐（Chipotle）。伊莫卡利工人联盟（CIW）还以发展中的慢食与食品正义（Slow Food and Food Justice）运动重新阐述了它的组织，该运动使环保倡导者承担"有尊严地用餐"的义务，并将工人的权利和福祉纳入他们的通知中。

与我在加利福尼亚（California）采访的农业工人组织者形成鲜明对比的是，伊莫卡利工人联盟（CIW）声称"今天的伊莫卡利

(Immokalee)……一切皆有可能"。在"意识 + 承诺 = 变革"（Consciousness + Commitment = Change）的座右铭下，伊莫卡利工人联盟（CIW）的公平食品运动（Fair Food）和反奴隶制（anti-slavery）组织已经将国内最贫穷、政治上最无力的社区之一转变为"一个崭新的、重要的公共存在，拥有直接来自我们社区基层的强有力的忠诚领导者——年轻的移民工人，他们将在佛罗里达州领域打造足以维持生活的工资和现代化的劳动关系的未来"。为了表彰他们的工作，3位伊莫卡利工人联盟（CIW）成员2003年被授予享有盛誉的罗伯特·肯尼迪人权奖（Robert F. Kennedy Human Rights Award），这是该奖项20年来首次授予总部设在美国的组织。① 在全球社会运动的背景下，伊莫卡利工人联盟（CIW）战略性地阐述他们的工作，他们已然改变了农业工人组织的议程，通过打破"一切皆有可能"的图景和想法，给新一代的移民活动家带来了希望。他们的监视、抗议和本地化社区建设，代表了一种新的政治——瓦解那种将食品消费与民众、土地与它所生产的物品分离的霸权式快餐业。像伊莫卡利（Immokalee）这样的地方提供了新的运动会打破本书中所讲故事的希望。

将农业工人权利、健康和安全与日益流行的食品运动相匹配，是一个特别有希望的策略。从迈克尔·波伦（Michael Pollan）广受欢迎的《杂食者困境和保卫食物》（Omnivore's Dilemma and In Defense of Food）② 到艾丽丝·沃特斯（Alice Waters）的美食校园，

---

① 伊莫卡利工人（Immokalee Workers）网站联盟（www.ciw-online3. Michael Pollan, Te Miror Diemwm: Naa Histo of For. org），2011年9月2日访问。

② Michael Pollan, The Omnivore's Dilemma: A Natural History of Four Meals (New York: Penguin, 2006); Michael Pollan, In Defense of Food: An Eater's Manifesto (New York: Penguin, 2009).

到农贸市场和提供本地产有机食品的餐馆,再到城市花园和旨在解决不公平的使用权和粮食不安全的产品分销计划,新食品运动已经抓住了公众的想象力。但是,将工业化农业工人的权利和条件与食品运动联系起来并不容易。20世纪70年代,当塞萨尔·查韦斯(Cesar Chavez)推出专注于反农药组织的"有机农产品"时,农业工人联合会(UFW)接到了公众打来的电话。然而,据一位长期的农业工人组织者所说①,大多数来电者感兴趣的是他们在哪里可以购买有机产品,而不是他们如何能够参与反农药组织。食品倡导者通常更关注饮食文化,建立个人责任,并通过美国餐桌、小规模农业、城市园艺以及当地的销售和购买来攻击常见的美国相关饮食疾病,如糖尿病。②这些都是极其重要的原因,但他们对绝大多数农业工人的境况、大型出口型农场——迄今为止加利福尼亚州最常见的农业形式,也是绝大多数农业工人劳动力集中区,不太感兴趣。

即使是在大型农场已经关注了慈善,对工人状况的关注也是微不足道的。例如,变革之根(Roots of Change)是由一个基金会发起的合作伙伴关系,旨在加利福尼亚建立一个可持续发展的食品体系,它的董事告诉我们,他们与纳帕(Napa)县葡萄产业的种植者共同努力,已经接近实现他们的可持续发展目标(至少在书面上关注了工人的健康、安全和权利)。③同年,记者大卫·培根(David Bacon)正在宣传他的系列新摄影,该系列照片描绘了在纳

---

① 大卫·维拉里诺(David Villarino),2007年接受作者的采访。
② 慢食资源包括慢食国际(www.slowfood.com);慢食美国(www.slowfoodusa.org);Michael Pollan 的网站(www.ichaelpollan.com);Food Routes(www.foodroutes.org),记录食物的旅行距离;以及慢食集团的许多地方分会。
③ 迈克尔·迪莫克(Michael Dimock),2007年接受作者的采访。

帕山谷葡萄园周围的排水沟里睡觉的奥克斯坎（Oaxacan）工人。①正如朱莉·古斯曼（Julie Guthman）在她"农业食品慈善事业"（agro-food philanthropy）的研究中所表明的那样，对解决这些问题的外部慈善诉求可以让公众相信，在掩盖该领域正在发生的事情的同时，大规模变革已经产生了。② 就像20世纪60年代的农业工人运动一样，将劳工权利与更广泛的主流食品运动结合起来并不容易。它必须为之奋斗。

在我2013年参加基金会董事会会议时，我听到凯洛格基金会（Kellogg Foundation）支持更为激进的食品公正运动，对此感到非常惊讶。斯特林·斯皮尔涅文（Sterling Speirneven）主席将食品公正描述为"为消除食物系统的种族主义和严重不平等而努力"。他解释到，对于凯洛格（Kellogg）而言，"公平食品正确对待了食品生产工人，是有益于健康的、所有人都可以得到的，也是负担得起的。让我印象深刻的是，在斯皮恩（Speirn）的领导下，凯洛格（Kellogg）为伊莫卡利工人联盟（CIW）提供了大量资助。我还发现，凯洛格（Kellogg）资助的项目，包括在会上提出的项目和在线年度报告中显示的赠款，主要集中于贫穷和边缘化的社区，大家互相帮助种植花园，教育青年，并改善获得健康产品的机会。再次强调，这些都是非常重要的问题。但是，为了与主流的自助传统保持一致，他们不认为食品行业应对工人的不良待遇或不健康的食品生产行为负责。在我开完会回来并和同事们分享我对斯

---

① David Bacon, *Communties without Borders: Images and Voices from the World of Migration* (Ithaca, NY: ILR Press, 2007).

② Julie Guthman, "Thinking Inside the Neoliberal Box: The micro-Politics of Agro-Food Philanthropy", *Geoforum* 39 (2008): 1241–53.

皮恩（Speirn）的印象时，我被告知他将辞去凯洛格（Kellogg）基金会主席一职。我对他选择退休毫不怀疑。但我确实想知道他在等待离开的过程中是否有胆量说他应该对食品行业的问题负责。

在美国，许多人都在认真对待食物正义。① 罗伯特·伍德·约翰逊基金会（Robert Wood Johnson Foundation）主席丽萨·拉维佐·莫尼（Risa Lavizzo mourney）宣称："食品是 21 世纪的公民权利问题。"② 像伊莫卡利工人联盟（CIW）、家庭正义联盟（Familias Unidos por la Justicia）（华盛顿州）这样的组织，甚至全国各地的市长办公室，都在对区域粮食系统内的不平等进行更具结构性的分析。在洛杉矶食品政策委员会的保拉·丹尼尔斯（Paula Daniels）的鼓励下，我离开了 2013 年的基金会董事会会议。丹尼尔斯（Daniels）敦促会议室的资助者认识到"我们的工业化食品系统并非对所有人都奏效"。她提醒小农户斗争群体，环境和我们的健康受到影响，食品不安全现象比比皆是，以及"在像中央山谷这样的地方，你拥有最高产的农业区和最多的食物沙漠"。新的食品公正运动可能代表了与过去 50 年努力的决裂，这些努力未能实现对那些种植、收获、包装并向我出售食品的人有意义的变革。

或者，如果中产阶级的消费者和要求穷人通过购买、种植和烹

---

① 自 2010 年以来，全国各地的食品司法组织迅速扩大。新的团体太多了，无法提及。首先，参见 Eric Holt-Gimenez, ed., *Food Movements Unite! Strategies to Transform Our Food System* (Oakland, CA: Food First Books, 2011)。对于由 Colorlines 制作的 2013 年地图，某些项目可自我识别为食品司法组织，请参阅 http://colorlines.com/archives/2013/10/the_color_food_justice.html。另见，2011 年 7 月 25 日，Sherry Linkon, "Why the Food Justice Movement Matters", *Working-Class Perspectives* (*blog*),（http://workingclassstudies.wordpress.com/2011/07/25/why-the-food-justice-movement-matters/）。

② 在 2013 年基金会董事会会议上发表的评论。

饪健康食品来改善他们自己的生活的资金充足的计划的关心，掩盖了财政、身体和环境的滥用，以及农业劳动实践中相关人格尊严的丧失——这是塞萨尔·查韦斯（Cesar Chavez）建议通过激进的农业工人自助加以改变的，我们还有很长的路要走。对于查韦斯（Chavez）以及其他穷人的运动，人类尊严和自我决策终归岌岌可危。对于一个在待遇、报酬、权利和机会上经常没有获得尊重的人，尊重自己就变得十分困难。查韦斯（Chavez）认为，没有自尊，这是很难要求的。而且，这就是通过自助解决贫困和不平等问题的慈善方法与激进方法的区别。我们经常被夹在这二者中间，一个告诉人们如何通过帮助自己以改变他们声称的不良行为，消除冲突，并维护权力体系；另一个要求人们分析他们自己与权力的关系，以改变它。

参考文献

Adams, Vincanne. *Markets of Sorrow, Labors of Faith: New Orleans in the Wake of Katrina*. Durham, NC: Duke University Press, 2013.

Addams, Jane. *Philanthropy and Social Progress*. Freeport, NY: Books for Libraries Press, 1893.

Allen, Robert L. *Black Awakening in Capitalist America: An Analytic History*. New York: Doubleday, 1969.

Annie E. Casey Foundation. *The Eye of the Storm: Ten Years on the Front Lines of New Futures*. Report, Baltimore, MD, undated. www. instituted. org.

Annie E. *The Path of Most Resistance: Reflections on Lessons Learned from New Futures*. Report, Baltimore, Md, 1995. www. instituteccd. org.

Arena, John. Driven from New Orleans: *How Nonprofits Betray Public Housing and Promote Privatization*. Minneapolis: University of Minnesota Press, 2012.

Arnove, Robert, ed. *Philanthropy and Cultural Imperialism*. Boston: G. K Hall, 1980.

Aspen Institute Roundtable on Comprehensive Community Initiatives for Children and Families, *Voices from the Field: Learning from the Early Work of Comprebensive Community Initiatives.* Washington, DC: Aspen Institute, 1997.

Bacon, David. *Communities without Borders: Images and Voices from the World of Migration.* Ithaca, NY: ILR Press, 2007.

Bardacke, Frank. *Trampling Out the Vintage: Cesar Chavez and the Two Soule of the United Farm Workers.* New York: Verso, 2011.

Barkan, Joanne. "Got Dough?" Dissent58, no I (2011): 49 –57.

Barkan, Joanne. "Hired Guns on Astroturf: How to Buy and Sell School Reform." *Dissent 59, no.* 2 (2012): 49 –57.

Barndt, Deborah. *Tangled Routes: Women, Work, and Globalization on the Tomato Trail.* Lanham, MD: Rowman and Littlefield, 2008.

Bennis, Warren. *Organizing Genius.* Reading, MA: Addison-Wesley, 1997.

Berman, Edward H. *The Ideology of Philanthropy: The Influence of the Carnegie, Ford, and Rockefeller Foundations on American Foreign Policy.* Albany: State University of New York Press, 1983.

Berube, Alan. *The Enduring Challenge of Concentrated Poverty Across America: Case Studies from Across the U. S.* Washington, DC: BrookingsInstitution, 2008.

Bishop, Mathew, and Michael Green. *Philanthrocapitalism: How the Rich Can Save the World.* New York: Bloomsbury, 2008.

Blackwood, Amy S., Katie L. Roeger, and Sarah L. Pettijohn. *The Nonprofit Sector in Brief: Public Charities, Giving and Volunteering,*

2012. Washington, Dc: Urban Institute, 2012. www. urban. org/UploadedPDF/412674-The-Noprofit-Sector-in-Brief. pdf.

Boggs, Grace Lee. *The Next American Revolution: Sustainable Activism for the Twenty-First Century.* Berkeley: University of California Press, 2012.

Borg, Carmel, Joseph Buttigieg, and Peter Mayo, eds. *Gramsci and Education.* Oxford: Rowman& Littlefield, 2002.

Bourdieu, Pierre. "The Forms of Capital. " In*Social Capital: Critical Perspectives*, edited by Stephen Baron, John Field, and Tom Schuller. Oxford: Oxford University Press, 1986.

Boyle, Mary Ellen, and Ira Silver. "Poverty, Partnerships, and Privilege: Elite Institutions and Community Empowerment. " *City and Community* 4 (2007): 233 – 53.

Bradshaw, Ted K "In the Shadow of Urban Growth: Bifurcation in Rural California Communities. " In *Forgotten Places: Uneven Development in Rural America*, edited by Thomas A. Lyson and William W. Falk, 218 – 56. Lawrence: University Press of Kansas, 1993.

Browown, Prudence, and Leila Fiester. Hard Lessons about *Philanthropy Community Change from the Neighborbood Improvement Initiative.* Menlo Park, CA: Hewlett Foundation: 2007. hettp: //hewlett_prod. acesfconsulting. com/uploads/files/HewlettNIIReport, pdf.

Butler, Judith. *Gender Trouble: Feminism and the Subversion of Identity* New York: Routledge, 1990.

California Institute for Rural Studies. *In Their Orn Words: Farmworker Access to Health Care in Four California Regions.* Los Angeles: California

Endowment and California Program on Access Care, May 2004.

California Institute for Rural Studies and California Endowment. *Suffering in Silence: A Report on the Healtb of California's Agricultural Workers.* November 2000. www. cirsinc. org/publications/category/8-rural-health.

Carnegie, Andrew. *The Gospel of Wealth.* New York: Century Press, 1889.

Casey, Joan, ed. "Crusade on Poverty Starting Training Program. " *National Civic Review*55 (1966): 598 – 601.

Castells, Manuel. *The Power of Identity.* Cambridge: Blackwell, 1997.

Chance, Ruth. "Bay Area Foundation History, Volume II, Ruth Clousechance. " Bancroft Library, Regional Oral History Office, University of California, Berkeley.

Choudry, Aziz, and Dip Kapoor, eds. *NGO-ization: Complicity, Contractions and Prospects.* London: Zed Books, 2013.

Clinton, Bill. *Giving: How Each of Us Can Change the World.* New York pf, 2007.

Cloward, Richard, and Lloyd Ohlin. *Delinquency and Opportunity: A Theory of Delinquent Gangs.* New York: Free Press, 1966.

Collins, Patricia Hill. *Black Feminist Thought: Knowledge, Consciousness, and the Politics of Empowerment.* New York: Routledge, 2000.

Cook, Bill, and Uma Kothari, eds. *Participation: The New Tranny?* London: Zed Books, 2001.

Coon, Horace. *Money to Burn.* NeBrunswick, NJ: Transaction, 1938.

Covington, Sally. *Moving a Public Policy Agenda: The Strategic philantbrogy of Conservative Foundations.* Washington, DC: National Committee for Responsive Philanthropy, 1997.

Cruikshank, Barbara. *The Will to Empower: Democratic Citizens and Other Subjects.* Ithaca, NY: Cornell University Press, 1999.

Cullather, Nick. "Stretching the Surface of the Earth: The Foundations, Neo-malthusianism and the Modernizing Agenda", *Global Society* 28, no. I (2014): 104 – 12.

Cullather, Nick. "the Target is the People': Representations of the Village in Modernization and US National Security Doctrine", Cultural Politcs, no. I (2006), 29 – 48.

Deegan, Mary Jo. *fane Addams and the Men of the Chicago School*, 182 – 918. Chicago, IL: Transaction Press, 1988.

Domhoff, G. William. "The Ford Foundation in the Inner City: Forging an Alliance with Neighborhood Activists. *Who Rules America?* September, 2005. http://www2.ucsc.edu/whorulesamerica/local/ford_foundation.Html.

Dowie, Mark. *American Foundations: An Investigative History.* Boston MA: MIT Press. 2001.

Edwards, Michael. *just Anotber Emperor : The Myths and Realities of Philanthrocapitalism.* London: Demos, 2008.

Emery, M, S. Fey, and C. B. Flora. "Using Community Capitals to Build Assets for Positive Community Change.", *CD Practice* 13 (2006).

Emery, M., and C. B. Flora. "Spiraling-up: Mapping Community Transformation with Community Capitals Framework." *Community Development* 37 (2006): 19 – 35.

Faber, Daniel R., and Deborah McCarthy, eds. *Foundations for Social*

Change: Critical Perspectives on Philantbrpy and Popular Movements. Lanham, MD: Rowman Littlefield, 2005.

Ferguson, Karen. Top Down: The Ford Foundation, Black Power, and the Reinvention of Racial Liberalism. Philadelphia: University of Pennsylvania Press, 2013.

Ferris, James M., and Elizabeth Graddy. Pbilantbropie Activity in Califormia Central alley. San Francisco, A: James Irvine Foundation, 2004.

Ferris, James M, and Martha K Sharp. California Foundations: Tends & Patterns. Los Angeles, CA: USC Center on Philanthropy and Public Policy, 2002, http://cppp.usc.edu/research/research-reports-papers/.

Finks, David P. The Radical Vision of Saul Alinsky. New York: Paulist Press, 1984.

Flora, Cornelia Butler. "Democracy: Balancing Market, State and Civil Society." Researcb in Rural Sociology and Development 9 (2003): 89–102.

Flora, Cornelia Butler. Developing Indicators to Refine and Test a Theory of Equitable Change for Rural Communities of Interest and of Place. Dallas, TX: National Rural Funders Collaborative, 2003–2004.

Flora, Cornelia Butler. Rural Community Economic Deuelopment Case Review. Pittsburgh, CA: Claude Worthington Benedum Foundation, 2003–2004.

Foundation Center. Focus on Poverty. Report, NewYork, 2007. http://foundationcenter.org/focus/gpf/poverty/.

Fraser, Nancy, and Linda Gordon. "A Genealogy of" dependency': Tracing a Keyword of the US Welfare State." *Signs* 19 (1994): 309–36.

Freire, Paolo, Donald Macedo, and Henry Giroux. *The Politics of Education: Culture, Power and Liberation.* New York: Continuum, 1985.

Frontline. *Rape in the Fields.* (Film) 2013. www.pbs.org/wgbh/pages/frontline/rape-in-the-fields/.

Fukiyama, Francis. *Trust The Social Virtues and the Creation of Prosperity.* Washington, DC: Free Press, 1995.

Gaines, Kevin K. *Uplifing the Race: Black Leadership, Politics, and Culture in the Twentieth Century.* Chapel Hill: University of North Carolina Press, 1996.

Galarza, Ernesto. *Merchants of Labor: The Me lexicon Bracero Story.* San Francisco, CA: Rosicrucian Press, 1964.

Ganz, Marshall. *Five Smooth Stones: Strategic Capacity in tbe Unionization of Califomia Agriculture.* PHD dissertation, Harvard University, 2008.

Garcia, Matt. *From the faws of Victory: Tbe Triumph and Tragedy of Cesar Chavez and the Farm Worker Movement.* Berkeley: University of Caliornia Press. 2012.

Garrow, David J. "Philanthropy and the Civil Rights Movement." Working paper, Center for the Study of Philanthropy, City University of New York, 1987.

Giagnoni, Sylvia. *Fields of Resistance: The Struggle of Florida's Farmworkers for justice.* Chicago, IL: Haymarket Books, 2011.

Gilbert, Alan, and Peter Ward. "Community Action by the UrbanPoor: Democratic Involvement, Community Self-help or a Means of Social Control?" *World Development* 12 (1984): 769 – 802.

Gilmore, Ruth Wilson. "Forgotten Places and the Seeds of Grassroots Planning." In *Engaging Contradictions: Theory, Politic, and Methods of Activist Scholarship*, edited by Charles Hale, 31 – 61. Berkeley: University of California Press, 2008.

Gilmore, Ruth Wilson. "In the Shadow of the Shadow State." In *The Revolution Will Nor Be Funded*, edited by INCITE! Women of Color Against Violence, 4I – S2. Cambridge, MA: South End Press, 2007.

Goffman, Erving. The Presentation of Self in Everyday Life. New York: Anchor Books, 1959.

Goldman, Michael. *Imperial Nature.* New Haven, CT: Yale University Press, 2005.

Goldstein, Alyosha. *Poverty in Common.* Durham, NC: Duke University Press, 2012.

Graeber, David. *The Democracy Project: A History, a Crisis, a Movement.* New York: Spiegel and Grau, 2013.

Gramsci, Antonio. *Selections from the Prison Notebooks of Antonio Gramsci.* Edited by Quintin Hoare and Geoffrey Nowell Smith. New York International, 1971.

Granovetter, Mark. "Economic Action and Social Structure: The Problem of Embeddedness", American fournal of Sociology 91 (1985): 481 – 510.

Great Valley Center. *Indicators Report Economy and Quality of Life, Bench-*

mark Statistical 'Indicator' of Great Central valley's Social, Economic, &Environmental Conditions. Modesto, CA: Great Valley Center, July 1999.

Griswold del Castillo. Richard and Richard A. Garcia. *Cesar Chavez: A Triumph of Spirit*, Norman: University of Oklahoma Press. 1997.

Guthman, Julie. "Thinking Inside the Neoliberal Box: The Micro-Politics of Agro-food Philanthropy." *Geoforum* 39 (2008): 1241 – 53.

Hall, Stuart. *The Hard Road to Renewal, Thatcherism and the Crisis of the Left*. New York: Verso, 1988.

Hall, Stuart. "Race, Articulation and Societies Structured in Dominance", in *Sociological Theories: Race and Colonialism* (Paris: UNESCO, 1980; reproduction, Oxford: Blackwell, 2000), 309 – 45.

Hamilton, Darrick, and Ngina Chiteji. "Wealth." In*Encyclopedia of Race and Racism*, 2nd ed, edited by Patrick Mason. New York: Macmillan Reference USA, 2013.

Harrington, Michael. The Other America: Poverty in the United States. New York: McMillan, 1964.

Helliwell, John F, and Robert D. Putnam. "Economic Growth and Social Capital in Italy", *Eastern Economic Fournal* 21 (1995).

Hellman, Judith Adler. *The World of Mexican Migrant: The Rock and the Hard Place*. New York: New Press, 2008.

Henton, Douglas. *Grassroots Leaders for a New Economy*. San Francisco, CA: Jossey-bass, 1997.

Hock, Dee. *Birth of the Chaordic Age*. San Francisco, CA: Berrett Koehler, 1999.

Holmes, Seth. *Fresb Fruit, Broken Bodies: Migrant Farmworker in the United States.* Berkeley: University of California Press, 2013.

Holt-Gimenez, Eric, ed. *Food Movements Unite! Strategies to Transform Our Food System.* Oakland, CA: Food First Books, 2011.

Horton, Myles, Judith Kohl, and Herbert Kohl. *The Long Haul.* New York: Teachers College Press, 1997.

Hyatt, Susan Brin. "From Citizen to Volunteer: Neoliberal Governance and the Erasure of Poverty In*The New Poverty Studies: The Ethnography of Power, Politics and impoverished People in the United States*, edited by Judith Goode and Jeff Maskovsky, 20 – 35. New York: New York University Press, 2001.

Ilcan, Suzan, and Lynne Phillips. Developmentalities and Calculative Practices: The Millennium Development Goals." *Antipode* 42 (2010): 844 – 74.

INCITE! Women of Color Against Violence, eds. *The Revolution Will Not Be Funded: Beyond the Non-profit Industrial Complex.* Cambridge MA: South End Press, 2007.

Jenkins, Craig. "Channeling Social Protest: Foundation Patronage of Contemporary Social Movements *In Private Action and the Public Good*, edited by Walter W. Powell and Elisabeth S. Clemens, 202 – 16 New Haven, CT: Yale University Press, 1998.

Karim, Lamia, "Demystifying Micro-credit: The Grameen Bank, NGOS, and Neoliberalism in Bangladesh." *Cultural Dynamics* 2o (2008): 5 – 29.

Katz, Michael. *The Underserving Poor: America's Enduring Confrontation with Poverty*. Oxford: Oxford University Press, 2013.

Katz. Stanley N. "Assessment and General Education." *Liberal Education*, 94, no. 3 (2008: 30 – 37.

Katz. Stanley N. "Reshaping US Public Education Policy." *Stanford Social Innovation Review*, Spring2013. www. ssireview. org/articles/entry/reshaping_u. s_public_education_policy.

Kim, Peter, and Jeffrey Bradach. "Why More Nonprofits are Getting Bigger." *Stanford Social Innovation Review*, Spring 2012. www. ssirevleworg/articles/entry/why_more_nonprofits_are_getting_bigger.

Kinsley, Michael ed. *Creative Capitalism: A Conversation itb Bill Gates Warren Buffe*t, and Other Economic Leaders. New York: Simon and Schuster. 2008.

Klein, Naomi. *The Shock Doctrine The Rise of Disaster Capitalism*. London: Picador. 2008.

Knight, Louise. *Citizen: fane Addams and the Struggle for Democracy*. Chicago, IL: Chicago University Press, 2005.

Kohl, Erica. *The Program Officer: Negotiating the Politics of Philanthropy*. Working paper, Institute for the Study of Social Change, University of California, Berkeley, 2007.

Kornbluth, Jacob, director. *Inequality for All*. Film. Produced by Robert Reich. 2013.

Kothari, Uma. "Authority and Expertise: The Professionalization of International Development and the Ordering of Dissent." *Antipode* 37 (2005): 425 – 46.

Kouzes, James M, and Barry Z Posner. *The Leadership Challenge*. New

York: Jossey-Bass, 1995.

Laclau, Ernesto. *Politics and ideology in Marxist Theory: Capitalism, Fascism, Populism.* London: NLB, 1977.

Lagemann, Ellen Condliffe, ed. *Philanthropic Foundations: New Scholarship, New Possibilities*, Bloomington: Indiana University Press, 1999.

Landsberg, Bill E. The Nonprofit Paradox: For-profit Business Models in the Third Sector. " *International fournal for Nonprofit Law* 6, no. 2 (2004).

Larner, Wendy, and David Craig. "After Neoliberalism? Community Activism and Local Partnerships in Aotearoa New Zealand. " *Antipode* 37 (2005) 403 – 24.

La Via Campesina. "La Via Campesina Denounces Gates Foundation Purchase of Monsanto Company Shares. September 13, 2010. http: //viacampesinaorg/en/index. php/actions-and-events-mainmenu-26/stop-transnational-corporations-mainmenu-76/gr7-la-via-campesinadenounces-gates-foundation-purchase-of-monsanto-company-shares.

Lewis, Oscar. *Five Families: Mexican Case Studies in the Culture of Poverty.* New York: Basic Books, 1975 (1959).

Murray Li, Tania. "Articulating Indigenous Identity in Indonesia: Resource Politics and the Tribal Slot", *Comparative Studies in Society and History*, 42 (200) 149 – 79.

Murray Li, Tania. *The Will to Improve Governmentality, Development, and the Practice of Politics.* Durham, NC: Duke University Press, 2007.

Light, Ken, and Melanie Light. *Valley of Shadows and Dreams.* Berkeley, CA: Heyday, 2012.

Linkon, Sherry, "Why the Food Justice Movement Matters." Working-Class Perspectives, July25, 2011. http://workingclassstudies.wordpress com/201/07/2s/why-the-food-justice-movement-matters.

Macleod, Gordon, and Mark Goodwin. "Space, Scale and State Strategy: Rethinking Urban and Regional Governance." *Progress in human Geograhy* 23 (1999): 503 – 27.

Marris. Peter. and Martin Rein. *Dilemmas of Social Reform. Poverty Community Action in the United States.* Chicago, IL: Aldine 1973.

Martin, Phillip. *Promise Unfulfilled Unions, Immigration, and the Farm Worker.* Ithaca, NY: Cornell University Press, 2003.

McLean, Chuck, and Carol Brouwer. *The Effect of the Economy on the Nonprofit Sector: An October* 20 *Survey.* Guidestar, 2012, www-guidestar.org/View Cmsllleaspx Content ID = 4781.

McWilliams, Carey. *Factories in the Field: The Story of Migratory Farm Labor in California.* Berkeley: University of California Press, 2000 reprint (1939).

Medina, Jennifer. "Family Quarrel Imperils a labor Leader's Legacy." *New York Times*, May 14, 2011.

Mitchel, Don. *The Lie of the Land.* Minneapolis: University of Minnesota Press, 1996.

Moeller, Kathryn "Proving The Girl Effect: CorPorate Knowledge and Educational Intervention." *International fournal of International Development* 33 (2013): 612 – 21.

Mohan, Giles, "Beyond Participation: Strategies for Deeper Empowerment." In *Participation: The New Tyranny?* edited by Bill Cooke and Uma

Kothari. London: Zed Books, 2001.

Mollenkopf, John H. *The Contested City.* Princeton, NJ: Princeton University Press, 1983.

Morris, Aldon. *The Origins of the Ciuil Rigbts Movement.* New York: Free Press, 1986.

Morvaridi, Behrooz. "Capitalist Philanthropy and Hegemonic Partnerships." *Third World Quarterly* 33 (2012): 1191 –1210.

Munro, Donald. "From the Arts to Activism, 'Esperanza and Luz' Tells a Tale of Hope for Mexican Farmworkers." *Fresno Bee*, April 17, 2009, 8.

Murray, Charles. *Losing Ground. American Social Policy*, 1gso – to80. New York: Basic Books, 1984.

National Center for Farmworker Health. *Facts about Farmworkers*, www ncfarmworkers, org/2012/o6/united-states-farmworker-tactsheet/.

O'Connor, Alice. "The Ford Foundation and Philanthropic Activism in the1960s" In *Philanthropic Foundations: New Scholarship, New Possibilities*, edited by E. Lagemann, 16g –94. Bloomington: Indiana University Press, 1999.

O'Connor, Alice. *Poverty Knowledge: Social Sciencs, Social Polioy, and tbe Poor in Twentietb-cetur U. S. History.* Princeton, NJ: Princeton University Press. 2002.

O'Connor, Alice. "Swimming against the Tide: A Brief History of Federal Policy in Poor Communities." In *Urban Problems and Community Developmen*, edited by Ronald F. Ferguson and William T. Dickens 77 –137. Washington, DC: Brookings Institution, 1999.

Orleck, Annelise, and Lisa Gayle Hazirjiam. *The War on Poverty: A New Grassroots History* 1904 – 1980. Athens: University of Georgia Press, 2011.

Parachini, Larry, and Andrew Mott. *Strengthening Community Voices Policy Reform: Community-based Monitoring, Learning and Action Strategies for an Era of Devolution and Change A Special Report Developed for the Annie E Case Foundation.* Washington, DC: Center for Community Change, 1997.

Parmar, Inderjeet. *Foundations and the American Century Dy: The Ford, Carnegie, and Rockfeller Foundations in the Rise of American Power.* New York Columbia University Press, 2012.

Pawel, Miriam. The Crusades of Cesar Chavez: A Biograpby. New York Bloomsbury Press. 2014.

Pawel, Miriam. "UFW: A Broken Contract; Decisions of Long Ago Shape the Union Today; In the late 197os Cesar Chavez Grew Intent on Keeping Control." *Los Angeles Times, January* 10, 2006.

Pawel, Miriam. "UFW: A Broken Contract; Farmworkers Reap Little as Union Strays from Its Roots", *Los Angeles Times, January* 8, 2006.

Pawel, Miriam. "UFW: A Broken Contract: Former Chavez Ally Took His Own Path; Where Eliseo Medina Has Gone, Unions Have Grown." *Lor Angeles Times, January* 11, 2006.

Pawel, Miriam. "UFW: A Broken Contract: Linked Charities Bank on the Chavez Name; The Union-related Philanthropies Enrich One Another, Operating Like a Family Business." *Las Angeles Timer, January* 9, 2006.

Pawel, Miriam. *The Union of Their Dreams: Power, Hope, and Struggle in Cesar Chavez's Farm Worker Movement.* New York: Bloomsbury, 2009.

Peet, Richard. *The Unholy Trinity The IME, World Bank, and WTO.* Bloomington, IN: Zed Press, 2003.

Petras, James. "NGOs: In the Service of Imperialism. *fournal of Contemporary Asia* 29 (1999): 429–40.

Petsod, Daranee, ed. *Investing in Our Communities: Strategies for Immigrant Integration-a Toolkit for Grantmakers.* Sebastapol, CA: Grantmakers Concerned with Immigrants and Refugees, 2007. www.gcir.org/publications/toolkit.

Picketty, Thomas. *Capital in the Twentieth Century.* New York: Harvard University Press, 2014.

Piven, Frances Fox, and Richard Cloward. *Poor People' Movements: Why They Succeed, How They Fail.* New York: Vintage Books, 1978.

Pollan, Michael. *In Defense of Food An Eaters Manifesto.* New York: Pengu9uin, 2009.

Pollan, Michael. *The Omntuore's Dilemma: A Natural History of Four Meal.* New York: Penguin, 2006.

Prahaland. C. K. *The Fortune at the Bottom of the Pyramid.* Upper SaddleRiver, NJ: Wharton School Publishing, 2005.

Putnam, Robert. *Bowling Alone: The Collapse and Revival of American Community.* New York: Simon and Schuster, 2000.

Putnam, Robert. "The Prosperous Community: Social Capital and Public Life. *American Prospect* 13, (1993, *spring*): 35–42.

Reckhow, Sarah. *Follow the Money: How Foundation Dollar Change Public School Politics.* New York: Oxford University Press, 2012.

Reich, Robert B. *Supercapitalism: The Transformation of Business, Democracy, and Everyday Life.* New York: Vintage Books/Random House, 2007.

Reich, Robert B. "Why the Rich are Getting Richer and the Poor, Poorer." In *The Way Class Works: Readings on School, Family, and the Economy*, edited by Lois Weis, 13–24. New York: Routledge, 2007.

Robbins, Kevin C. "The Nonprofit Sector in Historical Perspective: Traditions of Philanthropy in the West" In *The Non-profit Sector: A Research Handbook, and ed*, edited by Walter W. Powell and Richard Steinberg, 13–29. New Haven, CT: Yale University Press, 2006.

Rodriguez, Dylan. "The Political Logic of the Non-profit Industrial Complex." In *The Revolution Will Not Be Funded Beyond the Non-profit Industrial Complex*, edited by INCITE!, Women of Color Against Violence Cambridge, 2r–4o Cambridge, MA: South End Press, 2007.

Roelofs, Joan. *Foundations and Public Policy: The Mask of Pluralism.* Albany: State University of New York Press, 2003.

Rosenberg Foundation. 1996 *Annual Report.* San Francisco, CA: Rosenberg Foundation, 1965. www.rosenbergfound.org/sites/default files/1965.pdf.

Rosenberg Foundation. 1978 *Annual Report.* San Francisco, CA: Rosenberg Foundation, 1978. www.cybergrants.com/rosenberg/reports/1978.pdf.

Rothenberg, Daniel. *With These Hands: The Hidden World of Migrant*

Farm Workers Today. San Diego, CA: Harcourt Brace, 1998.

Rowan, Jamin Creed. "Sidewalk Narratives, Tenement Narratives: Seeing Urban Renewal througlth the Settlement Movement." *fournal of Urban History* 39 (2013): 392 – 410.

Roy, Ananya. *Poverty Capital: Microfinance and the Making of Development.* New York: Routledge, 2010.

Roy, Ananya. "praxis in the Time of Empire." Planning Theory s (2005) 7 – 29.

Roy, Ananya, and Emma Shaw Crane. *Territories of Poverty.* Athens: University of Georgia Press, forthcoming.

Rural Migration News. "UFW: Gallo, Bear Creek, Rural Migration News 6, no. 4 (2000). https://migration.ucdavis.edu/rmn/morephp2id = 470_0 – 3 – 9.

Sachs, Jeffrey D. *The Price of Civilization Reawakening American virtue and Prosperity.* New York: Random House, 2011.

Salamon. Lester M, ed. *The State of Nonprofit America.* 2nd ed. Washington, DC: Brookings Institution Press, 2012.

Saltman, K. *The Gift of Education: Public Education and Venture philanthropy.* New York: Palgrave Macmillan, 2010.

Scott, Janelle. "The Politics of Venture Philanthropy in Charter School Policy and Advocacy. *Educational Policy* 23, no. I (2009) 106 – 36.

Shaw, Randy. *Beyond the Fields: Cesar Chavez, the UFW, and the Struggle for justice in the 2ust Century.* Berkeley: University of California Press, 2008.

Silver, Ira "Living Up to the Promise of Collaboration: Foundations and

Community Organizations as Partners in the Revitalization of Poor Neighborhoods." In *Foundations for Social Change Critical Perspectives on Philanthropy and Popular Movement*, 225 – 44. New York Rowman and Littlefield, 2007.

Smith, Andrea. "Introduction: The Revolution Will Not Be Funded In The Revolution Will Not Be Funded, edited by INCITE! Women of Color Against Violence, 41 – 52. Cambridge, MA: South End Press, 2007.

Srinivas, Nidhi. "The Possibilities of the Past: Two Routes to a Past and What They Tell Us." *Management and Organizational History* 7, no. 3 (212): 237 – 49.

Steinbeck, John. *The Harvest Gypsies On be Road to the Grapes of Wrath.* Berkeley, CA: Heyday Books, 1988.

Stiglitz, Joseph E. *The Price of legality Ho Today's Divided Society Endangers Our Future.* New York: W. W. Norton, 2012.

Strike Debt. *The Debt R: operaton Manual.* New York: Occupy Wall Street, 2012. http://strikedeoo-the-debt-resistors Operations-manual.pdf.

Strom, Stephanie. "Foundations Find Benefits in Facing Up to Failures." *New York Times*, July26, 2007. www.nytimes.com/2007/07/26/us/foundation.html.

Taibbi, Matt. *The Divide: American Injustice in the Age of the Wealth Gap.* New York: Speigel and Grau, 2014.

Taylor, J. Edward, and Philip L. Martin. "The New Rural Poverty: Central Valley Evolving into Patchwork of Poverty and Prosperity. *California Agriculture* s4 （2000）：26 – 32.

Tywoniak, Frances Esquibel, and Mario T. Garcia. *Migrant Daughter Coming of Age as a Mexican American Woman.* Berkeley：University of California Press, 2000.

Umoja, Akinyele Omowale. *We Will Shoot Back：Armed Resistance in the Mississippi Freedom Movement.* New York：New York University Press, 2013.

United Farm Workers. "UFW Foundation, Community Leaders Join National Immigration Reform Effort" Press release, Keene, CA, June I, 2009.

21. S. Census Bureau. "Small Area Income and Poverty Estimates, 2010 Estimates, State and County Maps, State and County Maps, Data Tables&Highlights." *www. census. gov/did/www/saipe/index. html.*

Walker, Gary. *Midcourse Corrections to a Mayor Initiative A Report on the gamer Irvine Foundation CORAL Experience.* San Francisco, CA：James Irvine Foundation, 2007. www. ccitoolsforfeds. org/doc/Midcourse_Corrections. pdf.

Walker, Richard. *The Conquest of Bread：150 Years of Agribusiness in California.* New York：New Press, 2004.

Weber, Heloise. "The Imposition of a Global Development Architecture：The Example of Microcredit." *Review of International Studies* 28. （2002）：537 – 555.

Wells, Miriam, and Don Villarejo. "State Structures and Social Movement Strategies：The Shaping of Farm Labor Protections in California", *Politics c-society* 32 （2004）：291 – 326.

Williams, Raymond. *Marxism and Literature*. Oxford: Oxford University Press, 1977.

Wolch, Jennifer. *The Shadow State: Government and Voluntary Sector in Transition*. New York: Foundation Center, 1990.

Woolcock, Michael. "Social Capital and Economic Development Toward a Theoretical Synthesis and Policy Framework", *Theory and Society* 27, no. 2 (1998): 151 – 208.

X, Malcolm, and Alex Haley. *The Autobiography of Malcolm X*. New York Ballantine Books, 1992.

Ylvisaker. Paul. *Oral History*. New York: Ford Foundation Archives, 1973.

Zerzan, John. "Cesar Chavez and the Farm Workers: The New American Revolution -What Went Wrong?" *Politics &Society* 3, no. I (1972): 117 – 28.

Zunz. Oliver. *Philanthropy in America: A History*. Princeton, NJ: Princeton University Press, 2012.